위험 사회와 위험 인식

위험 사회와 위험 인식

위험 커뮤니케이션의 갈등 구조

송해룡 · 한스 페터 페터스 지음

성균관대학교
출 판 부

우리가 살고 있는 현대사회에서 위험 커뮤니케이션의 역할은 점점 더 커지고 있다. 새로운 기술의 결과와 위험을 논하면서 여러 학자들이 이것을 증명하고 있다. 독일의 사회학자 루만(Luhmann)은 인류가 미래에 대해 새로운 관점을 가져야 하고, 미래와 관련된 결정을 의식적으로 새롭게 내려야 한다는 것에 더 많은 관심을 갖도록 강조하고 있다. 이처럼 변화된 관점은 위험의 새로운 질적 차원과 밀접한 관련을 맺고 있다.

이 질적 차원은 위험의 다차원적 속성과 밀접히 연결되어 있다. 이것은 위험 커뮤니케이션 연구의 폭을 확대시키면서 논쟁을 부추기는 확률적인 주장이나 학술적인 데이터의 중요성을 새롭게 강조하고 있다. 융어만과 슬로비치(Jungermann and Slovic) 같은 학자는 위험 커뮤니케이션의 초기 연구 범주를 이렇게 서술하였다.

> 위험 커뮤니케이션은 당연히 장기적으로 이루어지고 있다. 주제는 사카린, 석면, 흡연 그리고 안전벨트 미착용 운전과 같은 건강 위험과 관련이 있고, 다른 한편 다이옥신, 석탄 화력발전소 또는 화학 시설이 발생시키는 환경 위험과 밀접히 연결되고 있다. 위험 커뮤니케이션은 의약품의 포장지에서부터 텔레비전에 방송되는 에이즈에 대한 전문가의 의견 청취에까지 이른다.[1]

21세기가 되면서 위험 커뮤니케이션 연구는, 지구온난화, 나노위험 등 예기치 않은 위험과 더불어 지속 가능한 사회의 발전론과 결합하면서 사회과학적인 접근을 요구하고 있다. 위험 커뮤니케이션은 이른바 새로운 목표와 전략의 설정이라는 학문적 요구에 직면하고 있는 것이다. 그 모토는 이제 "위험 없는 '위험 제로'의 사회는 불가능하며, 언제 어디서나 위험과 동고동락해야 한다"는 새로운 사회적 사실에서부터 출발한다. 위험과 커뮤니케이션의 새로운 관계적 의미를 끌어내고, 우리 사회를 지속 가능한 사회로 만들기 위해서는 이것을 인식하는 것이 매우 긴요하다.

우리나라에서 전문가와 일반인 그리고 시민 단체와 이해 당사자 간에는 위험을 둘러싸고 사회를 마비시킬 정도로 인식의 차이가 존재하며, 이 차이가 엄청난 사회적 비용과 대가를 치르게 만드는 것을 종종 목격할 수 있다. 이때 심각한 커뮤니케이션의 문제가 발생한다는 것을 우리는 깨달아야 한다. 이와 같은 문제는 매우 심각한 사회적 격차의 모습을 나타내기 때문에 이 격차의 문제를 줄이거나 완화하는 방법은 폭넓게 탐구되어야 한다.

위험 커뮤니케이션 과정은 어떠한 커뮤니케이션 과정을 중시 여기고 동시에 어떠한 요인을 강조하느냐에 따라 달라진다. 위험 커뮤니케이션 연구가 활발한 독일의 대표적인 정의를 살펴보자.

> 위험 커뮤니케이션은 위험의 관리, 평가, 분석, 정체성과 관련된 커뮤니케이션 과정이며 그리고 이 과정에 필요한 참여자 간의 상호작용과 관계를 갖는다.

여기서 보듯이 위험 커뮤니케이션은 과정이며 동시에 상호작용이다. 앞으로 논의될 커뮤니케이션에서는 '객관적인 위험'에 대한 사실적인 메시지의 전달뿐만 아니라 전문가나 전문 평가자가 그 기초를 만들어 내는, 소위 '객관적인 위험'에 대한 논쟁과 밀접한 관련을 갖는다. 성공적인 위험 커뮤니케이션을 위하여 전문가는 일반인의 위험에 대한 인식, 관점 그리고 평가를 잘 알아야만 한다. 즉, 위험과 커뮤니케이션을 잘하려는 사람은 이에 필요한 배경지식, 전체적인 틀 그리고 맥락에 능통해야 한다. 위험을 논하는 이유의 배경은 인간이 모든 문제를 스스로 해결할 수 없고, 공동으로 그 문제를 해결하기 위하여 다른 사람들과 대화하는 것이 필요하기 때문이다. 지난 20여 년 동안 원자력 에너지를 둘러싸고 이루어진 논쟁에서 볼 수 있듯이, 여기에 참여한 사람은 자신만의 개인적인 의견을 내세우면서 논쟁에 대해 합의를 이끌어 내는 장(場)이 아니라 찬반의 전쟁터로 만들어 버렸다.

최근에 식품의약품안전처(이하 식약처)가 위험 커뮤니케이션 위원회를 운영하면서 새로운 커뮤니케이션을 시도하듯이 국가기관은 위험 커뮤니케이션과 점점 더 연계되고 있다. 이처럼 국가는 국민의 안녕에 더 큰 책무를 지도록 강제된다. 그래서 필자는 『위험거버넌스와 위험커뮤니케이션』(2013)에서 달라지는 위험 커뮤니케이션 연구의 방향을 다음과 같이 주장하였다.

우리는 관심을 환경윤리에서 위험 평가와 관리이슈로 전환해야 할 중차대한 시기에 직면하고 있다. 우리는 인간의 삶의 조건을 증진시키고, 인간이 원하는 것과 필요한 것을 뒷받침하는 문화적 환경을 변형시켜야 한다. 이러한 문화적 변형이 없이 지속 가능한 사회적 생태계를 만들어 낸다는 것은 불가능하다. 새로운 사회적 환경생태계를 만들기 위하여 폭넓은 관점이 요구되는데, 이 관점의 핵심부분으로 위험을 제시해야 한다는 인식이 어느 때보다 절실하다. 역사적으로 이 문화적 변형들은 보통 사람들의 이익을 위하여 이루어져 왔다. 반면에 이러한 변형들이 이루어지면서 의도했거나 아니면 의도하지 않은 결과가 인간가치를 침해하거나 또는 위협하는 일들이 발생하였다. 이 관점은 역사적으로 점점 더 중요해지고 있다.

　이제 우리는 새롭게 변화된 패러다임을 연구해야 한다. 그러나 1990년대에 이루어진 위험 커뮤니케이션 연구에 대한 성찰은 이 새로운 연구에 앞서서 이루어져야 할 학문적인 고백이라 할 수 있다. 위험, 위해의 개념이 어떻게 변화되었으며, 위험 커뮤니케이션의 어려움은 무엇이고, 더 나아가 개인적인 위험 인식이 어떻게 만들어진다고 학술적으로 논의되었는지, 그 경로의 일부를 분석하는 것은 이 고백에서 이루어져야 할 부분이다.

　그래서 한국연구재단 한국사회과학기반연구지원사업(SSK)의 파트너인 한스 페터 페터스(Hans Peter Peters) 교수와 필자는 학문적인 성찰을 위하여 본서를 준비하였다. 지난 16년 동안 필자는 위험 커뮤니케이션의 시대적인 의미를 끌어내고 한국의 사회과학에 접목시키기 위하여 유럽과 미국에서 이루어진 다양한 연구를 섭렵하였다. 그러나 여전히 출발선을 크게 넘어가지 못하고 서성이는 모습을 하고 있다. 본서가 21세기 한국 사회의 위험 현상을 폭넓게 바라보게는 못할지언정 어떤 연구가 선행되어야만 한국에서의 위험 커뮤니케이션이 사회적 역할을 다할 수 있는지를 가리키는 작은 직지(直指)가 되기를 바란다.

　함께한 홍익대의 김경희 교수님, 김원제 박사 그리고 리뷰를 한

박사 과정 고두희, 권영성, 박보영, 심은정, 전영기, 최현주 학생의
동참에 고마움을 표한다. 한국연구재단의 SSK 사업이라는 지원이
없었다면 이 같은 성찰적 연구는 이루어질 수 없었을 것이다. 작은
연구 성과를 담아서 독자들에게 다가갈 수 있는 길을 열어 준 성균
관대학교 출판부의 지원이 없었다면 본서는 강의실에서 돌아다니
는 파워포인트 자료로 남아 있었을 것이다. 성균관대 출판부의 오거
서(五車書) 마음에 감사드리며 고마움을 표한다.

2014년 5월
송해룡

1장

위험에 대한 사회적 인식의 변화 과정
—금기·죄악·위험을 중심으로

문화적 문법은 그 문화를 공유하는 구성원들 사이에 당연한 것으로 받아들여져 거의 의식되지 않은 상태에 있으면서 구성원들의 행위에 일정한 방향을 부여하는 문화적 의미체계를 말한다. …… 문화적 문법은 사람들이 타인을 어떻게 보고 어떻게 대할 것이며 어떤 사회적 관계를 만들어 갈 것인가를 규정하는 규칙이다.

정수복, 『한국인의 문화적 문법』에서

---

1. 들어가는 말

위험 인식 연구의 역사를 서술하는 것이 별로 어렵지 않고 큰 문제가 될 것이 없다고 생각할 수 있다. 대개 역사 서술은 지난 세기에 경험한 것을 회상한다고 믿기 때문이다.[2] 따라서 위험 인식 역사도 일반적으로 위험의 형태와 모습을 서술하는 것으로 인식된다. 그러나 위험 인식의 역사는 매우 복합적인 연구를 토대로 하여 서술되어야 한다. 만약 다양한 차원을 고려하지 않는다면 그 서술은 연대기적인 차원을 벗어날 수 없다. 그러므로 위험 인식의 연구 역사와 관련하여 자연재해의 역사, 환경 운동 그리고 기술에 반대하는 저항 운동의 기원이나 초기적인 형태에 대한 조사는 무엇보다 중요하다. 위험 사회론의 차원에서 과거의 위험 인식에 영향을 준 사회적 상황을 탐구하면 진정으로 지난 세기의 위험 인식을 이해하고 여기서 교훈을 얻을 수 있는지 매우 의심스럽지만, 위험 인식의 역사 서술은 여러 방면과 차원에서 접근하는 방법론을 원용해야 한다. 그렇지 않으면 19세기의 민속학자들이 자신들만의 문화적인 잣대로 낯선 문화에 대해 생각하고 분석하여 실제적인 모습을 그려 내지 못함으로 인해 편견을 만들어 냈던 것과 유사한 모습을 띨 수 있다. 이와 같은 주장에 동조하지만 현재의 위험 상황과 위험 인식을 토대로 하여 위험 인식의 역사를 폭넓게 서술하는 것은 간단한 일이 아니다. 위험과 관련한 역사는 여러 요인에 매우 복합적인 영향을 받고 있으므로 몇 가지 요인만으로 설명할 수 없음을 볼 수 있다.[3] 그래서 논의를 축소하여 본 장의 목적은 오늘날의 위험 인식을 역사적인 초기 형태와 비교할 수 있도록 하는 공통분모를 찾아보는 것에 제한하였다.

아래 논의에서 이와 같은 연구를 위한 가정으로 위해(危害, hazard)의 개념을 도입하였다. 위해는 위험한 재해로 정의되며 특히 사람의 생명을 위협하는 위험이나 해를 의미한다. 영어의 해저드에 해당하는 의미는 우리 언어와 관련하여 논의가 분분하지만 본서에서는 식약처에서 제시한 위해라는 표현을 사용한다. 20세기 후반부터 위해와 관련하여 다양한 논의가 있지만 우리는 일반적으로 이것을 서술하는 데 세 가지 문제를 제기할 수 있다.[4] (1)각 시대에서 사회적으로 중요하던 주제는 어떤 것이었나? (2)이것은 어떻게 해석되었는가? (3)왜 이와 같은 방법으로 논해졌는가? 현재의 위험 개념에 국한되지는 않지만, 이와 같은 역사적인 분석 위에서 우리는 위해의 개념 그리고 이것과 관련이 있는 '이슈'를 정신적·심리적 차이에서 파악할 수 있다. 이와 같은 방법으로 위험 인식의 역사는 각 시대의 위해의 관점을 결정한 당시의 관점과 사고방식을 서술하는 역사의 모습을 나타내야 한다. 이것은 매우 지난한 연구 시간을 필요로 한다. 따라서 여기서 이루어지는 서술은 단지 세 가지 중요 요인에 초점을 두는 일차적인 그림만을 제공하는 데 목적을 두었다. 이것의 목적은 상세하게 위험 인식의 진화 궤적을 서술하는 것이 아니다. 그 대신에 오늘날의 위험 인식에 대한 이해를 높이기 위하여 일련의 역사적인 비교를 제시하는 것이다. 이와 같은 연구 접근 방법이 가져오는 학술적인 가치는 매우 유용하다. 이 접근 방법의 핵심은 세 가지의 서로 다른 '사물을 인식하는 사고방식(mentality)'과 이에 근거한 위해 개념인데, 첫째 고대의 마술적인 사고방식(심리 상태)인 금기(taboo) 개념이다. 둘째 중세의 종교적인 사고방식과 밀접한 죄악의 개념이다. 셋째 과학적인 합리적 사고방식과 연계된 위험(risk) 개념이다.[5] 본 장의 앞부분에서는 금기, 죄악 그리고 위험에 대한 비교접근방법의 정당성을 설명할 것이다. 그런 다음에 이 세 가지를 만들어 낸 사고방식(심리 상태)을 세부적으로 논할 것이다. 마지막으로 금기, 죄악 그리고 위험으로부터 오늘날의 위험 논쟁이 무엇을 배울 수 있는지를 제시할 것이다.

2. 위해 인식에서 금기·죄악·위험의 공통점과 차이점

역사 속에서 위해의 형태가 변화해 왔다는 이론은 폭넓은 동의를 얻고 있다. 예를 들어 독일의 사회학자 루만(Luhmann)은 문명화 과정에서 위해는 위험을 가장 잘 대변한다고 지적하고 있다.[6] 위해는 외부로부터 일어나는 반면에 위험은 내부에서 초래된다. 노보트니와 에버스(Nowotny and Evers) 역시 위험과 위해를 조금 다른 개념으로 사용하였지만 이와 유사한 관점을 갖고 있다.[7] 아주 극단적으로 표현하여 위험은 관리를 통해 극복 가능한 위해라고 이 두 사람은 간주하고 있다. 인간과 사회는 위해를 인식하고 원칙적으로 이것을 극복할 수 있는 능력을 갖고 있다는 것이다. 노보트니와 에버스는 독특하게 변증법적인 발전 과정으로 서술하고 있다. 우선 역사적인 발전 과정에서 위해가 위험으로 전환되고 있으며, 다른 한편 20세기에 이루어진 거대 기술의 발전은 위해를 점점 더 증가시키는 상황을 만들어 냈다는 것이다. 이 같은 상황에서 발생하는 위험은 더 이상 관리되고 극복될 수 없다는 것이다. 이것의 발전 과정은 위해→위험→위해라는 일련의 과정을 밟고 있다. 위해와 위험의 관계에 초점을 두고 이루어지는 접근 방법은 이러한 논의를 풍성하게 하는 데 큰 도움을 줄 것이 분명하다. 그러나 이 접근 방법은 보완이 절대적으로 필요하다. 위험에 대한 인식 그리고 위험과 함께해 온 여타 역사적인 형태를 비교하여 보는 것은 매우 필요하다. 이 연장선에서 금기와 죄악을 살펴보는 것은 이 같은 비교를 뒷받침하는 데 유용할 것이다.

금기와 죄악 그리고 위험은 인간의 삶에서 핵심적인 개념이며 다양한 주제와 연결된다.[8] 금기는 인간과 마술적인 힘의 관계이다. 죄악은 인간과 신 그리고 신이 추구하는 질서와의 관계를 말한다. 위험은 기술, 사회 그리고 자연의 관계를 언급하는 것이다. 이 세 가지 개념은 서로 비교가 가능한 하나의 해석의 틀 속으로 집어넣을 수 있다. 이 세 가지 개념은 위해를 다루는 방법과 위해의 인식에 가이드 역할을 할 수 있다.[9]

우선 첫 번째로 우리는 금기를 논할 수 있다. 금기는 주술적인 것에 바탕을 둔 금지이다. 이것은 인간이 조심해야 할 위해를 구성하는 힘을 소유한 사물이나 사람을 가리킨다.[10] 그래서 이것은 행위 영역과 자연의 영역 바로 금기와 비금기의 영역으로 나누어 접근할 수 있다. 금기시되는 모든 것은 불행의 원천으로 간주된다.[11] 금기를 깨는 사람은 누구든지 어떤 해를 입는다. 사람들은 금기를 깨트렸을 때 발생되는 해로운 결과를 알고 있으며, 그 결과가 자신에게 일어

ANDREAE VESALII
BRVXELLENSIS, SCHOLAE
medicorum Patauinæ profeſſoris, de
Humani corporis fabrica
Libri ſeptem.

CVM CAESAREAE
Maieſt. Galliarum Regis, ac Senatus Veniti gra
tia & priuilegio, ut in diplomate eorundem continetur.

BASILEAE.

근대 해부학의 아버지라 불리는 베살리우스의 『인체 해부학 대계』의 겉표지

베살리우스(Andreas Vesalius, 1514~1564)는 당시의 해부학이 갈레노스의 해부학에만 따르는 것에 반대하여 많은 동물을 해부하고, 인골을 모아 해부학의 방법을 근본적으로 고쳤다. 당시까지만 해도 인체 해부는 금기 사안이었다. 그러나 그는 많은 박해에도 불구하고, 실제로 인체를 해부하여 1543년 『인체 해부학 대계De humani corporis fabrica』라는 책을 썼고, 새로운 해부학의 체계를 세워 놓았다. 그는 독일 황제 카를 5세의 시의에까지 오른다.

종교적 죄악에 따르는 심판을 피하기 위해 남발되었던 면죄부의 판매

날 것이라고 알고 있다. 속죄될 수 없다면, 금기를 깬 형벌은 확실하고 직접적인 손해로 다가온다. 금기는 사람들의 결정에 영향을 미친다. 심리학적인 측면에서 보았을 때, 이것은 두 가지 기능을 수행한다. 첫째 이것은 행동이 반드시 어떤 목표와 결과를 지향토록 한다. 이때 반드시 위해를 고려해야만 한다. 둘째 이것은 죄악을 예방하고 이를 통하여 양심의 형성에 기여토록 한다.

두 번째로 죄악을 언급할 수 있다. 중세 시대에 죄악은 신의 의지에 대한 위배 행위이고, 인간에게 내린 신의 명령을 위반하는 것으로 이해되었다. 그래서 현실적인 사회의 법과 신의 법은 서로 연결되어 실제적으로 인간의 모든 삶의 영역에서 적용되었다.[12] 죄악은 신의 명령을 따르지 않는 배교 행위의 결과로 주로 간주되었다. 죄악은 금기에서처럼 두 가지 상태로 구별된다. 바로 죄악과 구원 (자비)의 상태이다. 죄악적인 행위는 위해의 원천이고, 죄지은 자에게 처벌을 내리도록 한다. 금기의 경우에서처럼 개인은 일반적으로 죄악을 범할 것인지 범하지 않을 것인지를 스스로 결정할 수 있다. 이 외에 법률은 죄지은 자에게 사회적인 행위로 처리할 수 있는 근거를 제시한다.[13]

세 번째로 위험은 금기와 죄악처럼 위해 즉 잠재적인 손실과 관계가 있다. 위험 즉 리스크는 어떤 목표를 추구하는 과정에서 수단과 방법이 원하지 않은 결과나 반대의 해로운 결과를 가져올 때 발생 할 수 있다. 그러나 어떤 형태이든지 그 결과는 불확실하다. 따라서 위험의 개념은 손해라는 측면과 불확실성이라는 두 측면에서 이루어진다.[14] 또한 위험의 개념은 위험한 행동과 위험하지 않은 행동이라는 두 가지 행동 영역으로 구분할 수 있다. 이 행동들이 가져온 결과에 대한 평가는 더욱더 복잡하다. 그러나 이것은 더 이상 위해와 위해하지 않음의 문제가 아니라, 위해의 발생에 대한 불확실성과 확실성을 고려해야만 하는 것이다. 항시 위험은 결정을 요구한다. 왜냐하면 행위와 목적은 선택적인 모습을 나타내기 때문이다. 개인은 위험과 함께할 것인지 아닌지를 결정할 수 있는 것이다. 금기 그리고 죄악과 같이 위험 개념은 개인에게 위해를 최소화시키는 행동이나 행태를 취하도록 동기를 부여한다. 이 같은 행동과 행태는 잠재적인 손실을 감소시키거나 발생할 수 있는 가능성을 줄이도록 하는 데 있다.

일견 금기와 죄악 그리고 위험의 인지적 구조는 유사하게 보인다. 금기, 죄악 그리고 위험은 행동의 낙관적인 결과나 부정적인 결과를 구분할 수 있게 함으로써 선택적 행동에 대한 평가 기준이나 혹은 평가 자체로 기능한다. 이런 의미에서 이것들은 죄악에서 깨끗함과 자유로움, 위해 영역의 해로부터 자유로움 그리고 안전을 구별하는 경계 개념의 의미를 갖는다. 금기, 죄악 그리고 위험이라는 세 가지 개념은 비슷한 사회적 기능을 가지고 있다. 정도의 차이는 있으나 이것들은 위해를 다루는 인간의 행동을 끌어낸다. 금기, 죄악 그리고 위험 간에는 비슷한 점도 있지만 또한 일련의 차이점이 존재하는 것을 볼 수 있다. 그 차이점을 세 가지로 구분하면 다음과 같다.[15]

1) 금기를 깨거나 혹은 죄악을 지으면 손해가 발생하는 것은 확실하다. 위험은 항상 발생이 불확실한 잠재적인 피해를 문제로 삼는다. 금기와 죄악의 개념에는 불확실성이 결여되어 있다.

2) 위해를 다루는 규정이나 법률은 상이하다. 금기에 따른 규정은 마술적인 힘이 동반하는 위해에 기초한 절대적인 금지이다. 죄악의 개념은 어떤 죄악을 피할 수 있는 예방적 방법을 규정하며 참회로 인한 보상이나 용서의 가능성 또한 허용한다. 위험 규정은 위험의 상대성과 밀접한 관계를 갖는다.

작은 위험은 무시할 수 있지만, 큰 위험은 반드시 예방을 해야 한다. 이 두 가지 관점 사이에서 위험은 통제가 가능해야 한다.

3) 금기와 죄악은 위험보다 매우 강력한 규범적인 기능을 발휘한다. 이 둘은 일탈적인 행위에 대하여 덜 관대하다. 금기는 절대적 금지고 죄악은 처벌을 받아야 한다. 그러나 위험은 어떤 사람에게는 크고 다른 사람에게는 전혀 위험이 아닐 수 있다. 그래서 이 위험의 상대성은 관대한 행동이 발생할 수 있는 공간을 발생시킨다. 이것은 피할 수 없는 갈등을 자극하는 원천이 된다.

흑사병

14세기 유럽의 흑사병은 사회 구조를 붕괴시킬 정도로 유럽 사회에 큰 영향을 주었다. 당시 유럽에서는 흑사병이 왜 생기는지 몰랐기 때문에, 거지, 유대인, 한센병 환자, 외국인 등이 흑사병을 몰고 다니는 자들로 몰려서 집단폭력을 당하거나, 심지어는 학살을 당하기도 하였다. 물론 사회학적으로 비평했을 때 흑사병 기간 동안 일어난 학살들은 마녀사냥처럼 흑사병으로 인한 사회적 혼란을 사회적 소수자들에게 전가한 희생양적인 폭력이었다.

인식론적 딜레마에 대한 위의 언급은 위험 인식의 역사적인 분석과 깊은 관련을 갖는다. 이것은 바로 위해가 상이하게 해석되고 인식된다는 대표적인 관점에 반하는 논점이 있다는 것을 말한다. 위험은 아주 옛날부터 있었다는 것이다. 예를 들면 사냥이나 군대에서, 약탈이나 낯선 곳으로 여행을 할 때 항시 위험이 동반되었다.[16] 현대적인 관점에서 우리는 이것을 위험한 행동으로 해석할 것이다. 그러나 이 같은 위해가 그 당시에 살았던 사람들에게 위험으로 받아들여졌는지는 의문시된다. 이와 같은 주장은 다양한 형태로 세상이 존재한다는 것을 의미한다. 예를 들어 어떻게 번개를 인식하였는지는 모두 다를 수 있다. 금기를 깬 죄에 대한 벌이나 신의 시험으로 또는 자연과학적인 전자의 현상으로 인식할 수 있다. 위해에 대한 인식에서 이 같은 차이는 일반적으로 당연한 것으로 인정된다. 우리가 과거로 돌아가서 설문 조사를 할 수 없기 때문에 이것을 증명할 수는 없으나 상이한 관점을 뒷받침하는 가정은 보편적인 인식을 당연한 것으로 인정하는 것보다 훨씬 파급력이 클 수도 있다.

3. 금기 : 인간 행동의 범위를 제한하는 금지

금기를 뜻하는 타부(Taboo)라는 말은 폴리네시아 말에서 유래하였으며 그 뜻은 '세속적인', '일상적인' 말에 반하는'특별한 표식' 그리고 '신성불가침'이라는 의미를 갖고 있다. 폭넓은 의미에서 이것은 '금지된', '거부되는', '피해야 하는'의 뜻을 담고 있다. 금기의 개념과 의미는 다양한 문화와 시대에서 발견된다.[17] 무엇보다도 금기는 선사시대 이전의 원시시대의 사고와 연관시켜서 논의돼야 한다. 금기의 개념에 들어 있는 원시시대의 사고는 일련의 특징을 나타낸다. 우선 외형적인 특성을 살펴보자. 그 당시의 사고와 감정은 하나로 통합되어 있었다. 이것은 비유적이고 구상적이었지만 우리가 오늘날 알고 있는 형식적인 논리를 따르지는 않았다. 매우 독자적인 신화적 논리가 이것을 보다 더 강력히 규정하였다.[18] 이 같은 사고는 한편으로 영혼을 중시하는 애니미즘이었다. 모든 자연은 살아 있는 것으로 파악되었고 사람과 같은 인격체로 간주되었다. 다른 한편 이것은 '토테미즘'적이다.[19] 그래서 사람과 자연은 하나라고 믿었다. 이것은 사고의 중심에 개인을 행동하는 한 사람이 아니라 죽은 자, 바로 성스러운 동물과 식물을 포함하는 공동체와 연결되어 있는 것으로 간주하였다. 사람과 자연이 하나라는 동일체 개념은 마술적인 관점이 수용된 것이다. 사물은 사람으로부터 완전히 분리될 수 없고 사람은 사물로부터 완전히 분리될 수 없기 때문에 사람과 세상의 모든 사건은 내적인 상호 관계가 존재한다는 것이다. 그래서 선사시대의 사고는 천지만물도 역시 말과 몸짓에 반응한다고 믿었다. 외부 세계는 사회적 질서와 규범을 인식하고 그것을 유지하는 데 이바지해야 한다는 것이다.

오이디푸스와 안티고네

안티고네는 오이디푸스와 그의 생모 이오카스테 사이에서 태어난 신화 속의 인물이다. 금기의 관계에서 태어난 딸인 것이다. 오이디푸스는 이오카스테가 자신의 생모라는 사실에 격분해 자신의 두 눈을 뽑아 버리고 방랑을 하게 되는데, 안티고네는 오이디푸스가 방황하는 동안 같이 다니면서 도움을 준다. 오이디푸스가 죽은 후 안티고네는 테베에 살다가 형제 에테오클레스와 폴리네이케스와의 싸움에서 형제들이 모두 죽자 폴리네이케스의 시체를 묻어 줬다가 크레온 왕에게 처형당했다.

이 같은 고대 사고의 특성은 금기에 독특한 특징을 부여하였다. 금기는 무엇보다도 신비한 마술적인 경고의 모습을 한다.[20] 금기의 목적은 해를 피하는 것이다. 이와 같은 목적으로 다양한 금기가 존재한다. 금기는 행태 방식과 밀접한 관계를 갖는다. 예를 들어 사냥

시의 금기, 먹는 것에 대한 금기, 낯선 사람과 관계된 금기, 이름을 사용하는 금기가 있다. 여타 다른 금기는 개인과 관계가 주로 있는데 월경 중이거나 해산 중인 여성, 상주(喪主), 왕, 전사 그리고 살인자를 들 수 있다. 유사하게 쇳덩이, 날카로운 무기, 피, 머리카락, 손톱과 같은 많은 사물이 금기와 깊은 관계를 맺고 있다. 인간 삶의 중요 영역에서 금기는 예를 들어 추수 관련 금기, 성적인 금기, 전쟁 관련 금기의 형태로 우리의 삶을 지배한다.[21] 가장 오래되고 중요한 금기는 숭배하는 자연 동물을 죽이는 것과 가족끼리의 성교를 금지하는 것이다. 금기는 유사 물질적인 특성을 가지고 있다. 이것은 사물, 대상(물체) 또는 사람에게 특정한 형체를 부여하여 물질화시킨다. 사람은 어떤 것에 감염이 될 수 있고 스스로 불행을 옮길 수 있다는 것이다.

이와 같은 두 가지 관점이나 형상은 동시에 어떤 역할을 하는데 그 기원을 추적해 보면 다음과 같다. 한 가지 관점은 비슷한 것은 비슷한 것을 낳는다는 것이다. 이것을 종종 동종요법 사고(homoeopatic thinking)라고 부른다. 두 번째 사고는 우발성을 통한 전이(轉移) 행위이다. 몇 가지 보기가 이 같은 특성을 분명하게 드러낸다. 금기와 관련하여 이 같은 비슷한 관계를 보루네오 섬의 사라와크에 거주하는 해상 다야크족(Sea Dayaks of Sarawak)에게서 볼 수 있다.[22] 이곳에서 여자는 남자들이 전쟁에 나갔을 때 일련의 금기에 직면한다. 여자들은 남자들이 미끄러지지 않게 머리에 기름을 바르지 않고, 남자들

배고사

뱃사람과 배의 안전, 순조로운 뱃길과 만선 풍어를 기원하기 위해, 배를 가진 선주가 개인적으로 배서낭에게 지내거나 마을 제의인 풍어제나 당제의 일부로 올리는 제사를 이른다.

이 잠들지 않도록 절대로 낮에 잠을 자면 안 된다. 또한 남자들의 사지가 뻣뻣해지지 않고 잘 도망갈 수 있도록 여자들이 오랫동안 베틀에 앉아 있어도 안 된다. 특히 여자는 다리에 꺽쇠를 차서는 절대로 안 된다. 남자들이 날카로운 가시를 밟지 않도록 바느질을 해서도 안 되고, 남자들이 정글에서 길을 잃지 않도록 얼굴을 보자기로 덮어써도 안 된다. 한번 발생한 것을 누구에게 다시 일어나도록 하는 소위 전이 행위는 절대로 해서는 안 되는 것이다. 예를 들어 상처와 붕대는 상호 관계가 있는 것으로 간주되었다. 붕대에서 일어난 일은 상처에 전이되는 것으로 보았다. 파푸아인은 피가 얼룩진 붕대를 절대로 적의 손에 넘겨주지 않았다. 만약에 적의 손에 이것이 들어가면 상처가 더 심해지고, 그 가족에게까지도 전이된다고 믿었기 때문이다. 뉴기아인에게서도 비슷한 금기를 발견할 수 있다. 홀아비는 죽음과 근접해 있다는 생각 때문에 두려움과 무시무시함의 대상이 되었으며 경작 행위나 사냥 또는 채집 행위에 참여할 수 없었다. 그는 금기였고 금기의 대상이 되었다. 프로이트에 따르면, 금기에서는 반대감정이 병립적으로 존재한다. 금기라는 행위는 긍정적이고 부정적인 양면을 모두 내포하고 있다. 프로이트는 금기의 기본은 잠재의식 속에 존재하는 강한 이끌림이 있는 금지된 행위라고 설명하고 있다. 그는 고대의 사고에 들어 있는 강력한 감정적인 성향은 사회적 질서를 유지하기 위하여 필요한 금지와 계명의 형태로서 엄격한 규칙을 규제로 만들어 냈다고 주장한다.[23]

금기는 이 외에도 '예정대로 성취되는 예언'의 의미를 갖는다. 일반적으로 금기의 행위는 곧바로 해(害)를 입거나 벌(罰)이 가해진다. 그러나 금기를 위반한 죄를 치료할 수 있는 방법은 항상 존재한다. 거기에는 대개 화해 행위, 개인적인 구속, 회개 그리고 정화 행위가 들어 있다. 죽은 사람들이 살아 있는 사람들의 일에 개입할 수 있기 때문에 죽임을 당한 자들이 그들을 죽인 자들에게 어떠한 힘을 쓰지 못하도록 음식을 마련하고 제단을 쌓고 기원을 하면서 달래는 것이다. 또한 가해자는 특정한 음식물의 섭취나 혹은 행동에 제한을 받아야만 했다. 여타 복을 비는 행위는 내적인 것이지만 외적인 정화와 관련을 갖는다. 목욕재계, 기름 바르기, 뜸 뜨기 등을 예로 들 수 있다. 이 같은 행위는 금기를 깸으로써 더럽혀진 사람에게 다시 깨끗함을 찾아주는 의식이 된다.

4. 죄악 : 신을 두려워하는 인간 삶의 근원

죄악의 개념은 우주의 질서를 만들고 그것을 인류에게 명령과 금지의 형태로 부여한 탁월한 창조주인 신을 둘러싸고 있는 모든 영역에 일반적으로 작용한다.[24] 죄악의 개념 변화는 성경에서 가장 잘 살펴볼 수 있듯이 구약시대부터 지금까지 여러 번의 변화를 거쳤다. 성경에서 죄악의 개념은 물질적인 특성을 가진 유기체이다. 죄악은 시체, 더러운 동물 그리고 월경의 피에 존재하는 것으로 상징화되었다. 신의 계명을 위반하면서 거짓을 만들어 내고 죄악이 되었고, 이것은 신의 분노를 초래하였다. 죄악은 지상과 천국의 경계를 넘나들도록 하는 비극의 오만한 행위로 이해되었다. 신의 분노는 집단적인 재앙을 결과로 가져왔다. 죄악의 개념은 윤리적인 비행으로까지 확대되었다. 구약성경에서 죄악은 신의 법을 거역하는 것으로 이해되었다. 원래 인간은 선했는데 아담과 이브가 저지른 최초의 죄가 인간을 신에게서 점점 더 멀어지게 하면서 인류의 역사를 죄악의 역사로 바뀌도록 하였다. 죄악은 개개인뿐만 아니라 자신의 가족과 부족과도 관계되는 것으로 이해되었다. 집단과 관련되는 현상으로서 죄의 이해는 구약성경을 통해서 익숙한 모습을 띠고 있다. 구약성경에서 죄악은 윤리적인 개념보다는 종교적인 것으로 인식되었고 이로 인해 죄악으로부터 모든 범죄가 나오는 것으로 이해되고 있다. 천재, 재해 그리고 사망은 신의 간섭을 통하여 발생하는 벌로 간주되었다. 이 같은 지상의 벌보다 더 나쁜 것은 신과의 공동체를 잃어버렸다는 것을 서구의 신학자들은 강조하고 있다. 또한 죄악은 신이 정해 준 질서나 신이 정해 주었지만 인간이 변형시킨, 인간의 자연적인 모습에 대한 거역을 말하고 있다. 곧 죄악은 모든 좋은 의지를 거스르는 것을 의미한다. 신약에서는 사랑을 거스르는 행위, 신의 구원을 거역하는 행위, 죄를 용서할 수 있는 능력을 가진 사람을 거스르는 행위를 죄악으로 묘사하였고 이것은 세상에서 가장 큰 죄악이 되었다.[25]

이 죄악의 개념은 중세의 기독교와 불가분의 관련이 있다. 우리보다 중세 사람들의 생각은 감정이나 열정에 훨씬 더 많은 영향을 받았다. 깊은 종교적인 열정은 가장 처참한 잔인함과 나란히 존재하였고, 극도의 관대함은 인색함과 함께 존재하였다. 사랑은 순식간에 증오로 변환될 수 있었다. 중세의 정신세계는 마술적인 특성을 지녔다. 사악한 기운, 악마 그리고 마법의 무한한 힘은 논쟁의 대상이 아니라 사실의 대상이었던 것이다. 중세시대의 가장 오래된 관습법인 독일의 작센스피겔(Sachsenspiegel, 1220~1235년에 작성됨)은 무생물도 세상의 사건에 개입할 수 있다는 것을 당연시하고 있다. 이 법전에는 예를 들어 어느 여성에 대한 성폭력을 저지하지 못했기 때문에 집을 허물어 버린 사건에 대한 기록이 들어 있다. 학자들의 저술에도 이 마법적인 것들이 기록되어 있다. 흔히 광물학의 아버지라는 물리학자 게오르기우스 아그리콜라(Georgius Agricola)는 1556년에 발간된 광물 채취에 관한 저서에서 지하에 수많은 영혼들이 살고 있다고 썼다. 심지어 17세기에 살해당한 사람의 상처는 살인자가 접근하면 다시 피를 흘린다고까지 믿었다.[26] 또한 시체가 살아 있는 세상에 개입할 수 있다고 믿었다. 범인을 잡을 수 없었을 때 활용하는 처벌의 방법 가운데 하나인 '초상화를 처형하는' 방법은 동일한 뿌리에 기원을 두고 있다. 모형에 가해지는 것이 똑같이 원형한테서도 나타난다고 믿는 것이다. 기록에 따르면 이와 같은 처벌 방법이 동서양을 막론하고 실제로 널리 쓰였다.

중세의 사상은 현실주의, 상징주의 그리고 인격화라는 세 가지 특성을 특징으로 삼을 수 있다.[27] 현실주의는 이름이 주어진 모든 것은 다 실존한다는 가정을 의미한다. 다시 말해서 개념이 존재를 만들어 냈다. 중세의 사상은 근본주의 원칙에 기초하고 있지만 동시에 도덕상의 행위의 선악을 윤리적·사회적 관행의 관점에서 결정하려

금문

금문은 청동기에 주조되거나 새겨진 문자로서 신에 대한 문자이자 주술의 말이기도 하다.

는 결의론(決疑論, casuistry)[28]의 모습 또한 취하였다. 이것은 모든 것에서 윤리적인 측면을 찾는다. 모든 역사적인 사건은 윤리적인 예로 구체화되었다. 그 반대로 구체적인 보기는 증거와 설명을 위한 것으로 이용되었다. 그러므로 고대의 불행한 결혼은 결혼을 경고하기 위하여 사람들에게 계속적으로 이야기되어야 했고, 성경에서 용서함의 예는 죄의 용서를 구하는 사람들을 감동시키기 위하여 항상 회자 되었다. 어떤 의문이나 사회적 질문은 인과관계에서 찾는 것이 아니라, 과거의 유사한 예에서 그 답변을 찾았다.

상징주의는 모든 것에서 신과의 연결 고리를 맺을 준비가 되어 있음을 의미한다. 중세의 사상에서 모든 것은 세상의 저편 너머와 연결되어 있고 종교적이고 도덕적인 전체 시스템에서 독특한 자신

장미에 둘러싸인 성모 마리아와 아기 예수

의 위상을 갖는다. 예를 들어 호두는 그리스도를 상징하였다. 내부는 신성한 존재이고 나무 같은 껍질은 십자가를 나타냈다. 하얀 장미와 빨간 장미는 각각 처녀와 순교자를 상징하였으며, 가시는 박해받는 것에 저항하는 것이었다. 흰 장미의 우아함과 아름다움은 처녀의 그것과 본질적으로 같은 것으로 나타났다. 이것은 장미의 붉은 색과 피의 붉은 색에서도 나타난다. 같은 본질을 제시하는 것은 모든 것을 한곳에 속하게 한다.

인격화는 은유와 풍자의 방법을 통하여 설명된 개념과 추상적인

1년을 상징하는 그리스도의 열두 제자들

생각을 의미한다. 12개월은 12명의 그리스도 제자를 상징했고, 4계절은 4명의 복음 전도자 그리고 1년은 그리스도를 상징하였다. 질투와 시기는 새까만 개로, 오만은 사자로 상징되었다. 속담, 표어, 축복과 상투적인 문구는 정확하게 이렇게 생각하는 방법을 나타냈다. 이와 같은 방법과 연결되어 세상을 보는 관점은 신성한 것에 '가까이'가는 것에 따라 구분하도록 하였다. 맨바닥에는 식물과 동물이 있고, 그 위에 일하는 농민들이 있고, 그 위에는 귀족이 있다. 그리고 맨 위에는 신이 존재하였다. 이러한 세상은 다가올 세상을 마음속에 간직하고 심판의 날을 향해 나아가도록 하였다. 세상을 이러한 시선으로 보는 사람은 자신보다 밑에 놓여 있는 자연에 특별한 가치를 두지 않도록 하였다. 그러나 각각의 삶의 모습과 직업에는 개인의 행동을 규제하는 윤리적이고 종교적인 관념이 존재한다. 이러한 관념을 나누는 본질적인 수단이 죄악의 개념이었다.

　도그마는 경미한 죄악 그리고 심각하거나 윤리적인 죄악을 구분

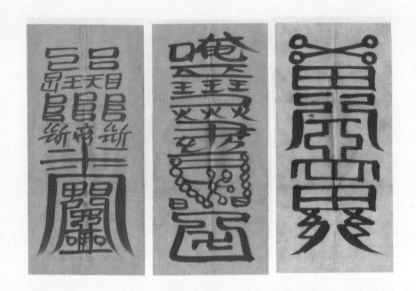

부적

종이에 글씨·그림·기호 등을 그린 것으로 재앙을 막아주고 복을 가져다준다고 믿는 주술적 도구

한다. 전자의 경우에 범죄자는 신이 아니라 법률가나 성직자에게 맡겨졌다. 큰 차이는 종교적이거나 윤리적인 범죄 그리고 신앙에 대한 죄의 사이에서 볼 수 있다. 그레고리 황제 시대에는 일곱 가지 사망의 죄가 있었다. 바로 오만, 탐욕, 정욕, 시기, 폭음 폭식, 분노, 나태였다.[29] 신에 대한 저항은 신성한 영혼에 반하는 죄악이었다. 이 저항 행위에는 무엄함, 의심, 알고 있는 진실의 거부, 타인의 재능에 대한 시기, 고집과 완고함이 포함된다. 사회 구성원의 관계를 심각하게 혼란시키는 살인, 남색 그리고 가난한 자를 억압하고 착취하는

행위는 부당한 죄악으로 표시되었다. 일반적으로 죄악은 신에 의한 처벌을 동반한다. 이승에서 처벌되지 않으면 저승이라는 다음 삶에서도 처벌되었다. 용서받지 못할 죄는 일반적으로 교회가 내렸으며 교회 공동체에서 제명하고 예배 참석을 허락하지 않았으며 교회 권리의 박탈이라는 행위가 뒤따랐다. 심각한 죄악은 은총을 받지 못하고, 신과 적대적인 관계가 되고, 영원한 파멸 그리고 악마와 죽음의 통치를 초래하였다. 신은 죄인과 일시적으로 죄지은 자에게 내리는 벌로 전쟁, 병, 가뭄 그리고 기아 또는 여타 전염병을 일어나도록 한다는 것이었다.

죄악의 개념과 관련해서 근본적인 변화는 연옥(煉獄) 개념의 도입에서 나타났다. 이것은 1439년 피렌체의 종교회의에서 믿음의 한 단계로 인정되었다.[30] 연옥은 죽음과 최후의 심판 사이에서 신의 의지에 완전히 순응하지 못한 자들에게 회개와 정화의 장소가 되었다. 이것은 더 이상 죄가 지옥에 떨어지는 저주를 구성하는 것이 아니고, 죄를 속죄할 수 있다는 것을 의미했다. 여러 학자들이 이것을 자본주의의 확산에 필수적인 정신적 조건으로 보고 있는데 그 이유는 상인들에게 속죄의 기회가 주어졌기 때문이다. 돈을 잘 벌면 그때부터 죄가 허락되었다. 다른 한편으로 중세 후기를 지배했던 죄악인 마술적 특성은 반대로 죄악의 개념을 확대시켰다. 마술적 행위는 네 가지 조건이 만족되면 실행되었다. 바로 결혼의 형태나 육체적인 성행위에 의한 혼인의 형태로 이루어지는 악마와의 계약, 검은 마법에 의한 해악이라는 증거의 제출, 마귀의 잔치에 참여라는 것을 증명하는 것이다. 그러나 실제로 흉년, 가축의 죽음, 인간의 병이라는 해악만 경험적으로 입증될 수 있었다.

입증의 다른 요소는 고백에 의해서만 얻어질 수밖에 없었다. 그러한 재앙이 발생할 때마다 세상에 만연된 마법에 대한 믿음 때문에 마녀 찾기가 시작되었다는 것을 상상하는 것은 별로 어려운 일이 아니다. 한번 피소되면 마녀는 유죄 판결을 피할 수 없었다. 의심만으로 모든 것은 충분하였다. 왜냐하면 그 당시의 조사 행위는 고백을 쉽게 얻어 낼 수 있었기 때문이다. 중세의 모든 도덕과 법적인 질서는 죄악에 맞서는 데 맞추어졌다. 죄악은 반드시 회피하거나 원래의 모습으로 돌려놓아야 하고 신성한 분노를 막기 위하여 처벌을 받아야만 했다. 죄의 회피는 빈곤, 순결, 순종이라는 기독교적인 권고를 받아들이고 유지하는 것을 의미하였고 그리고 신을 두려워하는 삶을 이끌도록 하는 것이었다. 이에 따라 죄악은 항시 처벌을 받아야만 하는 것은 아니었다. 죄악은 자비를 통하여 용서를 받을 수 있었다. 그리스도는 죄악을 살피기 위하여 모든 곳에 임재하였고 죄인을 뉘우치게 하였다. 죄악은 참회를 통해서 줄어들거나 사면될 수 있었다. 이 참회 행위에는 고백, 뉘우침 그리고 사죄가 있었다. 그러므로 죄악의 용서를 구하기 위해서는 마음과 행동에서 변화가 필요하였다. 죄악의 사면은 다른 방법으로 얻을 수 있었다. 바로 관대함, 은혜였다. 교회가 내리는 용서는 그리스도의 무한한 능력과 성령에 근거한 덕에 근원하는 것으로 이해되었다. 이를 통하여 교회는 사람들에게 면죄를 줄 수 있는 신성한 능력을 갖게 되었다. 중세에 행해진 면죄부 판매의 폐해는 잘 알려져 있다.

5. 위험 : 사회적 구성에 의한 인간 행동

위험의 개념은 여전히 오늘날까지도 분명하지 않은 모습을 하고 있다. 무엇보다도 기술적인 선택에 대한 평가 기준으로서 위험은 전문가와 일반 사람들에 의해서 다르게 사용될 뿐만 아니라 전문가들 사이에서조차도 매우 다르게 사용된다.[31] 이 주된 차이점은 무엇보다도 손실을 어떻게 규정하고 평가해야 하는지와 관련이 있으며, 불확실성 요소 혹은 확률 요소를 어떻게 설명하며 그 요소의 비중을 어떻게 강조하는지와 불가분의 관계를 갖는다. 위험 평가에서 어떤 피해 범주가 중요하게 고려되어야 할지에 대한 질문과 관련해서 불확실성은 확률이 고려되는 경우를 말한다. 이러한 이유로 위험 개념을 구성하는 불확실성 요소에 관심을 쏟는 것은 매우 중요하다.

　우선 위험 개념을 정하는 특정한 사고방식을 살펴보자. 근대가 시작되면서 새로운 사상 즉 과학적인 세계관이 세상을 지배하게 되었다. 모든 것을 각각의 힘의 작용으로 보는 과학적인 접근 방법은 마법적이고 종교적인 사고의 틀을 대체하고 있다. 여기서 기능-원인이라는 접근 방법이 옛것을 대체한 것이다. 여기서 중요한 것은 기능, 원인 그리고 영향이라는 것이다. 종교와 미신을 비판하는 계몽과 과학은 상호 동반 작용을 한다. 그래서 칸트는 '계몽이란 무엇인가?'라는 글에서 다음과 같은 말을 하고 있다.

> 계몽은 정신적인 미숙에서 탈출하는 것이다. 정신적 미숙은 다른 사람의 도움이 없이 자신만의 이치를 사용하는 무능력함이다. 만약 그 원인이 추론하는 사고력의 부족함이 아니라, 결심과 용기의 부족이라면 정신적 미숙은 자기 책임인 것이다.

용기는 공포와 두려움을 극복하는 것이다. 왜냐하면 두려움과 공포는 추론하는 능력을 약화시키기 때문이다. 인간의 감성에 대한 이 같은 부정적인 평가는 계몽의 시대를 이끌었다. 시민적인 미덕의 중요한 관점은 감성적인 것을 통제하는 것이었다. 계몽시대에 두려움은 사람한테서 강인함, 심사숙고의 능력, 추론 능력 그리고 인간 정신의 모든 장점을 빼앗아 간다고 주장되었다. 그래서 교육의 첫 번째 원칙은 인간을 공포로부터 벗어나게 하는 것이 되었다. 계몽 외에 기술의 발전은 공포와 두려움을 벗어나서 이것을 지배하는 수단이 되었다. 기술의 사용을 통해서 위험 나아가 공포는 극복될 수 있었다. 1750년에 프랭클린(Franklin)이 발명한 피뢰침은 가장 대표적인 것이다. 이것은 번개를 맞을 위험을 통제가 가능한 위험으로 바꾸어 놓았다. 가장 위험하다고 생각한 자연 위험의 하나인 번개가 통제 가능하게 된 것이다.³² 이것은 이성의 시대를 열었다고 볼 수 있다. 이 같은 새로운 시대적인 심벌은 개개인은 자신의 실수에 전적으로 책임을 져야 한다는 관점을 확산시켰다.

복권의 등장과 이에 따른 확률적 사고의 발달은 위험 개념의 핵

산신

한국의 대표적 마을 수호신으로 산에 있으면서 산을 지키고 담당하는 신령. 자연물에는 그 것을 지배하는 정령이 있다는 애니미즘(animism) 신앙에서 비롯된 것으로, 일종의 산의 정 령이다. 신체(神體)는 호랑이 또는 신선의 상으로 표현된다.

심이 되었다.[33] 원래 확률의 개념은 수학적인 것이 아니라 수사학적인 것이었다. 영어에서 '확률적(probable)'이라는 단어는 결정적인 증거는 없지만 주로 '측정이 가능한 현상'이라는 것을 의미하였다. 17, 18세기에 이 개념은 예수회 철학자들에 의해서 소위 개연론(probabilism)의 법칙을 끌어내도록 하였다. 예수회는 절대적인 가치관에 기초한 죄악의 개념을 매우 복잡한 사회적 변동과 현실에 적용하는 데 일련의 문제에 직면하였다. 많은 경우에 죄악인지 아닌지를 판단하기가 어려워졌다. 도덕적인 계명을 절대적인 것으로 삼는 엄격주의자들과는 반대로 개연론자들은 도덕적인 계명을 상대적인 것으로 보았다.[34] 이와 같은 상황에서 확률적인 근거가 연계되기 시작하였다. 이것은 특정한 권위가 뒷받침하는 관점이나 해석 또는 여타 '신뢰적인 토대'에 근거해서 어떤 것을 결정할 수 있다는 것을 의미하였다. 개연론은 근대를 향하는 길에서 중요한 진보를 이루도록 뒷받침하였다. 바로 죄악의 절대적인 기준을 폐지시켰기 때문이다. 이 같은 상대성화는 여러 분야에서 이루어지기 시작하였다. 과학은 규범적인 공식에서 자유로워질 수 있었으며 이것은 과학의 탈도덕화를 동반하였고, 많은 현상을 종교적인 관점에서 벗어나 자유롭게 분석하고 설명할 수 있도록 하였다.[35]

더 결정적인 변화들이 일어났다. 인간의 바른 삶의 모습에 좌표가 되던 마술적이고 종교적인 사고방식은 더 이상 구속력을 크게 갖지 못하게 되었다. 마술적인 힘과 신과의 관계로 설정되던 금기와 죄악은 사회적 관계에서 더 이상 구속력을 갖지 못하였다. 인간은 이제 결정을 해야 하고 이 같은 결정에 대한 사회적 요구가 증가하는 것을 체험하게 되었다. 어떤 것을 결정하기 위하여 참고해야 할 것은 무엇인가? 로크와 같은 17세기의 사상가는 행동과 관련될 수 있는 다양하고 확실한 단계를 고려하여 이 문제를 공식화시켰다. 제일 꼭대기에 수학적인 확실성을 올려놓았다. 그다음에 인식이 가능한 자료에 의해 결정이 되는 물리적인 확실성을 위치시켰다. 그 밑에는 목격자들의 증언 그리고 추측에 기반을 둔 확실성을 두었다. 이 같은 질적인 확실성의 단계는 질적인 확률 계산에 기반을 두고 이루어지도록 하였다.

위험으로서 위해에 대한 인식은 보험의 발달로 더욱더 구체화되었다. 보험 계약의 시초는 문헌에 따르면 1329년까지 거슬러 올라간다. 하지만 보험은 위험을 다루는 이성적인 방법이 아니라, 내기 또는 도박 그 이상도 아니라는 점에서 오랫동안 호응을 받지 못하였다. 18세기 초에 런던에서 사기, 복권 손실 또는 간통과 같은 개인의 위험을 지킬 수 있는 보험에 들 수 있게 되었다. 그래서 보험은 매우 부도덕한 행위로 간주되었다. 18세기 후반까지 유럽의 여러 나라에서 생명보험이 사기 행위를 부추긴다는 이유로 금지되었다는 사실은 이것을 증명한다. 18세기 말까지 도박과 보험은 분리되었다. 위험으로서 위해에 대한 인식은 마술적이고 종교적인 세계관이 자리를 잡을 수 없는 확률 개념을 도입하여 제도화시켰다. 파스

칼(Pascal)과 페르마(Fermat)는 처음으로 도박을 확률로 분석하였다. 이것은 호이겐스(Huygens), 베르누이(Bernoulli), 라플라스(Laplace) 그리고 베이즈(Bayes)와 같은 사람들이 발전시킨 확률 이론과 결합되었다.[36] 이 이론은 불확실성을 포함하는 결정 상황을 체계적으로 다루는 접근 방법을 가능하게 하였다. 이는 어떠한 행위를 평가할 때 행동의 득실 결과는 물론이고 이 결과가 일어날 수 있는 확률을 고려할 수 있게 해 주었다. 불확실성에 수학적인 확률 이론을 접목시키면서 가능해진 기능 – 원인의 사고방식에 대한 보완은 위험의 개념을 새롭게 정립하여 활용하도록 하였다. 잠재적인 손해는 그 발생 가능성을 고려할 수 있게 된 것이다. 통계학의 도움을 받아서 위험을 산정하고 보험 수학적으로 평가를 할 수 있는 것이다.

위험 개념의 발달 과정은 모든 환경을 장점으로 만드는 사람의 능력에 신뢰를 폭넓게 반영하였다. 경제적·기술적 환경에서부터 사회적 환경에까지 적용되도록 하였다. 왜냐하면 위험의 산정은 아무리 불확실한 상황에서라도 이성적인 판단을 가능하게 해 줄 수 있기 때문이다. 위험의 산정, 불확실한 환경과 조건에 대한 오차에 근거하여 이루어지는 예상이나 예견은 사회를 움직이는 법칙이 된 보험을 통하여 미래 설계를 가능하게 하였고 중요한 미덕으로 간주되었다. 보험은 위험을 수용하고 견딜 수 있도록 하는 사회적 시스템이 된 것이다.

이러한 의미의 변화 위에서 1970년대 중반부터 위험은 새로운 방식으로 사회적 주제가 되었다. 위험은 불확실한 상황에서 이루어지는 이성적인 행위를 나타내는 표식이 아니라, 자연과 사회를 재형성하는 과학기술에 대해 증가하는 불신의 표현으로 변화되었다. 이러한 위험 관점의 변화는 환경오염과 이에 따른 폐해를 경고하면서 시작되었다. 새로운 상품 규제법이 제정되었고 환경보호법이 발표되었다. 새로운 기술의 발달과 복지국가의 탄생은 이 같은 변화를 유도하였다. 기업에서 위험은 무엇보다도 불확실성이 지배하는 사업 계획이 실패할 확률을 말하는 것으로 변화가 되었다. 기술에서의 위험은 특정한 기술의 도입을 통해서 나타날 수 있는 잠재적인 손실 그리고 이것의 발생 가능성으로 이해되고 있다.[37] 여기서 가장 중요한 의미는 위험은 선택적인 행동의 결과로서 회피할 수 없다는 것이다. 우리는 어떤 것도 위험 없이 결정할 수 없다. 대안적인 행위도 마찬가지로 위험의 관점에서 평가될 수 있어야 한다. 갑에 대한 선택의 위험은 을에 대한 선택의 위험과 항상 함께한다. 어떠한 것도 하지 않는 행위도 물론 위험한 선택이 된다.

이와는 반대로 여론은 부정적인 공리주의의 관점에서 위험을 보도록 한다. 여론은 기술을 평가할 때 가능한 손실이나 폐해를 가장 우선시한다. 이것은 후회하는 것보다는 안전한 것이 낫다는 것을 말한다. 여기서 바로 위험한 대안의 선택은 위험하지 않은 선택과 겨루게 된다. 위험 이슈와 관련하여 만들어지는 정치적인 압력 그리고 근대 기술의 거대한 잠재적 위험은 기술 발전에서 새로운 법칙을 만들어 냈다. 기술에 대한 고전 법칙인 '시행 오차' 대신에 '오차가 없는 시행' 혹은 '예측하는 방법'을 요구하고 있다. 위험 평가, 기술영향 평가 그리고 환경영향 평가와 같은 수단을 이용하여 건강, 환경, 사회적 효과를 높일 수 있는 기술의 개발이 시도되었다. 기술이 충분히 안전하다고 평가되었을 때 도입될 수 있지, 그렇지 않으면 허용될 수 없다는 것이다. 이 관점은 자주 논쟁을 불러일으킨다. 그래서 유명한 '언제가 충분히 안전한가?'라는 논점이 제기 되었다. 위험으로서 위해의 관점은 이로 인해 탈근대적인 모습을 나타낸다. 위험 개념의 경제적인 개념과 이와 연계된 사회적인 파급력에 영향을 주는 확률적인 요소는 그 의미를 다시 잃어버리고 있다. 위험은 더 이상 잠재적인 손해의 가능성과 발생 가능성에 의해서 평가되지 않고, 단독으로 잠재적인 손해 요소에 의해서 평가되기 때문이다. 결정적인 논쟁점은 '가능성은 낮지만, 결과가 엄청난' 위험 인식의 여부로 모아지고 있다. 이것은 현대사회의 위험 정책의 목표가 위험을 보증하고 최소화시키는 것이 아니라, 위험을 방지하는 것에 두어야 함을 말한다.[38] 위험의 방지는 가장 중요한 계명인 것이다. 위험에 반하는 결정을 내리면서도 지속 가능한 새로운 진화적인 경제모델을 만들어 내는 것이다.

심리학적 관점에서 '가능성은 낮지만, 결과가 엄청난 '기술은 매우 높은 사회적 신뢰가 있어야 한다. 사고와 고장이 일어났을 때 이에 대한 높은 통제력을 요구한다. 그러나 여러 형태의 예방책에도 불구하고 사고가 발생할 수 있다는 관점은 딜레마를 만들어 낸다.[39] 위험 분석과 위험관리를 통해서 위험을 줄이고 예방하려는 여러 조치가 이루어져도 또 다른 위험이 항상 발생하고 있는 것을 볼 수 있다. 위험을 통제하고 극복할 수 있는 능력에 대한 신뢰가 사라지면서 인간의 행동과 사회적 대응력에 대한 지금까지의 가정들이 크게 위협을 받고 있다. 후쿠시마 대재앙에 따른 방사능 유출사고, 체르노빌 원전 폭발사고, 지구온난화에 따른 여러 기상이변의 결과에서 보듯이 우리가 유추한 가정은 많은 허점을 보이고 있다.[40]

6. 무엇을 다시 성찰해야 할까?

인식은 개념적인 틀, 즉 해석의 패턴을 미리 예측하는 것이다. 이것은 우선적으로 어떠한 관점을 만들도록 한다. 관점이 없으면 모든 인식은 쓸모가 없다. 개념은 사고와 행동을 좌우한다. 현실의 질서는 대상의 존재론적인 구조가 아니라 우리의 경험이 주는 의미를 통해서 구성된다. 이것은 위해의 인식에도 적용된다. 금기, 죄악 그리고 위험은 상이한 위해를 개념화할 뿐만 아니라 상이한 관점을 갖도록 한다. 금기, 죄악 그리고 위험은 상이한 특질을 가지고 있음을 이미 설명하였다. 우선 결론을 말하면 이 세 가지가 낮은 것에서 높은 것으로 일련의 진화를 만들어 냈다고 할 수는 없다. 이 일련의 진화를 결과로 간주하는 것은 잘못된 것이다. 금기, 죄악 그리고 위험은 명확히 경계를 구분할 수 있는 진화의 시기가 있는 것도 아니고, 특정한 공간에서 발생하는 것도 아니다. 이것들은 부분적으로 분리된 현실 영역에서 공존하고, 때때로 겹치고 융합되고 그리고 서로 다른 것을 대신한다. 다양한 사회적 집단이 내리는 위험 인식에 대한 분석은 바로 이 같은 의미론을 사용하지 않고 금기나 금기 같은 개념이 어떻게 형상화되는지를 보여 준다. 위험에 대한 논의에 죄악과 금기의 개념이 어떻게 폭넓게 접목되고 있는지는 점점 더 많은 관심을 불러일으키고 있다. 이것은 1) 모험적인 관점, 2) 위해의 판단에서 나오는 복잡성, 3) 가치 기준, 4) 행동 표준, 5) 믿음과 고백이라는 차원에서 논할 수 있다.

모험적인 관점에서 위험은 이득을 취할 수 있다는 희망에 참여하는 위험 담보 행위다. 그러나 금기와 죄악은 규정된 행동이나 일을 벗어나는 부정적인 개념을 의미한다. 최근에 기술과 기술을 둘러싼 현재의 위험 논쟁은 줄어들고 있는 것처럼 보인다. 모험적인 관점은 더 이상 사회적 주제로서 관심을 크게 끌지 못하고 있다. 확실하다고 믿었던 것에 대한 확실성이 감소되고 있기 때문이다. 고로 모험적인 관점은 축소되고 있다. 죄악의 개념은 위험 개념에서도 지속되는 위해의 차별화 그리고 상대화를 이끌어 낸다. 그래서 잠재적인 손해의 크기 외에 발생 확률이 중요한 의미를 갖는다. 위해의 판단과 관련하여 복잡한 척도는 원칙적으로 정확한 구별을 가능토록 한 것이다. 이에 따라 어떤 위험은 무시되고, 또 어떤 위험은 수용이 가능한 것으로 인정되고 어떤 것은 다시 논하도록 평가된다. 최근에 결정적으로 중요하다고 간주되는 것은 위험 존재의 질이 아니라 바로 양이다. 이 같은 복잡성의 척도는 위험 제로의 선택(zero-risk option)이라는 명제에서 잘 그려지고 있다. 이것은 원자력과는 다른 위험을 나타내는 에너지 시스템이나 유전공학에서 등장한 위험의 관계에서 찾아볼 수 있다. 이러한 인식의 차이는 금기나 죄악에서 안전한 영역과 위해한 영역을 구분하는 것과 비슷하다.

기술적인 위험 개념은 가치 표준을 폭넓게 지배하여 왔다. 금기나 죄악과 같은 마술적이고 신비한 의미는 여기서 어떠한 자리도 차지할 수 없는 것이다. 그러나 신비한 의미는 자연에 대한 이해 혹은 기술이나 과학에 대한 윤리적인 제한을 강요하는 것에서는 계속 살아 있다.[41] 여기서 문제가 되는 것은 위험 논쟁에서 이 같은 관점에 대한 수용자의 반응이 매우 낮다는 것이다. 최근에 절대적인 가치 표준이 상실되고 있다는 원망의 소리가 많아지고 있다. 규범적인 기술의 관점은 최근에 새로운 지지 기반을 얻었다. 바로 부드러운 기술, 전자 기술, 지속 가능한 발전 그리고 녹색성장 사회와 같은 것이 새로운 사회적 배경이 되고 있다. 이러한 개념과 모델은 선택적 행위에 대한 위험－이용－평가뿐만 아니라 긍정적인 표준은 높이고 부정적인 변수들은 축소시키도록 한다. 이것은 종교적인 믿음이 삶의 옳고 그른 것을 판단하던 중세를 연상시킨다.

위험 개념은 주로 위해를 확인하는 데 관계하는 반면에 규정된 특정한 어떠한 행태와는 관계를 갖지 않는다. 이것은 위험에 대한 반응이 상이하게 나타난다는 것을 다시 의미하는 것이다. 위험은 간과되고 수용되고 보증되고 감소되고 전이될 수 있다. 역으로 피할 수 있고 안 되면 보상을 받을 수 있다. 그래서 위해를 다루는 정책적 행동의 폭이 점점 넓어지고 있다. 위험이나 오염 물질은 노력을 해도 완전히 제거하지 못하고 남아 있게 된다. 그래서 위험은 점점 '전부 아니면 없다'와 같은 싹쓸이 논쟁, 삶과 죽음, 인류의 생존과 멸망 같은 문제로 확대되고 있다. 이러한 논쟁은 악마에 대한 선한 자의 영원한 투쟁을 지속적으로 상징화하는 모습을 한다.

이러한 상황에서 위험의 개념에 대한 해석이 상이한 이해관계와 가치관을 갖는 정당 그리고 이익집단 간에 싸움터가 된다는 것은 놀라운 일이 아니다. 위험의 개념을 재정립하여 이 같은 갈등을 더 잘 다룰 수 있는 범위나 가능성은 역으로 점점 제한적인 모습을 띠고 있다. 따라서 위험에서 벗어나는 회피 전략을 정착시키는 일은 더욱 어려워지고 있다. 주로 피해 관점에 무게를 둔 위험 개념은 근대 기술에 내재된 잠재적인 재앙을 강조하였다. 이것은 이성적이었다. 그러나 확률을 제거하는 위험의 개념은 어떠한 의미도 가질 수 없다.[42] 불확실성은 제거하여 없앨 수 있는 대상이 아니기 때문이다. 위험을 제거하려는 시도나 노력에 위험을 동반하지 않는 것은 없다. 위험 제로의 선택은 죄악이 없는 삶이나 모든 악마의 제거와 같이 불가능한 사회적 행위다. 21세기가 시작되면서 새로운 미래를 만들기 위하여 새로운 기술 선택의 폭을 넓혀야 하는 새로운 패러다임에 봉착하고 있다. 새로운 선택이 많아질수록 위험은 많아지기 때문이다. 여기서 우리의 딜레마는 위험 제로가 아니라 위험의 형태와 범위 그리고 이 위험의 분배가 제일 중요한 문제로 떠오른다는 사실을 반드시 인식해야 한다. 이와 같은 상태에서 한두 가지의 방법으로 위험을 부정하고 극복하려는 것은 21세기적 해법이 아니다. 우리에게 필요한 것은 위험을 배우는 것이다. 위험을 극복할 수 있는 열린 사회이지만, 결정을 내리는 근거가 불확실한 용어에 기반하였을 때 그 사회는 절대로 안전을 성취할 수 없다. 이제 불확실성을 인정하고 의식적으로 어떤 결정을 내리고 그리고 판단을 이 불확실성에 맞추는 사회적 노력이 필요하다. 위험이 없는 삶은 없고, 위험과 마주치지 않는 사회는 없다. 위험과 함께하는 삶을 배우고 정착시키는 새로운 개념을 이제는 수용해야 할 것이다.

2장

기술 위험과의 소통에서 나타나는
위험 커뮤니케이션의 어려움

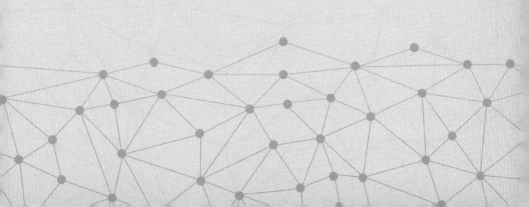

위험이 악화된 것인지 위험에 대한 우리의 시선이 악화된 것인지는 분명치 않다. 양 측면은 일치하고 서로 제한하고 강화한다는 것은 두 가지가 아니라 동일한 사태인 것이다. 위험은 지식 속의 위험이기 때문이다.

울리히 벡(Ulrich Beck)

---

1. 기술에 대한 평가의 변화

여론조사 기관인 알렌스바흐 연구소(IfD)는 1966년부터 비정기적으로 기술의 '축복'과 '저주'에 관한 국민들의 생각을 조사하였다. 이러한 흑백논리로 국민들의 생각을 단정 짓는 것이 의미가 있느냐의 문제도 있지만, 어쨌든 알렌스바흐 연구소의 설문 결과 기술에 대하여 과거 '예찬적'이었던 경향이 점차 '우려'로 변하고 있는 추세를 확인할 수 있다. 하지만 그렇다고 오늘날 기술의 발전이 '저주'라는 주장처럼 '치명적이다'라고 생각하는 사람들은 소수에 불과하

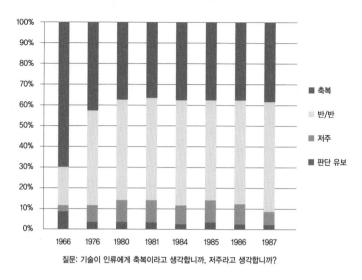

질문: 기술이 인류에게 축복이라고 생각합니까, 저주라고 생각합니까?

기술에 대한 국민들의 생각　　　출처: 알렌스바흐 연구소

다. 기술을 둘러싼 논쟁에서 거론되는 것은 기술의 '저주'가 아니라 기술의 '위험'이다. 오늘날 현대 기술에 대한 평가는 삶의 질의 향상이라는 차원의 '기술 발전'의 의미를 약화시키는 기술 자체에 내재된 위험, 위해, 피해 등의 평가를 의미한다. 기술 논쟁은 '위험에 관한 논쟁'을 의미한다.

이러한 변화를 잘 보여 주는 보기가 있다. 한 제약 회사가 유전자 조작 박테리아를 이용한 심근경색 치료용 의약품을 생산하기 위해 새로운 생산 시설 허가 신청을 냈다. 20년 전이라면 지역 신문에 '심근경색 치료를 위한 새로운 의약품 개발'이라는 제목하에 '새로운 생산 시설을 통한 일자리 창출'이라는 부제가 함께했을 것이다. 하지만 오늘날에는 다르다. '허가 절차의 허점—유전자 기술 시설에 대한 이

의 신청 3,500건 이상—대중적 논의가 필요하다는 표제어가 실렸다.

생산 시설 건립 계획이 공개되면서 수많은 이의 제기, 정당들의 입장 표명, 주민·시민 단체·환경 단체의 결집, 서명운동, 허가 관청에 대한 이의 신청을 권고하는 신문광고 등의 활동들이 일어났다. 전문가 및 주민 청문회가 개최되었으며, 결국 허가 절차는 새로이 검토되어야 했다. 생산 시설의 '위험'과 안전 대비책의 필요성 및 효력이 충분히 규명되지 않았다고 평가되었기 때문이다. 논쟁에서는 신의약품의 장점과 일자리 창출이라는 주제가 주목을 받지 못하였다. 시설 운영자는 분명 이러한 유용한 측면을 강조하고 싶었을 것이다. 논쟁의 핵심이 되었던 내용은 다음과 같다:

- 유전자조작 박테리아로 인한 환경과 건강의 위협을 배제할 수 있는가?
- 시설로부터의 박테리아 유출(배수, 공기 등을 통하여)을 배제할 수 있는가?
- 시설 외의 영역에서 박테리아가 생존할 수 있는가?

매일 신문을 접함으로써 알 수 있듯이 제시된 예는 이례적인 사례가 아니다. 쓰레기 소각 시설의 허가, 발전소 건립, 새로운 정보통신 기술의 도입 등의 경우, 대중적 논쟁에서는 이러한 기술의 사용자들에게 가해지는 위험 요소들이 제기된다. 이때 건강과 환경의 위협만이 아니라, 의도되지 않은 사회적·정치적 여파 및 윤리 가치의 침해 등이 기술의 위협 요소로 제기된다.

기술 영역	토론에서 제기되는 위험 요소
유전자 기술	유전자조작으로 인한 건강과 환경의 위협 가능성, 인간의 유전자적 통제의 위험(규격에 맞춰진 인간), 유전자적 이데올로기의 위험, 군사적 활용의 위험
정보통신 기술	인간 사고의 컴퓨터 알고리즘화의 위험, 창의성과 자립적 결정 능력의 상실, 의사소통 과정의 기술화로 인한 사회적 관계의 위협, 감시 및 통제 가능성의 증가 (감시되는 인간), 합리화로 인한 실업률 증가의 위험, 사회적 침해성(온라인)
쓰레기 처리 산업	쓰레기 소각 시설 및 하치장의 유해 물질 방출로 인한 인간과 환경의 위협, 지역 경제의 오(誤)성장, 쓰레기 감축 및 재활용의 가능성을 최대한 활용하지 않는 쓰레기 처리 정책으로 인한 '버리는' 사회의 형성
화학 산업	위험 물질의 생산, 이동, 저장, 처리로 인한 건강의 위험 및 환경의 오염

다양한 기술 영역에서 제기되는 위험 요소

이러한 위험 논쟁을 보면, 우리 사회가 더 이상 '산업사회'가 아니라 '위험 사회'라고 말할 수 있을 것이다(Beck 1987). 이러한 사회의 변화는 더 이상 사회적 부의 산업적 생산 및 이러한 부의 공정한 분배를 둘러싼 갈등이 아니라, 위험 요소의 생산 및 이로 인하여 발생하는 정치적 논쟁을 특징으로 한다.

2. 위험 사회의 특징

우리는 모두 기술의 발전이 가져다 준 혜택을 누리며 산다. 현대 기술은 일상생활의 불가피한 부분이 되었다. 하지만 기술의 생산과 통제는 모두의 손에 주어지지 않고 '전문가'들에게만 주어졌다. 특히 핵에너지와 같이 복합적인 대형 기술의 경우 더욱 그러하다. 개개인 모두 현대 기술의 위험을 안고 살아가야 한다.

하지만 분명한 사실은 '위험 의식'이 성장했다는 것이다. 원자력 에너지 반대 운동 및 환경 운동의 형태로 형성된, 소위 '새로운 사회 운동'이라고 불리는 영역의 사람들뿐 아니라 국민들의 대다수가, 앞서 언급된 알렌스바흐 연구소의 자료가 보여 주듯, 기술의 발전에 대하여 복합적인 감정을 갖고 있다. 그 이유를 찾기 위해 '우리는 오늘날 100년 전에 비하여 더 위험하게 살고 있는가?'라는 학문적으로 결론 내리기 어려운 질문을 할 필요는 없다. 확실한 것은, 오늘날 우리는 우리가 스스로 만들어 낸 더 큰 규모의 위험과 함께 살아가고 있다는 사실이다. 기술의 위험은 사회적으로 생산된 위험이기 때문에 정치적 논쟁의 대상이 될 수 있다. 그렇기 때문에 기술 위험의 회피 가능성을 둘러싸고 논쟁할 수도 있고, 건강과 환경의 위협에 대하여 책임자를 지목할 수도 있는 것이다.

위험과 관련하여서는 항상 미래의 발생 가능성과 피해의 영역이 이야기된다. 그렇기 때문에 사실상 무엇이 위험하며 어느 만큼 위

원자력에 대한 인식의 변화를 가져온 '체르노빌 원전 사고'
출처: BBC

험한지에 대하여 객관적으로 답하기는 어렵다. 최근 사회과학적 위험 연구 분야는, '객관적' 위험은 존재하지 않으며 위험 요소들은 대개 '사회적으로 형성'된다는 일치된 의견을 보인다. 사회적 배경(예를 들어 교육, 직업, 특정 하위문화에서의 소속성)에 따라 다양한 위험 요소들이 다양한 정도로 인식된다. 누구는 받아들일 수 없는 심각한 위험이 다른 시각에서는 위협적이지 않은 것으로 받아들여지기도 한다. 이러한 현상은 특히 전문가와 비전문가의 위험 인식에서 드러난다.(이 책의 7장 참조)

전문가와 비전문가는 위험 요소들에 대하여 서로 상이한 위험 등급을 매김을 알 수 있다. 예를 들어 비전문가들은 특수 쓰레기 하

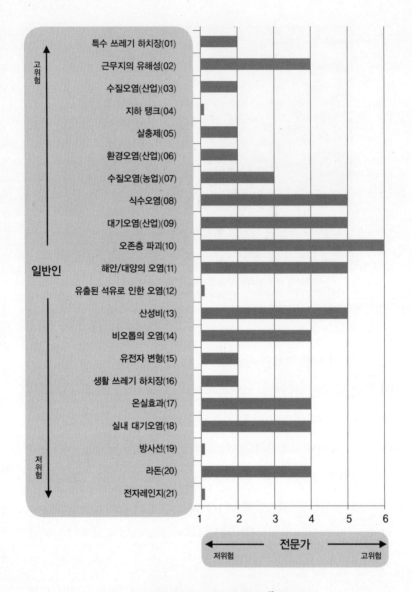

특수 쓰레기 하치장(01)
근무지의 유해성(02)
수질오염(산업)(03)
지하 탱크(04)
살충제(05)
환경오염(산업)(06)
수질오염(농업)(07)
식수오염(08)
대기오염(산업)(09)
오존층 파괴(10)
해안/대양의 오염(11)
유출된 석유로 인한 오염(12)
산성비(13)
비오톱의 오염(14)
유전자 변형(15)
생활 쓰레기 하치장(16)
온실효과(17)
실내 대기오염(18)
방사선(19)
라돈(20)
전자레인지(21)

고위험

일반인

저위험

전문가

저위험   고위험

전문가와 비전문가의 위험 인식[43]

출처: 미국 환경보호국(Environmental Protection Agency)의 연구(1987) 및
로저 연구소(Roger Organization)의 설문 결과(in: Allen 1988)에 따른 자체 산정.

치장을 환경과 건강의 가장 큰 위협 요소로 보는 반면, 전문가들은 이로 인한 위협이 기후 변화(온실효과)로 인한 위험보다 크지 않다고 평가한다. 반면 비전문가들은 기후 변화의 위협을 상대적으로 큰 위험으로 인지하지 않는다.

이러한 차이는 정치적 결정 과정에서 문제가 된다. 전문가들의 의견에 따르면, 비전문가들이 가장 두려워하는 위험은 많은 경우 실제로 생명을 위협하는 위험이 아니다. 집합체적 존재의 안전을 목적으로 하는 정책은 어떠한 기준(전문가의 기준 혹은 대중의 기준)에 따라 결정되어야 하는가? 모든 결정은 기술의 발전(중단 혹은 장려)에, 또한 이로써 경제 분야의 발전에 영향을 끼친다. 어떠한 결정이든 논쟁의 여지가 있으며 국민들의 안전 욕구, 학자들의 연구의 이해, 경제적 이해(利害) 및 사회의 경제적·사회적·정치적 발전에 영향을 미친다. 한 분야에서의 안전 향상 및 예방 조치 개선을 추구하려면 자금이 투입되어야 하는데, 그러면 이러한 자금은 다른 분야에 더 이상 투입될 수 없다. 그렇다면 전문가들의 판단에 따라 건강 및 환경보호의 필요성이 가장 큰 분야에 투자를 해야 하는가, 아니면 대중에게 가장 큰 걱정을 야기하는 문제에 집중해야 하는가? 이래야 하는가? 저래야 하는가? 위험에 관한 사회적 논쟁은 불가피하다.

3. 기술의 위험에 관한 사회적 논쟁

언론, 관청, 정치인, 산업 대표, 전문가, 시민 단체, 대중이 참여하는 기술의 위험에 관한 사회적 논쟁에는 일련의 난관들이 산재해 있다. 이러한 난관들은 예외적이라기보다는 오히려 당연한 것들이다. 이들은 기술 및 위험의 정복만이 아니라, 기술의 위험에 관한 커뮤니케이션이 문제라는 사실을 보여 준다.

1) 위험에 대한 인지 및 평가가 다양하다.

2) 평행선을 긋는 논쟁이 이루어진다.

3) 고도로 감정적인 토론이 이루어진다.

4) '토론은 전쟁이다'라는 형태의 논쟁이 이루어진다.

5) 신뢰가 부족하다.

6) 전문가의 신뢰성이 제한적이다.

7) 상호 간에 부정적인 의도와 동기를 의심한다.

8) 서로에 대한 마음이 닫혀서 갈등 해결이나 합의를 달성하지 못한다.

9) 소통의 문제가 있다.

〈표 2-2〉가 보여 주듯 대중과 전문가들은 위험에 대하여 서로 상이한 평가를 내린다. 그렇기 때문에 논쟁과 갈등은 예고된 것이며, 이러한 논쟁과 갈등은 매우 다양한 쟁점을 중심으로 나타난다

갈등 조정 층위	갈등의 예
자료	원자력발전소 주변 지역의 암 발병 증가
현실 가능성	원자력발전소 사고 발생
추정 및 예상치	2020년 에너지 소비
규정과 개념	이온화 방사선의 한계치 규정
가치	원자력 에너지의 도덕적 가치

위험에 관한 커뮤니케이션의 갈등 층위

(이러한 갈등들이 특별한 역동성을 띠는 것도 이 때문이다). 빈터펠트와 에드워즈(Winterfeldt and Edwards 1984)에 따르면 기술의 위험에 관한 논쟁에 있어 5개의 갈등 층위가 나타난다.

위험에 대하여 토론할 때에는 모든 층위에서 논쟁이 나타날 수 있다. 많은 경우는 서로 평행선을 긋는 경우가 많다. 한쪽에서는 유전자 기술로 조작된 식물들을 가지고 야외에서 실험을 해 본 결과 위험하지 않다는 입증 자료를 가져오며, 다른 쪽에서는 윤리적 문제나, 농업에 대형 산업체의 영향력이 증가한다는 비판을 제기한다. 이러한 방식 때문에 위험 논쟁은 난관에 부딪히며 감정적으로 치닫는다.

산업 대표자들과 전문가들이 걱정하는 국민들과 적극적인 시민 단체들과 만나는 자리인 청문회와 토론 행사들은 '토론은 전쟁이 다'라는 원칙에 따라 진행된다. 서로에 대한 마음이 닫혀서 요지부 동이다. 한쪽에서는 유전자 기술을 활용하는 생산 시설을 옹호하며 온갖 수단으로 이를 관철시키고자 하는 반면에, 다른 쪽에서는 온갖 수단을 동원하여 이를 막고자 한다. 친구 또는 적이라는 흑백논리가 지배적이다. 환경 친화적 감정이 경제적 논지와 대립한다.

위험 논쟁은 많은 경우 대형 궐기대회의 의미를 갖는다. 대중을 각성시키거나 안심시키기 위한 개념들을 찾기에 급급하다. '독성쓰 레기'라는 단어는 사람들의 두려움과 우려를 불러일으키기에 그만 이다. 반대편에서는 대중을 안심시키기 위하여 잔여물질 수거, 쓰레 기 처리 공원, 원료의 정제 등과 같은 단어들을 새롭게 만들어 낸다.

국가와 기업에 대한 주민들의 신뢰는 무너졌다. 국가와 기업은 산업사회가 활력 있게 유지되도록 기술의 활용을 조종해야만 했다. 체르노빌 사건, 세베소 사건, 바젤의 산도스(Sandoz) 사 화재 사건으 로 인한 라인 강의 오염 등과 같은 사고와 환경 재해들은 이러한 가 치관이 반영된 결과이다. 수십억에 달하는 규모의 자금이 화학산 업 및 원자력 에너지와 관련된 안전 기술 및 안전 예방책에 투자되 고 있지만, 대중은 점점 더 신뢰를 상실해 가고 있으며 기업과 국가 를 무책임한 위험 생산자로 여긴다. 또한 전문가들에 대한 신뢰성도 떨어지고 있다. 사람들은 전문가들의 위험 예측이 자신의 생각과 다 를 경우 신뢰하지 않는다. 또 다른 문제는 전문가들 사이에도 진영이 나뉜다는 것이다. 오존층 파괴의 위험, 원자력발전소 사고의 단계, 기후 환경 변화에 따른 재해에 대비한 적절한 에너지정책 등에 대한 전문가들의 의견이 분분하다.

어떠한 전문가의 말을 믿어야 할지에 대한 대중의 생각도 다양하다. 체르노빌 사건 이후 과학 및 기타 기관들의 정보 정책에 대한 신뢰를 연구한 페터스와 동료들(Peters et al. 1987)의 조사 결과는 이러한 상황을 잘 보여 준다. 어떠한 사람들은 지배층 전문가들만을 신뢰하는 반면, 어떠한 사람들은 '반지배층'만을 신뢰하기도 한다. 일부는 둘 다 지지하기도 하고, 일부는 그 어떠한 진영도 신뢰하지 않기도 한다.

기술 위험을 둘러싼 논쟁에서는 반대편을 서로 '무질서'하거나 '수익 지향적', '비합리적'이거나 '비인간적'이라고 인지한다. 언론

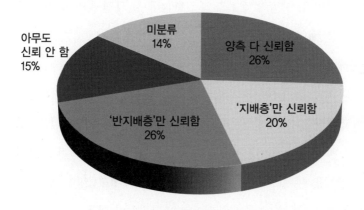

체르노빌 사건 이후 정보 출처에 대한 국민들의 신뢰
('지배층'=정부, 핵심 연구 기관, 기업 / '반지배층'=환경기관, 시민 단체, 기자)

에도 이러한 상투성이 존재한다. 산업계과 전문가들은 국민들에게 잘못된 인식을 심어 주는 이러한 언론의 특종 욕심, 의도적 왜곡, 단층적인 보도를 비난한다. 그래서 서로 진정한 대화를 하지 않는다. 토론은 서로의 이해를 목적으로 하지 않으며, 협상은 합의에 도달하지 못한다. 서로에 대한 마음이 닫혔으며 각자의 생각은 요지부동이다. 각자 자신의 생각이 옳다고 굳게 믿는다. 청문회와 의견 수렴 절차는 코미디가 되고 만다. 이 가운데 어떠한 프로젝트의 기획자와 운영자들은 시민들이 참여하는 이러한 행사의 경우 철저하게 규정을 준수한다. 형식적인 실수를 막고 자신들의 프로젝트를 '관철'시키기 위해서이다. 이들의 목표는 국민들의 '근거 없는' 우려를 소멸시키는 것이다. 하지만 시민 단체들은 이에 대하여 저항한다. 시민 단체들의 목표는 대중에게 위험을 각인시킴으로써 반대 운동을 선동하는 것이다. 이명박 정부가 추진한 4대 강 사업에서 이 같은 모습을 가장 잘 볼 수 있었다.

이해 문제의 직접적인 원인은 서로의 상이한 용어 사용과 지식에 있다. 이온화 방사선의 위험이나 기후변화의 영향과 같은 위험에 관한 정보의 경우 예측하기도 이해하기도 어렵다. 또한 비전문가들에게는 지식이 부족하다. 비전문가들은 복합적인 기술적 혹은 과학적 연관성을 이해하기가 어렵고(이것을 이들에게 요구할 수도 없다), 게다가 이것이 이해하기 어려운 언어로 표현된다면 더욱 그러하다.

4. 문제의 원인

산업사회의 기술 위험에 대한 예측과 평가는 단순한 기술적인 문제
가 아니다. 국민들의 다수가 참여하는 사회적 합의와 결정이 필요
하다. 하지만 현실에서는 대형 기술과 대형 기술의 위험과 관련하
여 사회적 합의가 이루어지지 않고 있다. 전문가, 언론, 대중, 정치,
관청 등 모든 당사자들은 선입견과 이해(利害) 중심의 인식을 가지
고 있으며 상호 간의 관계 및 이해(理解)의 문제를 안고 있다. 이러
한 문제는 기술 및 기술의 위험에 관한 사회적 토론과 결정을 어렵
게 만든다.

주체	위험에 대한 이해	관계의 문제	이해(理解)의 문제
전문가	좁은 의미의 양적 위험 개념	다른 형태의 위험 인지를 '비합리적'인 것으로 거부함	전문용어, 확률론적 위험예측의 복합성
대중	전체적인 양적 위험 개념	전문가, 관청, 정치인에 대한 불신	모순적 정보 욕구와 위험 정보에 대한 이해 부족
언론	위기 및 사고 선호	의견 대립의 극대화 경향	위험 정보에 대한 이해 부족, 대중에 대한 일측면적 정보 전달 시
관청/정치인	비전문가 및 전문가의 위험 개념 사이에서의 결정 딜레마	한편으로는 대중, 다른 한편으로는 유효법에 대한 결정의 합법화	정보 정보에 대한 이해 부족

커뮤니케이션 문제의 원인

4.1. 전문가

위험 분석 작업은 매우 전문적인 작업으로 전문가들의 지식과 참여를 필요로 한다. 예를 들어 유전자 기술 연구소, 화학 공장, 쓰레기 적체장의 위험 잠재성에 대한 분석을 누구나 할 수 있는 것은 아니다. 전문가들의 위험 이해에 따른 위험은 피해 발생 가능성과 피해 규모라는 두 가지 사항을 포함하는, 위협의 정도를 규정하고 제시하는 기준이다. 위험 측정을 위해 이 두 가지 측면을 결합시켜야 한다. 기술 시설에 대한 위험 예측에 필요한 것은 다음과 같다.

- 피해 스펙트럼의 규정(어떠한 피해를 포함시킬 것인가)
- 발생 가능하다고 선정된 피해를 야기시킬 수 있는 사고의 규정
- 사고의 발생 가능성 규정
- 사고의 여파 규정

이러한 규정을 만들어 내는 과정에 일련의 모호성이 존재한다. 첫 번째 문제는 피해 스펙트럼의 선정 시에 나타난다. 질병, 사망, 물질적 피해와 같이 보험 처리가 가능한 피해만을 포함시킬 것인가? 직접적 사망과 같은 직접적 영향만을 포함시킬 것인가, 혹은 15~20년 후의 암 발병과 같은 간접적이고 장기적인 여파도 포함시킬 것인가? 국제적 여파, 노동시장에 미치는 영향, 피고용인들의 자

격 수준에 미치는 영향, 정치적 안정성·국가에 대한 신뢰·국민의 자유권에 미치는 영향도 포함시킬 것인가?

전문가들은 이러한 사항들 중에 특정한 층위를 선택해야만 한다. 피해 스펙트럼이 광범위해질수록 위험을 나타내는 수치를 도출해 내기는 어려워진다. 여기에 사회적·심리적 측면이 추가되면 모호성은 더욱 증가한다. 그렇게 되면 예상 여파의 복합성과 불분명성으로 인하여 위험에 대한 정확한 예측과 측정이 거의 불가능해진다.

사고의 예측과 발생 가능성을 규정하는 일에도 유사한 어려움이 있다. 기존의 사고 통계치를 근거로 이루어지는 교통사고의 위험 규정과는 다르게, 발전소나 유전자 기술 생산 시설의 사고 위험 예측 시에는 기본적으로 객관적인 자료들이 존재하지 않는다. 발생 가능성은 결함수분석(Fault Tree Analysis)[44]과 같은 특수한 방식을 통하여 산정되어야 한다. 이러한 특수한 방식을 이용하더라도 직감적인 판단을 배제할 수 없다. 그렇기 때문에 일련의 실수가 나타날 수 있으며 낙뢰, 수해, 테러 등과 같은 '공통 모드(Common Mode)', '공통 원인(Common Cause)' 및 오조작의 발생 가능성을 예측하는 것은 쉽지 않다. 또한 전문가들은 많은 경우 자신의 판단에 대하여 근거 없는 신뢰를 갖기도 한다. 전문가들의 위험 예측이 객관적인 것도 아니다. 메이저(Mazur 1978)는 식수의 불소화 및 핵에너지에 관한 50년대와 60년대의 위험 연구들을 분석하였다. 분석 결과 이러한 연구들의 무의미함이 드러났다. 선정한 컨셉과 방식에 따라 다양한 방향의

결과들이 산출되었기 때문이다. 전체적으로 보았을 때 전문가들의
위험 예측에는 다음과 같은 문제가 있다.

1) 현재의 지식에 대한 과도한 신뢰(예: PCB와 석면의 무해성)

2) 복합적인 상호작용에 대한 고려 부족(예: 산림의 고사)

3) 점증적이고 시간 지연적 효과에 대한 예측 불확실성(예: 기후 문제)

4) 위험 요인으로서의 인간의 실수 가능성에 대한 고려 부족

　(예: 쓰리마일 섬 사고)

5) 안전 기술에 대한 사람들의 지식 부족

　(예: 비행기 추락 사고 – 안전 기술 및 기술적 가능성에 대한 과대 평가)

6) 다양한 피해 측면 및 각각의 발생 가능성을 집결한 수치의 임의성

　(예: 오래된 에너지 공급 시스템에 대한 위험 연구)

7) 위험 예측에 대한 이해(利害) 관계 및 가치 설정의 영향

　다양한 관계의 문제는 위험 문제 취급에 대한 다양한 관점으로
부터 발생한다. 전문가들은 기술적 관점을 선호한다. 이들은 기술의
위험을 기술적 방식과 조직적 방식으로 해결해야 하는 기술적 문제
로 본다. 위험 문제를 도덕적 문제, 법적 문제, 사회적 갈등으로 여
기는 '정당한' 인식을 갖는 것이 이들에게는 어렵다. 그렇기 때문에
전문가들은 위험을 오히려 사회적·법적·도덕적 측면에서 바라보
는 정치인, 행정관청, 대중을 거부하는 입장에 서는 경우가 많다. 전
문가들은 지식 독점권만을 행사하는 것이 아니라, 많은 경우 모든
종류의 국민 참여를 무의미하다고 여긴다. 이들에게 행정관청은 장

애물이며 정치인들의 결정은 정당의 이익을 반영한 가변적인 것이다. 쾰른 행정 지구에서 산업 쓰레기 하치장 허가가 20년 걸린 것을 보면, 이러한 생각이 이해가 가기도 한다.

다른 관계의 문제들은 대중의 걱정과 두려움을 해결하기 위해 노력하지 않기 때문에 발생한다. 국민들의 걱정을 비이성적인 것으로 치부해 버리거나 단순히 표면적으로 덮어 버리고자 한다면, 국민들은 자신의 주장이 진지하게 받아들여지지 않거나 '바보' 취급을 받는 느낌을 갖게 된다. 그러면 전문가들 및 이들의 견해에 대한 거부감이 커진다. 전문가들 때문에 발생하는 이해의 문제는 다음과 같은 원인에서 찾을 수 있다.

- 전문용어
- 주로 양적 위험의 제시
- 통일된 위험 기준의 부재
- 불확실성의 배제
- 혼란을 야기하는 위험 대조
- 대중의 정보 욕구에 대한 이해 부족

위험 전문가들의 언어는 대부분 고도로 전문화되어 있기 때문에 비전문가들이 이해하기 어렵다. 과학자들의 전문용어로 인하여 대중은 위험 정보를 이해하고 평가하기가 어렵다. 특히 수치들은 대중이 위험에 대한 정보를 얻을 수 없다면 아무런 의미가 없다. 특히 발생 가능성을 이야기하는 수치들에 대하여 대중의 오해가 자주 발생한다. 10-7이나 10-2의 위험률은 무엇을 의미하는가? 또한 이렇게 작은 발생 가능성은, 언제 이러한 피해 사건이 일어날지에 대하여 아무것도 말해 주지 못한다. 프리체(Fritzsche 1986)는 22세의 승용차 운전자의 사망 위험률을 나타낼 수 있는 다양한 방법을 보여 주었다.

- 0.00025/년
- 1:4000/년
- 수명 평균 77일 단축
- 1:106/주행 시간
- $2.5:10^{-8}$/주행 km

다른 문제들은 상이한 위험 기준을 활용하는 것에서 기인한다. 위험을 나타내는 방식이 얼마나 다양한지는 간단한 예를 통해서도 확인할 수 있다. 미국 광산의 사망 사고 위험률은 채굴 석탄량 1백만 톤을 기준으로 한 연간 사망 사고 수를 근거로 할 경우 감소하며, 근로자 1인을 기준으로 하는 사망 사고 수를 근거로 할 경우에는 증가한다(Wilson, Crouch 1987).

위험 예측은 미래의 영역에 해당하는 사안이기 때문에 불가피하게 불확실성을 내포할 수밖에 없는데, 이러한 불확실성은 주로 구체적인 수치 제시를 통하여 감춰진다. 하지만 이러한 불확실성은 신뢰 영역의 차원에서 혹은 발생 가능한 피해의 최소치 및 최대치의 차원에서 분명히 제시되어야 한다. 그래야 비전문가들도 위험 연구의 품질을 평가할 수 있다. 많은 경우 양적 위험 정도에 대한 이해를 돕기 위하여 대조의 방식이 활용된다. 이러한 대조는 전문가의 관점에서 유용하다. 결국 모든 사건과 행위를 피해 규모 및 발생 가능성의 차원에서 형식적으로 제시할 수 있기 때문이다. 핵에너지 사고로 인하여 사망할 위험률은, 미국의 원자력 위원회(Atomic Energy Commission)의 1975년 위험 분석에 따르면(WASH - 1400), 번개에 맞을 확률과 비교될 수 있다. 또 다른 연구(Rassow 1988)에서는 일상생활의 위험률을 체르노빌 사고로 인하여 에센(Essen) 시 시민들에게 발생한 추가 위험률과 비교하고 있다.

하지만 대중에게는 이러한 대비가 이해하기 힘들다. 대중의 관점에서는 서로 비교하기 어려운, 각각 완전히 다른 기준에서 평가되는 사건과 활동들이 제시되었기 때문이다. 대중은 흡연이나 차량 주행보다 핵에너지의 위험률이 더 크다고 여긴다. 이러한 위험 대비가 무의미한 이유는, 핵에너지의 위험과 등반 투어의 위험 대비가 일반 사람의 위험 인식에서 결정적인 것으로 작용하지 못하기 때문이다.

위험에 관한 커뮤니케이션에 있어 존재하는 또 하나의 걸림돌은 전문가들이 기본적으로 대중이 갖는 정보 욕구에 대한 이해가 낮다

행위	사망 원인
1년(4/86-3/87) 에센(Essen) 시 (체르노빌 사고로 인한 추가 위험)에 거주	체르노빌 사고 방사능 물질로 인한 암
26일 동안 에센(Essen) 시에 거주, 4일 동안 에버바흐(Eberbach)/바덴(Baden) 카첸부켈(Katzenbuckel) 근처에 거주, 1일 동안 케랄라(Kerala) /인도(체르노빌 사고 이전)에 거주	자연 복사[우주 복사, 지구 복사, 복용]로 인한 암
대서양 횡단 비행	우주 복사로 인한 암
1100km 비행	사고
100km 차량 주행	사고
90초 등반 투어	사고
지하 광산 3시간 근무	사고
20개월 야외에서 거주	낙뢰
담배 1.5개 흡연	암, 심장 질환, 폐 질환
담배 24개 간접 흡연하는 비흡연자로 생활	암, 심장 질환, 폐 질환
20분 동안 60세로 살기	일반 사망률

일상생활의 위험률과 체르노빌 사고로 인한 추가 위험률의 대비

출처: Rassow 1988, 173쪽에서 인용함

는 사실이다. 무엇보다 전문가들은 다양한 대중 집단이 갖는 정보 욕구의 다양성을 과소평가한다. 전문가들과 산업 대표자들이 제공하는 정보와 집단에 대한 대중의 신뢰는 낮으며, 시민 단체들은 더 정확하고 다른 정보를 제공하면서 신뢰의 문제를 제기한다. 이러한 대중 집단의 정보 욕구에 대한 이해 부족이 효과적인 커뮤니케이션을 방해한다.

4.2. 대중

위험 인지에 관한 연구들은 비전문가인 대중이 위험에 대하여 전문가와는 다르게 인식하고 있음을 보여 준다. 대중에게 있어 위험률은 피해 발생 가능성과 피해의 규모로 산정되는 생산물이 아니다. 즉, 위험 평가에 있어 다른 기준을 적용시킨다는 것이다. 다음의 표는 대중의 위험 예측에 사용되는 해당 기준들을 제시한다.

위험 요인의 인식 기준	위험 인식의 증가 조건	위험 인식의 감소 조건
피해 사건의 재난 잠재성	한 시점 및 한 장소에서 사망자 1,000명 발생	1000 시점 및 다양한 장소에서 사망자 1명 발생
위험의 공포 인식	큼	작음
위험 요인에 대한 인지	모름	앎
위험 사건의 원인 및 경과에 대한 이해	원인과 경과에 대하여 거의 이해하지 못함	원인과 경과에 대하여 잘 이해함
사건으로 인한 개인적 영향	작음	큼
위험 감수의 자율성	비자율적	자율적
근원적 요인	인간	자연
피해의 영향	개인적 영향	개인적 영향 없음

어린이에 대한 영향	어린이에 대한 특수한 위험 존재	어린이에 대한 특수한 위험 존재 없음
미래 세대에 대한 영향	있음	없음
복구 가능성	피해의 복구 및 회복 불가능	피해의 복구 및 회복 가능
평가자를 위한 위험 요인의 유용성	보이지 않음	분명하게 드러남
분배의 적합성	유용성과 위험의 부적합한 분배	유용성과 위험의 적합한 분배

대중의 위험 인지에 영향을 미치는 요인들

재난 잠재성: '한 번의 행위로' 인해 많은 사람이 피해를 입거나 큰 피해가 발생하는 사고와 사건은, 동일한 피해가 공간적·시간적으로 분산되는 경우보다 더 위험한 것으로 평가된다. 비행의 위험과 차량 주행의 위험이 이에 해당하는 예이다. 한 시점에 한 장소에서 1000명의 피해자가 발생하는 것과 1000 시점과 다양한 장소에서 1명의 피해자가 발생하는 것은 위험 판단에 있어 심리적으로 다른 결과를 낳는다.

공포: 여기서 공포란 위험과 연관된 공포 이미지를 의미한다. 암질환을 위험률과 연관시킬 때 공포 이미지가 강하게 형성된다. 또한 '유전자 기술'로 조작된 인간의 모습은 근본적인 두려움을 야기시킨다.

통제 가능성: 위험 사건에 대하여 개인적으로 영향력을 행사할 수 있느냐의 여부 또한 위험 판단 시 중요한 역할을 한다. 자동차 주

행, 스키, 연날리기 등과 같이 자신이 영향력을 행사할 수 있고 조종할 수 있다고 판단되는 사건에 대하여는, 비행 혹은 화학 시설과 같이 직접 영향력을 행사할 수 있는 방법이 없다고 판단되는 사건보다 위험률을 낮게 예측한다.

자율성: 통제 가능성과 밀접한 연관이 있는 것이 자율성이라는 요인이다. 인간이 자율적으로 결정할 수 있는 위험은 비자율적으로 노출되는 위험에 비하여 작게 인식된다. 전형적인 보기가 식습관이다. 오늘날에는 독성 화학물질의 오염보다 스스로의 건강하지 못한 식습관으로 인하여 사망하는 사람들이 더 많다. 그럼에도 불구하고 음식물의 화학적 오염으로 인한 위험이 더 높게 평가된다.

위험의 근원: 인간 혹은 기술로 인하여 발생하는 위험은 자연적 이유에서 야기되는 위험에 비하여 더 위험하게 평가된다. 그래서 예를 들어 라돈과 관련된 자연적 방사능이 산업 시설의 배출물에서 발생하는 방사능보다 덜 위험한 것으로 간주된다.

인지 여부/익숙함/이해도: 사회에서 익숙하지 않거나 알려지지 않은, 이해하기 어렵고 불분명한 위험은 더 위험하게 인식된다. 예를 들어 유전자 기술의 위험이나 핵에너지 시설과 관련된 방사능 유출의 위험이 그렇다. 10년 전에만 해도 사람들은 컴퓨터에 대한 부정적인 이미지를 가졌으며 컴퓨터가 사회와 건강에 미치는 위험에 주목하였으나, 오늘날에는 이러한 위험에 대한 관심이 더 이상 존재하지 않는다. 이는 화면 해상도와 같이 컴퓨터의 성능이 좋아져서 건강에 대한 위험이 최소화되었다는 이유도 있지만, 대중이 컴퓨터에 대하여 익숙해졌기 때문이기도 하다.

더 나아가 **개인적인 영향**의 측면도 중요한 역할을 한다. 자신이 직접 영향권 안에 있을 경우 위험은 더 크게 인식된다. 자기 집 주변의 쓰레기 소각 시설의 위험은 500km 떨어진 곳의 쓰레기 소각 시설의 위험보다 크게 평가된다. 또한 피해자에 대한 정보가 자세할 경우, 예를 들어 이름, 이력, 주소 등의 신원이 확인되는 경우에는 단순한 사망자 수의 통계가 제시되었을 때보다 위험률이 더 높게 평가된다.

대중과 전문가·기업·국가기관 간의 **관계 문제**는 무엇보다 신뢰의 문제이다. 산업대표자, 전문가, 행정관청에 대한 대중의 신뢰도는 낮다. 대중은 이들의 전문적 능력을 무시하지는 않지만, 공공의 부에 대한 관심사가 없다고 생각한다. 근본적인 관계의 문제는 '위험에 관한 결정에 대중이 참여해야 하는가?'의 문제로부터 비롯된다.

알렌스바흐 연구소는 1984년 에너지 정책을 위한 흥미로운 조사 결과를 발표하였다. 핵에너지 발전소 건설과 관련하여 다수의 국민들은 국민투표를 해야 한다는 입장이었지만, 과학자·산업 대표자·정치인·기자들은 대부분 반대하였다.

관계 문제는 또한 국민들이 건강 및 환경의 문제를 우려할 때 과학적 논지들을 거부함으로써 발생한다. 기술 위험에 관한 토론에서 과학적 논지에 대하여 감정과 당혹감을 제기하는 경우를 많이 볼

	국민	정치인	기자	에너지산업 대표	학자
찬성	61%	23%	30%	3%	13%
반대	19%	74%	64%	96%	84%
미정	20%	3%	6%	1%	3%

핵에너지 시설 건립 국민투표에 대한 국민들의 생각

출처: 알렌스바흐 연구소, 1984

수 있다.

이해의 문제는 무엇보다 대중의 정보 검색 및 처리에서 나타나는 다음과 같은 특징에서 기인한다.

- 기존의 의견을 바꾸는 것은 어렵다.
- 부정적인 정보들을 긍정적인 것으로 변형시킨다.
- '제로 리스크'를 원한다.
- 위험 평가의 단순화
- 위험에 대한 혐오감

강하게 자리 잡은 생각과 확신은 바꾸기 어려우며, 반대편의 정보를 걸러 내는 필터 역할을 한다. 대중은 자신의 생각을 뒷받침하는 정보만 받아들인다는 연구 결과들은 계속해서 이러한 효과를 입증한다. 일반적으로 사람들은 긍정적인 정보보다는 오히려 부정적인 정보를 믿는다. 또한 부정적인 정보(예를 들어 사고 소식)가 기술 찬성자들의 의견 변동에 미치는 영향은 긍정적인 정보(기술의 장점)가 기술 반대자들의 의견 변동에 미치는 영향보다 크다. 위험 시설에 대한 평가 시에는 긍정적인 정보보다는 부정적인 정보가 위험 예측의 기준으로 사용되며, 긍정적인 정보는 덜 중요하게 비춰진다.

이 외에도 위험에 대한 대중의 '흑백논리' 인식이 문제를 야기한다. 사람들에게 있어서 위험은 있거나 없는 것이다. 위험이라는 것이 '지속적인' 변수이며 '제로 리스크'는 없다는 사실을 대중은 잘 이해하지 못한다. 더 나아가 확률 정보를 일상의 실질적 사고에 잘 반영시키지 못한다. 비전문가들은 확률을 다루는 것을 특히 어려워한다. 그래서 한 사건의 발생 가능성에 대한 평가는 자신의 기억에 의존하여 이루어진다. 즉, 다음과 같은 사건은 더욱 발생 가능성이 높은 것으로 평가된다.

- 최근에 발생한 사건
- 감정적으로 의미가 큰 사건
- 구체적이고 떠올리기 쉬운, 기억하기 쉬운 모습의 사건

이러한 단순화는 위험 커뮤니케이션에서 대중과 전문가들 사이

의 이해를 방해한다. 마지막으로 사람들은 위험 정보를 수용하는 것에 대해 거부하거나 저항하고, 혹은 정보를 수용하더라도 아무런 조치를 취하지 않기도 한다. 일반적 위험을 인정하기는 하지만, 개별 사례에서 이러한 위험을 도로 교통의 위험에 어떻게 적용시켜야 하는가를 잘 모를 때, 이러한 낙관론적 실수가 발생한다. 정보의 거부와 낙관론적 실수는 정보에의 욕구와 상충하며 위험 커뮤니케이션을 방해한다. 다른 사람에게만 해당하거나 30~50년 후에야 발생할 수 있는 기술의 위험(예를 들어 기후변화)에 관한 정보에 대하여 사람들은 덜 주목한다.

4.3. 언론

위험 커뮤니케이션에서의 언론의 역할은 특별한 의미를 지닌다. 대부분의 사람들은 자신의 경험을 바탕으로 신기술의 위험을 평가할 수 없기 때문에, 사람들은 정보와 다른 사람들의 해석에 의존한다. 이러한 면을 바로 언론이 충족시킨다. 하지만 언론은 과학자나 전문가들의 대변인이 아니라 위험 커뮤니케이션을 함께 적극적으로 이루어 가는 주체이다. 언론의 위험 이해는 다음과 같은 특징을 갖는다.

1) 기자들은 특정 정보 출처를 선호하며, 나머지 출처는 잘 보도하지 않는다. 산업이나 경제 대표들보다는 정치인, 행정기관(예: 시장), 해당 주민들이 주로 정보 출처로 활용된다.

2) 언론은 논쟁에 관심을 갖는다. 그래서 '비판적인 학자'나 '비판적인' 입장의 의견을 보도한다. 이로써 가시적인 비중이 달라진다. 대중은 반대 입장도 동일하게 많다는 인상을 받는다. 핵에너지의 안전성에 관한 토론이 그 예이다. 사실상 '전통적' 학문 기관에서 이를 연구하는 학자들은 약 1,500명인 데 반하여 대체 연구소에서 안전성 문제를 연구하는 학자들은 100명밖에 되지 않는다.

3) 언론은 희생자와 가해자 상(像)을 만들어 낸다. 원자력 에너지의 수혜자와 피해자 상에서는 무엇보다 정당, 국가, 정부가 수혜자로 묘사되었다(Kepplinger 1988). 반면 개별 국민들에게 돌아가는 혜택은 훨씬 작은 수준으로 표현되었다. 언론에서는 국민들과 환경이 피해자이다.

4) 언론은 과학, 기술, 산업 분야에서 '탐사 저널리즘'의 성격을 띤다. 이는 독일 텔레비전의 보도 방송에서 잘 드러난다. 최근의 예로 '거짓 재활용'에 관한 방송은 분리수거되는 모든 쓰레기들이 재활용되지 않고 하치장이나 소각장으로 보내지는 것 같은 인상을 주었다.

일련의 연구 결과들에 따르면 이러한 보도가 대중의 생각에 실제로 영향을 끼친다. 슬로비치 외(Slovic et al. 1980)에 따르면, 대중은 자살과 같이 빈도수의 측면에서 매스컴의 특별한 관심을 받는 사인에 대해서는 과대평가하는가 하면, 천식이나 당뇨와 같이 언론에서 크게 주목하지 않는 사인에 대해서는 과소평가한다.

관계 문제는 언론 보도의 과제에 관한 다양한 이해에서 비롯된다. 이는 과학자들에 대한 설문 연구에서 드러난다.

과학자들은 언론이 객관적인 그림을 전달해야 하며 사람들을 계몽하고 긍정적인 정보를 전달해야 한다고 생각한다. '언론이 전문가의 판단을 비판적으로 평가해야 한다'는 생각과는 거리가 멀다.

과학자들은 언론이 이러한 역할을 수행하지 않는다고 생각하며 언론 보도의 선입견 개입과 기자들의 특종 가치 선호를 비판한다.

하지만 언론은 보도의 기능을 다르게 본다. 언론은 자신의 임무를 '균형 잡힌' 현실 그림을 보여 주는 것이 아니라 경고자의 역할을 하는 것이라고 생각한다. 보도의 방식은 '좋은' 스토리를 만드는 것을 추구한다. 구체적으로 새로움의 가치를 지니는 사건들을 추구

언론 보도의 기능	찬성자(%)
사회에 중요한 의미를 갖는 과학적 변화를 알린다	88%
과학의 현 상황에 관한 사실을 전달한다	88%
공포를 잠재우고 사람들을 계몽시킨다	73%
과학 기관 및 프로젝트에 대한 비판적 분석과 평가	37%

과학자들이 생각하는 과학 관련 보도의 올바른 기능

출처: Peter와 Krüger, 1985 참조

함을 의미한다. 그래서 언론은 대중으로 하여금 특정 주제에 대하여 관심을 갖도록 만들기도 하고, 필요한 경우에는 관심사를 다른 데로 돌리도록 만들기도 한다. 또한 사건의 언론 유인력에 주목한다. 그렇기 때문에 언론에서는 극적이고 갈등 요소들이 많은 사건들이 강조된다. 부정적이고 비판적인 정보를 선호하는 것도 이 때문이다. 하지만 언론을 '비방가'로 여겨서는 안 될 것이다. 언론은 자신의 역할이 결정자들에 맞서는 대중을 위한 변호인이라고 생각하기 때문에 비판적인 측면을 특별히 강조할 수밖에 없다.

대중과의 **이해 문제**는 언론에서 출처로 사용하는 전문가들과의 이해 문제에 비하면 드물게 발생한다. 기술과 기술의 위험에 관한 언론 보도의 특징은 다음과 같다. 1)과도한 단순화의 경향이 있다. 2) 정치적 성격을 부여하는 경향이 있다. 3) 개인화의 경향을 나타낸다.

언론의 특징으로는 위험을 과도하게 단순화시키는 경향이 있다. 대중과 유사하게 언론 또한 위험과 안전 혹은 제로 리스크만을 구분한다. 보편적 위험 상황에 포함시키기, 특정 기술의 대안들이 갖는 위험과의 비교, 기술을 개발하지 않았을 때의 위험 고려 등은 기본적으로 하지 않는다. 같은 방식으로 위험 예측의 불안정성과 불확실성도 다루지 않는다.

이에 더하여 정치적 성격을 부여하는 경향이 있다. 위험 문제를 정치적 문제로 다루며 기술적·과학적 측면에 대하여는 관심을 덜 갖는다. 위험 예측의 불확실성, 근거 자료, 우연적·체계적 차이, 암 질환의 위험 예측을 위한 동물 실험 문제, 독성 및 방사능 물질의 건강 유해성 예측의 단선적 분량-효력 관계 등의 문제들은 기자들이 이해하기도 어렵고 그들에게 중요하지도 않다. 이들은 여파, 배경, 정치적 동기와 연관성 등이 오히려 보도의 가치가 있다고 생각한다.

페터스와 크뤼거(Peters and Krüger 1985)의 조사에 따르면, 기자들에게는 전문적 역량이 부족하며 과학적 연구들이 한 번도 제대로 보도된 적이 없고 일부분만 올바르게 보도될 뿐이라고 과학자들이 가장 많이 비난한다. 위험을 개인화시키는 경향은 전문가들과의 이해 문제를 야기시키는 또 다른 문제이다. 전문가들의 위험 예측은 일반적인 상황에 대한 것이다. 국민들 전체 혹은 최소한 대형 집단에 해당하는 내용이다. 개인에 대하여는 이야기하지 않는다. 예를 들어 교통사고 예측 사망률을 보자. 구체적인 개인에 대한 위험률이나, 한 개인이 도로 교통을 이용해야 할지 말아야 할지에 대하여 말할 수 있는 문제가 아니다. 도로 교통과 관련해서는 당연히 이해하기가 쉽다. 하지만 특수 쓰레기 하치장 근처에서 사는 것이 위험한지, 아이들의 건강이 급격히 위협받는지에 대하여 기자들이 묻는다면, 일반적인 경우를 이야기하지 절대 개별 사례와 연관 지어 설명하지 않는다.

4.4. 관공서와 정치인

정치인들의 **위험 이해**는 한편으로는 전문가들의 판단을 근거로 삼는다. 조사 위원회의 근본적인 소견에서부터 환경 친화성 검증과 관련한 전문가 감정서에 이르기까지 이러한 예는 많다. 다른 한편으로는 비전문가들의 위험 이해를 참조하기도 한다. 국민들의 걱정과 우려가 커지고 이것이 선거에 영향을 미치게 되면 정치인들은 이를 고려한다. 또한 산업계와 같은 다른 사회적 집단의 이익도 고려해야 한다. 그렇기 때문에 기술 위험의 예측과 관련하여 정치인들이 근거로 삼는 위험 평가는 고려해야 할 많은 요소들 중 하나일 뿐이다. 그렇기 때문에 정치인들이 결정을 내려야 할 일이 생기면, 즉 특정 기술이나 산업지, 안전시설에 대한 찬성이나 반대를 결정할 때 갈등이 발생하는 것이다.

어떠한 이해관계가 중요하게 설정되느냐에 따라 다양한 결정이 내려진다. 이는 체르노빌 사고 이후 유럽 내에서 시행된 조치들을 비교해 보면 잘 드러난다. 한편으로는 그 조치들의 규모, 또 다른 한편으로는 어떠한 것을 중점으로 삼았는지를 살펴보면 알 수 있다. 예를 들어 프랑스에서는 그 어떠한 보호 조치도 시행하지 않았는가 하면 스웨덴과 스위스에서는 광범위한 금지 및 권고 사항들이 수립되었다.

사업장 감독청이나 도시 계획청과 같은 관청들은 다양한 이익 단

금지 행위와 권고 사항	영국	덴마크	독일	프랑스	아일랜드	스위스	체코
무조치				J			
야외에 있지 말고 실내에 있도록 권고						N	
대형 기술 시설의 필터 교체 시 마스크 착용 권고						B	
어린이들이 모래에서 놀지 않도록 권고							
정원 및 농업 작업 시 먼지 발생 방지 권고						J	
우유 소비 제한						B	J
방목 가축의 우리 사육	J		J			J	J
모유 수유 중단			N			N	
임신부들을 위한 보호 조치						N	
소에게 우수를 먹이지 않도록 권고						J	J
식수 관련 보호 조치 (우수 금지)						N	
생야채 섭취 금지 권고						J	
생야채 섭취 전 세척 권고	J		J				J
갑상선이 포함된 육류 판매 제한							
요오드 알약 복용 권고			N			N	N
타국으로서부터의 식료품 수입 제한		J			J	B	
여행객들에게 특정 지역을 피하도록 권고						J	
특정 지역 방문 여행객들에 대한 노출 여부 검진							
개입 기준치 확정 및 확인						J	

체르노빌 사고 이후 유럽 국가들의 시행 조치 (J=조치 시행, B=조치의 제한적 시행, N=미시행 조치)

출처: Rassow 참조, 1988, 141쪽

체, 특히 대중의 영향을 받지 않는다. 관청들의 위험 이해는 형식적인 법적 관점을 취함으로써 전문가들보다 더 좁은 의미의 위험 개념을 사용한다. 법적으로 중요한 것은 사망 사고, 질병, 물질적 피해 등과 같이 오직 보험 처리가 가능한 피해이기 때문이다. 관청들은 또한 한계치를 중심으로 하는 위험 개념을 사용한다. 한계치를 넘지 않는 위험은 허용된다. 하지만 이러한 한계치의 설정은 많은 경우 임의적으로 이루어지며 정치적인 동기에 의해 좌우된다는 약점이 있다. 이는 예를 들어 체르노빌 사고 이후 식료품의 방사능 오염과 관련하여 설정된 다양한 한계치들을 보면 알 수 있다. 세계보건기구는 우유에 대하여 요오드 13l당 2,000Bq/l의 한계치를, 방사선방호위원회는 500Bq/l를 설정하였다. 요슈카 피셔(Joschka Fischer) 환경부 장관 산하의 헤센 주(州)에서는 20Bq/l, 동독에서는 500Bq/l, 소비에트공화국에서는 3,700Bq/l이었다.

관계 문제는 대중이 정치를 통한 이익 대변을 점점 신뢰하지 않기 때문에, 또한 대표 민주주의적 결정 과정에 대한 시민 단체 및 환경 단체들의 비판으로 인하여 발생한다. 또한 전문가들과 경제계는 추가적인 안전 조치의 비용 - 효용 - 분석과 같은 경제적 관점을 함께 고려하지 못하는 정치의 무능함과 관청들의 평가 능력을 비판한다.

이해 문제는 무엇보다 전문가 소견의 수용에 해당하는 문제이다. 정치 대표자들과 관청뿐 아니라 대중과 언론 역시 우연성 및 주의의 문제, 원인으로 해석되는 상관성에 대한 잘못된 이해, 외부의 영향, 위험 연구에서 통제되지 않은 변수, 오측정(誤測定) 등과 같은 위험 연구의 원칙과 방법론적 문제를 이해하기 힘들다.

예를 들어 특수 쓰레기 소각 시설이 가동된 이후 알레르기 발생 건수가 증가한다면 다양한 원인이 있을 수 있다.

- 우연한 변동 상황일 수 있다.
- 이러한 질병에 대한 관심이 증가하였다. 과거에는 보도되지 않았던 질병들이 이제는 자주 보도되는 것이다.
- 특정 시설로 인한 한 지역의 유해 물질 방출량의 증가와 질병 발생 수의 증가 관계를 무조건 인과적으로 해석할 수는 없다. 기타 중요한 영향 요소들을 근본적으로 통제할 수 없기 때문이다. 기후적 변화, 식습관의 변화 및 기타 원인들의 영향이 있었을 수 있다.
- 마지막으로 방출량, 공해량, 알레르기 진단 등과 관련한 오측정이 발생했을 수 있다.

주로 특별한 증가나 연관성이 발견되지 않았다는 코멘트나 유보적 결론으로 마무리되는 역학자들이나 의료 사회학자들의 신중한 정보 분석을 정치인, 기자, 국민들과 같은 비전문가들은 잘 이해하지 못한다.

5. 개선을 위해 무엇을 할 수 있는가?

기술 위험에 관한 커뮤니케이션의 이러한 문제와 여건을 개선하기 위해 무엇을 할 수 있는가? 개선이란 다음을 의미한다.

- 잘못된 커뮤니케이션 전략 방지
- 위험 커뮤니케이션에서의 실수 방지
- 이상과 허구가 아닌 현실의 추구
- 세부 사항들의 개별적 개선이 아닌 전체적 전략 수립

위험 커뮤니케이션의 개선이란 모든 경우에 대하여 갈등을 제거하고 화목한 파트너십을 추구하는 것을 의미하는 것이 아니다. 이것은 논쟁의 생산성을 무시하는 너무 이상주의적인 생각이다. 갈등, 특히 신기술을 둘러싼 갈등은 기술의 결과 예측 및 기술의 사회에서의 적응을 위해 꼭 필요한 일부분이라고 생각해야 한다. 기술의 환경적·사회적 여파를 부각시키고 전문가들에게 문제 해결을 요구한 주체는 많은 경우 비판적인 대중이었다.

피해야 할 잘못된 커뮤니케이션 전략은 다음과 같다.

(1) 무소통
(2) 대중을 가르치기 위한 정보 전략

(3) 대중 조작

(4) 대중에게 위험 용인의 비합리성을 입증하기 위한 대립적인 커뮤니케이션 전략

위험 커뮤니케이션에 있어 가장 위험한 것은 커뮤니케이션을 하지 않는 것이다. 전문가들 입장에서 언론이나 대중과의 커뮤니케이션에 관한 부정적인 경험들이 있다 하더라도 말이다. 정보를 제공하고 대화를 할 준비가 되어 있는 것이 중요하다. 언론 보도의 특성을 변화시킬 수도 없다. 더 중요한 것은 관계를 개선하고 언론 및 대중에게 정보 획득의 기회를 제공하는 것이다. 미국에서는 이를 위한 일련의 방법들의 효용성이 입증되었는데, 이는 독일에서도 활용될 수 있다.

- 전국에서 지역별로 연결되는 정보 전화 서비스 수립
- 기술 문제 및 문의에 대하여 정보를 제공해 주는 정보 인력의 훈련
- '대체' 환경 자문 인력을 위한 훈련 및 자문 프로그램 수립
- 전문가들을 시민 단체 및 언론과 연결해 줌.
- 문서 자료 및 인터뷰 기회 제공

소위 비합리적이라는 위험 예측을 수정하기 위한 가르침이나 설득 목적의 정보 전략은 필요하지 않다. 걱정과 우려는 설득할 수 있

는 것이 아니기 때문이다. 오히려 국민들의 관점으로 다가가야 한다. 정보 제공 관련 행사에서 자주 언급되는 용인 가능한 위험에 대한 설명도 의미가 없다. 이는 오히려 부작용만 낳을 뿐이다. 기술로 인하여 발생할 수 있는 사고 및 사망 사고 확률이 도로 교통에서 용인되는 정도보다 낮은 수준이라는 설명으로 기술의 비위험성을 설득시키기는 어렵다.

기업 정책이 함께 변하지 않는다면, 기술을 '깨끗'하고 '매력적'이고 '소비자 친화적'이고 '일자리 창출적'인 좋은 것으로 인식시키고자 하는 시도 또한 실패로 돌아간다. 예를 들어 전력계는 사고에 대한 정보를 빨리 알리지 않거나, 스스로를 '강하고', '역량 있고', '성공적'이라고 대중에게 소개함으로써 거인의 이미지를 전달한다면 대중에게 '매력적'으로 평가될 수 없다. 오히려 사회적 책임을 신뢰성 있게 수행하고 이를 대중에게 분명히 보여 주어야 한다. 그럼으로써 비판적인 대중에게 대립 대신 협력을 제안하는 것이다. 그렇기 때문에 위험 커뮤니케이션의 개선은 전체적인 단위의 여러 조치들을 필요로 한다. 이해하기 쉬운 용어의 사용, 프레젠테이션의 개선 등과 같은 개별적인 개선책들만으로는 효과가 적다. 이러한 일련의 개선책들로는 다음과 같은 것이 있다.

• 국민들의 주관적인 위험 평가 존중하기. 대중의 위험 평가가 전문가들의 평가와 다르더라도 진지하게 받아들여야 한다. 국민들의 평가를

비이성적이라고 치부하고 배제시키는 일은 관계 문제를 야기시키며 커뮤니케이션을 방해하고 어렵게 만든다. 이보다는 국민들의 주관적인 위험 평가를 결정하는 이익, 가치, 가치관을 조사해야 한다.

• 즉, 특정 기술의 입지 이면에 숨겨진 우려, 가치 설정, 이해관계를 밝히기. 그러면 논쟁의 내용이 분명해진다. 갈등 배경에 관한 이러한 분석과 관련하여서는 에너지 공급 체제의 사회 적합성 검토 시 사용되었던 가치함수분석(Value Tree Analysis)[45]과 같이 이미 검증된 절차들이 있다.

• 다양한 이익집단들이 위험 문제를 어떻게 인지하고 있는지 조사하기. 위험 인식과 위험 평가와 관련된 요소들을 조사하는 것이 아니라, 조금 더 일반적으로 접근하여 문제가 어떠한 구조를 띠고 있는가를 살피는 것이다. 정확히 말하면 위험 논쟁에서 문제가 되는 것은 위험의 수용과 비수용이 아니라 특정 기술에 대한 찬성과 반대이기 때문이다. 이러한 찬성과 반대의 결정은 사람들이 어떠한 기술을 대안으로 생각하는가, 어떠한 평가 관점에 얼마만큼의 비중을 두는가에 따라 결정된다. 여기서 비전문가와 전문가들의 차이가 나타난다. 이들은 서로 다른 대안을 생각한다(예: 에너지 공급과 관련하여 사용 가능한 에너지 공급 체제의 부분집합에 대한 상이한 생각). 이들은 서로 상이한 평가 관점을 가지고 있으며 이러한 평가 관점에 대하여 상이한 비중을 부여한다(예: 국민들에게는 에너지 공급 체제의 국제적·정치적 여파가 크게 중요하지 않다). 그렇기 때문에 대중의 문제를 바라보는 시각에 상응하게 정보를

제공하는 것이 중요하다. 그리고 필요한 경우에는 지금까지 중요하지 않게 평가되었던 평가 관점이 왜 중요한지를 분명히 알려줘야 한다.

• 위험 커뮤니케이션에서는 기술의 위험성만 논의되어서는 안 된다. 계획된 안전조치들과 그 효력을 분명히 하는 것이 중요하다. 이때 적용되어야 할 기본 원칙은 '정보를 제공하는 것보다 실증을 보여 주는 것이 낫다'이다.

• 위험에 관한 정보 제공 프로그램들은 대부분 사람들이 이를 믿어 주지 않는다는 점에서 실패로 돌아가고 만다. 정보의 신뢰성은 하나의 정보 출처만이 아니라 다양한 출처들을 함께 사용할 때 높아진다. 예를 들어 발전소 유해 물질 방출의 위험과 관련하여서는 경제기구나 환경 보호 단체들 대표의 의견들도 밝히는 것이다. 또한 정보 자료들은 위험 예측에 관한 다양한 전문가들의 견해를 소개해야 한다. 하지만 다양한 관점과 예측의 혼란스러운 조합은 오히려 국민들에게 혼란을 야기할 수 있다는 점을 주의해야 한다. 중요한 것은 전문가들이 팀워크를 이루는 것이다.

• 이를 위해서는 다양한 정치적 진영의 전문가들 간에 또 다른 협력이 전제되어야 한다. 우선 전문가들이 한데 모여 공동의 위험 예측 작업을 해야 한다. 이러한 작업을 통하여 어떠한 부분에서 의견이 일치하고 일치하지 않는지를 명확히 해야 한다. 또한 의견이 일치하지 않는 이유를 밝히는 것도 중요하다. 상이한 가정과 개념으로 인한 것인지, 상이한 관점의 피해 규모로 인한 것인지, 위험 예측의 근간이 되는 가치의 중

요성 설정이 서로 다른 것인지를 분명히 하는 것이다.

• 대중을 참여시키는 것이 생산적이다. 국민 참여는 피할 수 없는 고
난이라는 생각은 잘못된 것이다. 국민들로 하여금 기술의 위험과 효용
에 적극적인 관심을 갖도록 동기를 부여해야 한다. 국민들이 기술의 영
향에 관하여 적극적인 관심을 갖는다면, 특정 기술에 대한 찬성과 반대
결정 시 전문적인 정보, 견해, 반대 논점 등이 선입견, 막연한 생각, 걱
정, 신중하지 못한 집단의 영향, 숨겨진 정치적 태도, 정보 제공자의 외
형, 모습 등과 같은 주변적인 영향보다 더 중요하게 작용할 수 있기 때
문이다.

마지막으로 기술 및 기술 위험의 통제에 관한 결정에서 중요한
것은 환경 단체 및 시민 단체들과의 협력이다. 독백보다는 대화를
해야 하며, 우려와 대안이 함께 존중되는 열린 결정 과정을 추구해
야 한다.

3장

저널리즘의 정보원(情報源)으로서의 과학자
—갈등과 성공적인 커뮤니케이션

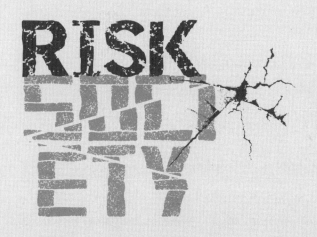

저널리스트는 매일 최신 정보를 찾고 그것을 독자와 시청자의 입맛에 맞게 제공하는 업무를 수행한다. 그러나 과학자는 저널리스트나 사회과학자가 추구하는 그와 같은 정보를 찾지 않는다

짐 윌리스 · 앨버트 애들로왓 오쿠나드(Jim Willis and Albert Adelowot Okunade)의
위험 보도 : 저널리즘과 과학적 사실의 충돌에서

---

1. 서언

다양한 형태로 실현되는 저널리즘과 PR이 주도하는 매스 커뮤니케이션은 사회적 실제성(social reality)을 만들어 낸다. 사회를 구성하는 하부 시스템들과 개인들은 이 진실을 무시할 수 없으며, 만약 이 진실을 거부하는 시스템이나 개인이 있다면 그 시스템이나 개인은 사회의 아웃사이더가 될 수 밖에 없다. 언론 매체를 통해 우리에게 소개되는 세상과 그 세상의 일부인 과학은 바로 매스 커뮤니케이션을 통하여 만들어진 세상이자 과학이다(Luhmann 1996).

언론 매체 인터뷰를 통해 소개되는 과학자들의 발화 내용 역시 순수한 과학이라기보다는 언론 매체에 소개하기 위한 목적으로 만들어진 과학이라고 할 수 있다. 언론에 공개되는 과학이 대중을 위한 순수한 과학의 '번역' 버전이라 생각하거나 과학 저널리즘이 비과학자들에게 순수한 과학을 들여다볼 수 있게 해 줄 것이라 기대하는 사람은 언론을 통해 소개되는 과학이 실질적으로는 과학자·PR·저널리즘에 의해 언론에 공개될 만하게 재구성된 과학이라는 사실을 전혀 모르는 사람이다.

본 논문의 토대가 되는 체계이론적·구성주의적 관점(Luhmann 1996; Kohring 2005; Görke 1999; Sutter 2003)에서 보면, 순수한 과학적 지식은 과학계 내부에서만 존재할 수 있다. 왜냐하면 시스템의 경계를 넘는 '이전(移轉, transfer)'은 불가능하기 때문이다. 저널리즘이 (구두로 또는 인쇄물이나 온라인상에서) 가장 많이 다루는 소재들은 언론과 인터뷰에 응한 과학자들 스스로 또는 과학 기관·과학 매거진·전문 협회 또는 기타 과학 관련 기관의 언론 담당 및 홍보 부서 등에 의해 매스 커뮤니케이션용으로 만들어지기도 한다.

순수 과학, 즉 과학계 내부의 담론은 과학 저널리스트들을 포함한 비과학자들에게는 접근 불가능한 세계이다. 다시 말해 그들이 이해할 수 없는 세계라는 말이다. 과학 저널리스트들이 보도하는 분야의 전문가인 예외적인 경우를 제외하고는 그들에게 과학계 내부의 담론과 순수 과학의 세계는 접근 불가능한 세계다.

대중 과학은 대부분 연출된 과학인데, 저널리즘의 산물들이 생산되는 전 과정에 걸쳐 연출된 과학이다. 과학적 지식을 대중적인 것으로 만드는 과정에는 물론 과학자들이 참여한다. 과학 PR과 저널리즘은 과학자들이 제공하는 정보를 토대로 대중적인 산물을 만들어 낸다. 따라서 과학자들은 매스 커뮤니케이션 프로세스에서 중요한 역할을 담당한다. 언론의 최종 산물에서 과학자들이 최초의 정보원이었다는 사실이 가시적으로 드러나지 않고, 자문이나 비공개 정보원으로서 그냥 묻혀 버린다 하더라도 그들의 역할은 매우 중요하다. 물론 과학자들의 발화 내용은 PR과 저널리즘에 의해 선별·재해석·재구성되기는 한다. 따라서 PR과 저널리즘 역시 대중 – 과학적 지식을 '만드는' 과정에 있어서 중요한 역할을 담당한다.

과학 커뮤니케이션과 매스 커뮤니케이션을 연결시키는 결정적인 역할은 과학자가 담당한다. 이때 과학자는 학계, 과학 기관, 대중이라는 3대 사회 시스템에 속해 있는 사람으로서 이 연결을 담당한다. 과학자는 자신의 매스 커뮤니케이션 활동에 대하여 이들 각 사회 시스템 속에서 스스로 책임을 져야 하며, 따라서 각 시스템이 갖는 부분적으로 서로 다른 기대를 동시에 충족시킬 수 있는 방법을 모색해야 한다.

과학은 일상생활과 항시 일정 거리를 유지하는 분야로서, 정치·경제·종교·스포츠 등과 비교했을 때 특수한 위치를 차지한다. 과학을 제외한 사회를 구성하는 모든 시스템에서는 일반 시민들이 일정한 역할을 수행한다. 예컨대 정치 분야에서는 유권자로, 경제 시스템 안에서는 노동자나 소비자 또는 주주로, 종교 분야에서는 신도로, 스포츠 분야에서는 아마추어 선수나 관객 등으로 참여하고 일정한 역할을 수행한다. 그러나 과학 분야에 있어서는 일반 시민이 아무런 역할을 수행하지 못한다. 이는 과학과 일상생활과의 거리를 설명해 주며, 과학을 소재로 한 매스 커뮤니케이션에 일반 미디어 수용자(Sutter 2003: pp. 20-30)를 통합하는 과정이 어려운 이유를 설명해 준다.

물론 과학 저널리스트들은 각종 과학 회의에도 참석하고 과학 전문 저널을 읽으면서 과학계의 담론을 직접 관찰하며 따라가고 있다고 반론을 제기할 것이다. 과학 저널리스트들이 그러한 노력을 하는 것은 사실이다. 그러나 과학 회의에서 논의되는 내용이나 과학 전문 저널에 공개되는 내용은 비공식적 대화에서 과학자들이 하는 추가적 설명을 통해서만, 또는 그 내용을 보충해 주는 PR 자료를 통해서만, 또는 기자회견이나 PR 활동을 통해서만 맥락이 짚어지고 이해 가능하게 되지 않던가?

예를 들어 미국의 과학진흥협회(American Association for the Advancement of Science)의 '학회 모임(Annual Meetings)', 유로사이언스(Euroscience)의 '오픈 포럼(Open Forums)'과 같은 일부 과학 학회는 심지어 과학을 대중에게 공개하기 위한 회의라는 목적을 명시적으로 드러내 놓기도 한다. 독일 기후연구프로그램(Deutsches

Klimaforschungsprogramm)이 개최하는 심포지엄 같은 경우 연구 결과를 대중에게 공개하는 것이 주목적은 아니지만, 연구 결과를 부수적으로 이뤄지는 홍보 활동을 통해서만 공개하지 않고 연구 결과 공개 방안을 애당초 프로그램 계획 시에 고려해 프로그램을 구성한다. 양대 과학 저널인 사이언스지와 네이처지 역시 PR 활동을 통해 학술 논문을 공개적으로 시장에 소개한다.

과학 저널리즘은 과학자와 PR 담당 부서들에 의해 소개되는 과학의 자기 관찰에 의해 좌우된다. PR 담당 부서들은 과학자들의 발화 내용을 선별·종합하고 저널리즘의 관련성 기준에 맞게 다듬어서 언론에 공개할 수 있는 형태로 만든다. 물론 그 과정에서 보도 내용을 해당 기관의 이해에 부합하게 다듬는다. 따라서 과학자들과 언론 매체의 관계를 분석하는 데 있어서, 과학 기관이 매스 커뮤니케이션에서 과학자들이 취하는 태도에 미치는 영향을 고려해야 한다. 과학 저널리즘은 저널리즘이 제아무리 정확한 리서치 결과를 제시한다 하더라도 과학자들에 대한 의존성에서 벗어날 수 없다. 정확한 리서치 결과들은 그저 저널리즘의 독립성을 저해하는 결과들이 도출되는 것만 방지해 줄 수 있을 뿐이다.

과학자들에 대한 과학 저널리즘의 의존성은 당연한 것이며 불가피한 것이다. 반면 과학 PR에 대한 저널리즘의 의존성(Peters 1984; Baerns 1900; Göpfert 2004; Peters & Heinrichs 2005)은 (과학 기관들이 해당 기관 소속 과학자들에게 언론인들이 접근하는 것을 홍보 담당 부서를 통해 적극

언론을 통해 밝혀진 황우석 박사의 논문 조작 사건

출처: 연합뉴스(2006.5.12.)

통제하지 않는 이상) 언론인들의 적극성, 능력, 직업윤리(Koch & Stollorz 2006 참조) 및 편집부가 과학 저널리즘에 투입하는 자원에 의해 달라질 수 있다.

2. 공적인 커뮤니케이터로서 학자

2.1. 동기

페터 바인가르트(Peter Weingart)는 과학사회학의 입장에서 과학이 매스 커뮤니케이션에 참여하여 수행하는 가장 핵심적 기능이 "대내외적인 정당성 확보"라고 설명한다(Weingart 2001: 244). 과학은 매스 커뮤니케이션에 참여함으로써 자신의 존속과 자신이 추구하는 목적이 갖는 정당성을 사회로부터 인정받는 것처럼 보이게 해 주는 대중성을 확보하려고 한다는 것이다.

정당성 확보, 즉 사회적 동의와 지지를 받는다는 것은 과학 기관이 하는 PR 활동의 주된 목적이다. 그러나 과학 기관들은 과학계 전체의 정당성 확보를 목표로 하기보다는 자기 기관의 정당성 확보에 치중하게 되며, PR 활동을 통하여 다른 과학 기관들 및 자기 기관이 추구하는 것과 다른 과학 정치적 노선들과 경쟁하게 된다. 그러나 자기 기관의 연구 결과를 정당화하는 것 그리고 이를 위해 요구되는 유형·무형 조건들을 확보하는 것 역시 과학자들에게 중요한 동기를 부여할 수도 있다.

과학 기관의 골칫거리이기도 하지만 (비판적) 과학 저널리즘의 장점으로 작용하는 부분이 바로 과학계에 종사하는 인력이 과학자로서 충성심을 갖되 그 충성심이 소속 기관에 대한 충성심이 아니라는 점이다. 과학자들은 '과학적 생산집단'(Gläser 2006)의 소속원으로서 전문가인 동료를 존중 및 동료에게 의존하고 전문가가 지켜야 하는 규범에 높은 가치를 부여하면서도, 자신이 소속되어 있는 기관의 PR 목표와 불일치하거나 심지어 반대되는 동기를 갖기도 한다. 과학자들은 자기 소속 기관의 정당성 확보를 고려한 전략적 사고를 전문적 과학 PR보다는 덜 하는 경향이 있다. 대중과 저널리즘의 접촉에 동의하는 과학자들의 동기는 다양하며, 각 연구 분야, 과학상

(像)과 보건·산업·기술 분야·정치 자문 분야 등과 같은 비과학 분야와 과학자들의 관계에 따라 달라질 수 있다.

독일 과학자들을 대상으로 실시한 여러 설문 조사 결과에서 과학자들의 상당수가 대중 커뮤니케이션 참여에 대한 책임감을 느낀다는 사실이 드러났다(Peters & Krüger 1985; Krüger 1985; Peters 1995; Strömer 1999; Peters & Heinrichs 2005). 다시 말해 과거 프랑스에서 실시된 바 있는 한 연구 결과(Boltanski & Maldidier 1970)와 달리, 설문에 참여한 독일 과학자들은 대중 커뮤니케이션 참여에 대하여 기본적으로 우려나 거부감이 거의 없었으며, 대중 커뮤니케이션을 '사회적으로 장려할 만한 것'으로 보고 있다는 사실을 확인할 수 있었다. 물론 이 사실만을 토대로 과학자들이 과연 언론인들과의 접촉을 위하여 자원(예를 들어 시간)을 투자하고 오류가 많은 보도·비판적 보도·동료 전문가나 기관 대표나 스폰서들의 불만 등과 같은 위험을 감수할 만한 동기가 있는지 그리고 그 동기가 구체적으로 무엇인지 밝혀낼 수는 없다.

연구 기관들의 PR 담당 부서들과 과학과 인문학의 공적인 이해 프로그램(Public Understanding of Science and Humanities, PUSH), 과학과의 대화 프로그램(Wissenschaft im Dialog, Wid), 유로사이언스의 오픈 포럼(Euroscience Open Forum), 유럽 집행위원회의 유로사이언스와의 소통(Communicating European Science, Claessens 2007) 등과 같은 독일과 유럽의 과학 커뮤니케이션 장려 이니시어티브들은 과학의 대중성 확보가 장려할 만한 것이라는 과학자들의 의견에 힘을 실어 준다. 독일 정치권도 예나 지금이나 과학자들이 대중적으로 가시화되는 것을 장려해야 한다는 입장을 계속해서 드러내 보이고 있다. 이미 수십 년 전 당시 독일의 총리였던 헬무트 슈미트(Helmut Schmidt)에 의해 소개되어 유명해진 개념인 '과학의 지참채무(Birngschuld der Wissenschaft)'(Schmidt 2005: p. 12)만 보아도 알 수 있다. 1986년 당시 연방교육연구부 장관이었던 하인츠 리젠후버(Heinz Riesenhuber)는 과학자들이 "입을 크게 벌려야 한다"고 촉구하였고(dpa – 연구·과학·기술 분야의 시사 소식, 1986년 11월 24일), 최근에는 현직 연방교육연구부 장관인 아네테 샤반(Annette Schavan) 역시 한 신문 인터뷰를 통해 과학자들에게 "더욱더 적극적으로 사회의 중심에 설 것 그리고 일반 대중 속에서도 더 큰 역할을 감당해 줄 것"을 당부하였다(Schavan 2006).

정치권은 다음과 같은 세 가지 목표 때문에 과학계의 대중성 강화를 요구하고 있는 것이다. 바로 (a) 사회 전반의 혁신력을 강화시키고 혁신에 대한 열린 자세를 확대(예를 들어 신기술에 대한 적극적 수용 확대)시키고, (b) 민주주의 사회에서 공개적으로 이루어져야 하는 정치권의 합리화 및 정당화를 (효과적인) 과학 자문을 통해 달성하고자 하기 때문이다. 더 나아가 과학계의 대중성에 대한 요구가 과학 분야 정치인들에 의해 이루어지는 한 (c) 과학의 대중성은 다른 부처와의 경쟁 관계 속에서 과학 분야 정치계의 정당성과 교육연구부의 위상과 과학 분야를 위한 재정 확보의 타당성을 강화하기 때문인 것이다. 다시 말해 과학 분야를 위한 국가 차원의 재정 지원에 대한 정당성을 확보해 주는 것이 과학의 매스 커뮤니케이션 참여가 달성해야 하는 기능이라는 점은 과학 분야 정치권에서도 인정하고 지지하는 바이다.

과학자들은 보편적으로 대중 앞에 서는 것이 그들이 이 사회에서 담당해야 하는 책임을 다하는 방식이며, 과학계를 위해 매우 유용하고 과학의 사회적 위상과 그들이 속한 기관 내에서 그들 개인의 위상을 높이는 일에 기여한다고 믿는다. 그러나 그 밖에도 많은 과학자들은 다른 구체적인 이해와 목표 때문에 대중 앞에 나서기도 한다. 예를 들어 스폰서 및 과학 분야와 관련된 정치적 결정권자들 (여기에는 과학자 자신이 속한 기관의 대표가 포함될 수도 있음)을 설득하기 위한 일종의 '타당성(Relevanz)' 입증이 한 가지 목표일 수 있다. 과학자들의 연구 활동을 통하여 획득된 지식의 상용화·실용화 가능성 과시, 혁신적 기술의 확산 및 인간의 배아줄기세포 연구 등과 같이 논란의 여지가 많은 연구 방법이나 연구 분야에 대한 지지와 수용 확대 등도 과학자가 매스 커뮤니케이션에 참여하는 구체적 목표들일 수 있다.

바인가르트(Weingart 2001: pp. 234-244)에 따르면 특정 가설이나 이론의 정착 등과 같은 과학계 내적 목표 달성을 위해서도 종종 대중 언론이 활용되기도 한다. 그리고 더 나아가 과학자들은 매스 커뮤니케이션을 통하여 전문가로서 (예를 들어 건강 보건에 대한 교육과 관련하여) 대중의 결정이나 행위 또는 (예를 들어 기후 보호와 관련하여) 정치권에 영향을 행사하려고 한다.

　　과학자들이 언론인들과 접촉하는 데에는 이처럼 보편적인 동기 외에도 다수의 구체적인 이유들이 있다. 따라서 과학자들이 과연 언론과 접촉할 의지가 있느냐를 묻기보다는, 어떠한 조건하에서 접촉할 의지를 갖게 되는지를 묻고 과학자들이 언론에 대해 갖는 기대가 무엇인지, 동기에 따라 커뮤니케이션 태도가 어떻게 달라지는지를 살펴보는 것이 타당할 것이다.

2.2. 커뮤니케이터로서의 자아상

상기에 언급된 과학자를 대상으로 한 다섯 건의 설문 조사는 1983년과 2003년 사이에 실시되었고, 총 1731명의 과학자가 참여하였다. 페터스와 크뤼거(Peters & Krüger 1985)는 그들이 실시한 설문 조사 결과를 분석하여 다수의 과학자들이 저널리즘과의 관계에 있어 겉으로 표출하지는 않지만 그들의 커뮤니케이션 모델에 입각하여 저작권자로서의 역할과 권리를 행사하고 싶어 한다는 결론을 도출해 냈다. 예컨대 1983/1984년 조사 결과를 보면 설문에 참여한 과학자의 거의 60%가 당시 정착하기 시작한 케이블 TV에 자기 프로그램을 만들어 출연할 의지가 있음을 밝혔다. 이러한 과학자들의 태도는 그 이후에 실시된 설문 조사 결과에서도 확인되었다.

1983/1984년 설문 조사 결과와 큰 차이를 보이지 않은 1997년 도의 조사 결과를 보면, 설문에 참여한 과학자의 40%가 과학자들이 대중매체를 통해 대중 앞에 등장해야 할 필요가 있다고 답하였고, 57%는 과학자들이 과학 관련 뉴스 보도 시에 공동 저작권자로 참여해야 한다고 답하였다. '단순히 정보를 전달하는 역할로 과학자의 역할을 국한시키고, 기사 작성을 언론인들에게 맡기는 것'에 대해서는 설문에 참여한 과학자의 3%만이 찬성하였다.

과학자들이 저작권자로서의 역할과 권리를 행사함으로써 언론 보도를 통제할 의지가 있다는 점은 새롭거나 놀라운 사실이 아니다. 앞서 소개된 설문 조사 결과 84%의 응답자는 과학 분야 관련 기사나 뉴스가 보도되기 전 과학자들에 의해 내용 검토를 받을 필요가 있다고 보았다. 1993/1994년 설문 조사에 참여한 과학계 전문가들역시 언론 보도에 대한 검토가 필요하다고 강조하였다. 페터스와 하인리히스(Peters & Heinrichs 2005)는 기후변화 관련 언론 보도를 위해 정보를 제공한 전문가들을 조사하였는데, 그 결과 전문가의 대다수는 심지어 "그들이 한 인터뷰를 토대로 한 뉴스 작성 시 그들에게도 의사결정권이 주어져야 한다"는 입장이었다.

과학자들이 이처럼 저작권자 역할을 수행하고자 하는 요구를 갖는 것은, 그들이 스스로 충분한 커뮤니케이션 자질을 갖추었다는 믿음에서부터 출발한다. 과학자의 90% 이상은 "과학자가 자신의 연구 분야 중 흥미로운 주제에 관하여 일간지에 실릴 만한 기사를 쓸 수 있는 충분한 자질을 갖추었다"고 답하였다. 그 밖에도 1993년과 2002/2003년 설문 조사에 참여한 과학자들은 그들의 표현이나 설명을 그대로 언론 보도에 인용할 수 있다고 보았다. 대다수의 과학자들은 과학 분야 전문가들이 "대중과 소통 가능한" 즉, 언론 보도에서 그대로 사용 가능한 "잘 다듬어진 표현"을 사용하여 정보를 전달할 수 있다고 보았다. 과학자들은 과학 분야 전문가들과 교류하는 언론인들이 인정하는 수준보다 이와 같은 커뮤니케이션 능력에 있어서 스스로를 더 높게 평가하고 있다.

앞서 소개한 설문 조사 결과들을 토대로 두 가지 해석을 도출해 낼 수 있다. 우선 (a) 과학자들은 과학계 내부 커뮤니케이션과 매스 커뮤니케이션을 구분하지 않는다는 사실이다. 그들은 매스 커뮤니케이션을 과학계 내부 커뮤니케이션의 단순한 확장 형태로 받아들이고 있으며, 따라서 과학계 내부 커뮤니케이션 상황에서 적용하던 익숙한 커뮤니케이션 패턴을 그대로 저널리즘에도 적용한다. 그 다음으로 (b) 과학자들은 과학계 내부 커뮤니케이션과 대중 커뮤니케이션을 어느 정도 구분한다 하더라도, 저널리즘을 자기 자신의 이해를 관철시키는 도구로 여기거나 [일반 대중에 대하여 패터널리즘 (paternalism)적 동기로부터 출발하여] 자기가 사회 및 일반 대중의 이해라고 여기는 이해를 관철시키는 도구로 여긴다는 사실이다.

과학자들이 '과학계 내부 커뮤니케이션과 매스 커뮤니케이션을 구분하지 않는다는 가설'은 다수의 과학자들이 대중성에 대한 학습을 대학 '교육'의 당연한 과정으로서 포함시키고 대중성이 과학이 달성해야 할 과제 중 하나라고 보고 있다는 사실을 통해서 타당성을 확보한다. 크뤼거(Krüger 1985), 페터스와 크뤼거(Peters & Krüger 1985), 아놀드 슈트뢰머(Arnold Strömer 1999)의 설문 조사에 참여한 과학자들은 "과학 보도는 광의적으로 봤을 때 과학자가 학습해야 할 교육 과목이다"라는 점에 동의하였다. 이 사실은 1983/1984년 설문에 응답한 과학자 중 1/4이 과학 분야 기자를 과학 분야를 전담하는 기자가 아니라, "연구에 직접 참여하지는 않지만 과학을 일반 대중에 매개해 주는 동료"로 보고 있다는 사실 그리고 과학 분야 관련 언론을 과학 분야의 한 부분으로서 포함시키고자 한다는 점을 통해서도 확인된다. 언론 매체가 과학계의 논쟁에 관한 정보를 제공해야 한다는 점 그리고 언론 매체는 과학적 위험 연구의 불안정성에 대해서 언급해야 한다는 점에 대한 과학자들의 강한 동의로부터, 과학자들이 매스 커뮤니케이션 참여를 통하여 과학의 정당화를 꾀한다는 설명을 도출하기는 어렵다. 이러한 설문 조사 결과는 과학자들이 매스 커뮤니케이션과 과학 커뮤니케이션을 구분하지 않고 있으며, 과학 커뮤니케이션 규범을 그대로 적용하려고 한다는 해석과 들어맞는다.

바인가르트(Weingart 2011: pp. 244-253)의 가설, 즉 과학이 '미디어화(medialization)'된다는 주장은 또 다른 측면을 부각시켜 준다. 바인가르트의 주장에 따르면 과학자들은 과학계 내부 커뮤니케이션에 적용되는 모델을 대중 커뮤니케이션에 적용할 뿐 아니라, 거꾸로 매스 커뮤니케이션에 적용되는 기준들을 과학계 내부에 적용시키기도 한다는 점이다.

'저널리즘의 도구화 시도에 관한 가설'은 설문에 참여한 위험 연구 및 기후 변화 관련 과학 전문가들이 매스 커뮤니케이션에 참여하는 데 있어서 호환 가능한 전통적 과학 규범들을 그대로 적용한다는 점을 통하여 뒷받침된다. 그들은 예를 들어 위험 의혹만 있어도 일반 대중에게 위험에 대하여 경고해야 한다는 데 입을 모았다. 이러한 태도는 사회 일반적으로는 지향해야 할 태도일지는 모르지만, 분명 과학의 오류선호성(Fehlerpräferenz)에 위배되는 태도이다. 과학적으로 지향되는 태도는 잘못된 발언을 하기보다는 제아무리 가능성이 높다 하더라도 입증될 수 없는 사실에 대한 발언을 삼가는 것이다.

전문가들은 그들이 전문 분야에 대하여 발언할 뿐 아니라, 비판과 제안을 하는 것이 옳다고 보았는데 이 역시 실증과학의 가치중립성 규범에 위배된다. 설문에 참여한 과학자들은 언론 매체가 기대하는 것처럼 언론 매체가 "과학자들의 연구 결과를 대중화시키는데 기여하고 있으며", "과학적 연구 결과의 활용 가치를 부각시키며", "과학과 기술에 대한 관심을 환기시키며", "환경 연구 분야……의 정치권 내 위상을 향상시켜 준다"는 데 동의했다. 평균적인 독자를 과학적 지식 수준이 매우 낮은 독자로 치부하며, 광의의 과학 커뮤니케이션 참여자로서 간주하지 않는다는 사실 역시 이러한 입장을 뒷받침해 준다.

앞서 소개한 설문 조사 결과들은 과학자들이 저널리즘을 독립적이고 비판적인 외부 관찰자로 보고 있지 않음을 암시해 준다. 과학자들은 과학에 관한 매스 커뮤니케이션에 있어서 저널리즘을 전혀 커뮤니케이션 주체로서 인정하지 않으며, 단지 하나의 인프라로서 간주하거나 과학계와 과학계의 목적 달성을 위한 PR 에이전트 정도로 간주한다. 이러한 답변으로 보아 과학자들은 매스 커뮤니케이션을 위한 인프라와 PR 에이전트라는 콘셉트의 존재를 믿고 있다고 할 수 있다.

그럼에도 불구하고 그리고 앞서 소개한 두 모델과는 합치되지는 않지만 과학자들은 비판적 저널리즘의 존재를 인정한다. 대다수의 과학자들은 언론 매체가 "정치·경제·과학 분야 엘리트를 통제해야 한다"는 입장이며 "전문가에 대하여 비판적 시각을 유지하며 전문가들의 이해를 간파하고 들춰내야 한다"고 보았다. 과학자들은 더 나아가 "언론인들은 전문가들을 인터뷰할 때 날카롭고 비판적인 질문을 통해 전문가를 시험대 위에 세울 권리가 있다"는 사실에 강하게 동의하였다. 이미 1983/1984년에 실시된 설문 조사에 응한 과학자 중 절반 가까이가 과학 분야 관련 언론 보도의 주요 기능 중하나가 "과학 기관과 과학 프로젝트를 비판적으로 분석하고 평가"

하는 것이라고 답하였다.

저널리즘의 비판적 기능에 대하여 과학자들이 보인 의외로 높은 동의는 탐사 저널리즘(investigative journalism)이 대중적으로 긍정적 이미지를 갖고 있기 때문이기도 하고, "조직화된 회의주의(organized skepticism)"(Merton 1973: p. 277)의 규범으로부터 탄생하고 예컨대 "동료 검토(peer review)" 형태로 제도화된 비판을 존중하고 높이 평가하는 과학계의 기본 자세 때문이기도 하다. 물론 비판적 저널리즘을 기본적으로 인정한다고 해서 개별 사안에 대한 저널리즘의 비판을 무조건적으로 수용한다고 볼 수는 없다. 특히나 그 비판이 자기 자신에게 향한다면 말이다.

종합하면 과학자들은 결코 폐쇄적·일관적·안정적 과학-저널리즘 관계 모델을 소유하지는 않는다. 그들은 오히려 과학계 내부에서의 커뮤니케이션, 전략적 대중 커뮤니케이션, 공익에 대한 책임이 있는 '제4의 권력'으로서의 저널리즘의 규범적 콘셉트로부터 도출된 다양한 모델의 요소들이 합쳐진 형태의 모델을 소유하고 있다. 이러한 과학의 매스 커뮤니케이션 참여에 대한 인식이 갖고 있는 다요소적 성격은 한편으로는 과학과 저널리즘에 대한 관계를 정의함에 있어 불안정성을 의미하기도 하지만, 다른 한편으로는 이 콘셉트들을 사례별로 유연하게 적용시킬 수 있는 가능성을 의미하기도 한다.

2.3. 저널리즘을 위한 정보원의 리크루팅(recruiting)과
셀프 리크루팅(self-recruiting)

과학자들은 언론 매체와 접촉할 의지가 상당히 높다고 밝혔고 실질적으로도 언론 매체와 빈번히 접촉하는 것으로 나타났다. 설문에 참여한 마인츠(Mainz) 대학교와 베를린 소재의 여러 대학의 교수 중 각기 75% 정도가 언론인들과 교류한 경험이 있으며 자신의 연구 활동에 대하여 언론에서 보도된 적이 있다고 밝혔다. 그중 대다수는 접촉이 '가끔' 있다고 답했다. 약 10%만이 '지속적인 접촉'을 언급하였다. 단, 율리히(Jülich) 연구센터의 경우에는 모든 층위의 과학자가 설문에 참여하였기 때문에 소속 과학자 중 언론인과 접촉한 경험이 있는 과학자의 비율이 다소 낮게 나타났다(45%에 조금 못 미치는 수준). 결론적으로 과학자들의 언론 매체와의 접촉 경험은 보편적인 현상인 것은 사실이나 일상적·지속적인 경험은 아니다.

어떤 과학자들이 대중 앞에 서게 되는지는 저널리즘에서 실시하는 리서치의 형태와 과학자들 및 과학 기관이 제공하는 제공물에 의해 좌우되는 복합적인 프로세스의 결과에 따라 결정된다. 과학자로서의 명성과 기관의 위상(주도적 기능)이 높을수록 언론 매체와의 접촉 가능성이 높아지게 되지만, 언론 매체와의 접촉 가능성은 이 두 가지 요인 외에도 다수의 요소에 의해 결정되며 각 요소가 차지하는 비중은 맥락과 상황에 따라 달라지게 된다. 언론 보도를 위하

여 어떠한 과학자 및 전문가가 선정되는지를 조사하고 선정에 영향
을 주는 중요한 요소들을 도출해 낸 연구들도 있다(예를 들어 Goodell
1977; Shepherd 1981; Rothman 1990; Kepplinger, Brosius & Staab 1991; Peters
& Heinrichs 2005). 이 연구 결과로부터 도출된 요소들은 다음과 같은
보편적인 세 개의 카테고리로 정리된다.

1) **관련성(relevance):** 무엇이 과학계에서 유의미한지 여부는 저널리즘
의 입장에서는 중요하지 않다(Kohring 2005: p. 285). 언론인들에게 정
보원으로서 흥미를 유발시키기 위해 과학자들은 대중과 관련성이 높은
사안을 소개 및 논평할 수 있는 위치에 있어야 한다. 다시 말해 현실적
으로 유의미한 또는 일반인의 입장에서 흥미롭고 놀라운 연구 결과를
소개할 수 있는 연구자이거나, 위조 스캔들에 가담한 사람이거나, 정치
적·사적 문제에 관한 의견을 제시할 수 있는 전문가이거나, 노벨상 수
상자이거나, 특정 자문 위원회의 위원이거나, 연구 탐험단의 대표이거
나, 과학계를 대표하는 과학 정치인 정도는 되어야 한다. 이러한 의미
에서 저널리즘에서 말하는 '관련성'은 과학자들이 훌륭한 이야깃거리
를 실현시키는 데 기여할 경우 충족된다고 볼 수 있다.

2) **가시성(visibility):** 과학자들이 언론 매체에 등장하기 위해서는 과학
자들이 우선 언론인들의 눈에 띄어야 한다. 다시 말해 과학계 외부에서
도 과학자들이 보여야 한다는 말이다. 과학자들은 예를 들어 과거 언론

보도에 등장한 경력(Goodell 1977), 인기 서적 발간, 언론인들이 정기적으로 인용하는 매거진(예를 들어 사이언스지나 네이처지)에 기고문 발표, 많은 언론인이 관심을 갖고 방문하는 각종 회의와 행사에서의 발표를 통하여 언론인들의 눈에 띌 수 있다. 이러한 가시성 확보를 위한 결정적인 조건은 무엇보다 과학 연구 기관과 연구 지원 단체의 PR 활동이다(Peters & Heinrichs 2005: pp. 114 – 118).

3) 접근성(accessibility)과 언론 매체 적합성: 마지막으로는 과학 분야 일차 정보원의 '활용'을 위하여 저널리즘이 투자해야 하는 수고로움의 정도가 중요한 요인이 된다. 전화 연결이 잘 되지 않고, 메시지를 남겨도 답변을 잘 주지 않고 이메일에 즉각 답하지 않는 과학자들의 경우 언론인들이 지나친 수고를 하게끔 한다. 말을 어렵게 하거나, 간결하고 명료하고 이해하기 쉽고 생생하게 자신을 표현하지 못하는 과학자들 역시 마찬가지다.

소개한 세 가지 요소들이 구체적인 상황 속에서 어떻게 나타나는지는 주제, 과학자의 역할, 매체의 종류, '포맷'에 따라서 달라진다. 예컨대 신문기사에 인용할 정보를 수집하기 위하여 실시되는 인터뷰 중 과학자에게 요구되는 수사학적 능력은 TV 토크쇼에 출현한 과학자에게 요구되는 말솜씨와는 분명 차이가 있을 것이다. 또한 독자에게 의학적 조언을 주어야 하는 건강 관련 전문가를 선정하는 데 있어서 과학자로서 줄 수 있는 신뢰는 결정적인 선정 기준이 될 것이다. 반면 정치인들의 경우와 비슷하게 특정 자문 위원회 대표나 연구 기관의 대표라는 '직책' 덕분에 언론 매체에 적합한 과학자로 여겨지는 경우에는 과학자로서의 신뢰도는 그를 판단하는 결정적 기준이 되지 않는다.

3. 커뮤니케이션의 문제

3.1. 커뮤니케이션상의 문제를 유발시킬 수 있는 원인들

수십 년 전부터 과학과 저널리즘의 관계에 관한 문제들이 연구되어 왔고(Willems 1976; Friedman, Dunwoody & Rogers 1986; Haller 1987; McCall 1988; Markl 1992; Peters 1995; Lempart 2005), 둘 사이의 관계 개선을 위한 다양한 프로그램과 조치들이 시도되기도 하고(Jerome 1986; Göpfert & Peters 1992, Peters & Göpfert 1995; Meier 1997; Schanne & Göpfert 1998; Schröter 2000) 과학과 저널리즘의 '협업' 또는 심지어 '파트너십'이 장려되고 있다(Reus 1988; Haller 1992).

과학자와 언론인 사이에 발생할 수 있는 커뮤니케이션상의 문제는 다음과 같은 세 가지의 보충적 시각에서 분석할 수 있다. 즉, 문화 내적 커뮤니케이션상의 문제, 이해 갈등으로부터 발생한 문제,

과학과 대중이라는 사회 내 두 시스템 사이에 존재하는 의미 경계의 영향으로부터 도출된 문제라는 차원에서 분석할 수 있다.

과학자와 언론인들은 각기 다른 전문가 문화에 속해 있다. 따라서 각기 다른 상호작용 규범과 품질 기준을 적용시키며 상황에 대한 정의, 상호작용에 있어서 서로 다른 역할과 실현 '스크립트'를 적용시키고 있는 것이다(Peters 1995). 과학자와 언론인 사이의 소통을 '문화 내적 커뮤니케이션'의 한 형태로서 볼 경우 과학자와 언론인의 접촉 과정에서 오해와 가치관의 갈등이 발생할 것이라고 예상된다. 예를 들어 과학적으로는 특정 사실에 대한 설명이 최대한 보편적이고 정확해야 하는 반면, 저널리즘에서는 맥락 특성에 맞고 구체적이고 이해하기 쉽고 특정 사안에 정확하게 들어맞는다면 그 설명에 더 큰 가치를 부여하기 때문이다.

직접적인 이해 간 충돌은 물론 극히 드물게 나타나겠지만, 과학자와 언론인 사이의 이해는 대부분의 경우 일치되기 어렵다. 앞서 설명하였듯이 과학자들은 저널리즘이 일차적인 목표로 삼는 '훌륭한 이야깃거리'와는 부분적으로 거리가 먼 일련의 목표를 추구하기 때문이다. 따라서 과학자와 언론인의 상호작용은 게임이론상으로 봤을 때, 각자의 이해를 최대한으로 관철시키려는 두 게임 참여자 간의 상호작용인 것이다. 여기에 참여한 사람이나 기관의 명성 또는 상대방에게 중요한 자원(과학계가 제공하는 일차 정보에 대한 접근 또는 공개) 제공에 제약을 가할 수 있는 권한 등과 같은 형태로 나타나는 '권력'이라는 측면이 강하게 작용한다.

　과학과 대중은 현대사회를 구성하는 각기 하나의 시스템이긴 하지만 두 시스템의 '결합'은 합치될 수 있는 시스템 논리 때문에 체계이론상으로 봤을 때 항시 곤란하며 두 시스템이 상호작용해야 하는 상황에서는 긴장과 갈등이 예상된다. 앞서 명시한 것처럼 과학은 일상생활과 일정 거리를 두고 있다는 특성 때문에 의미 경계로부터 야기되는 과학자와 언론인 사이의 커뮤니케이션 및 상호작용과 관련한 문제가 특히 클 것으로 예상된다. 다시 말해 과학과 언론이 긴장 관계를 형성한다는 사실을 뒷받침해 주는 충분한 이유들이 존재하는 것이다. 물론 과학자와 언론인들의 상호작용 문제가 정치인과 언론인, 경제계 대표와 언론인 사이의 상호작용 문제보다 더 심각한지는 정확하게 알 수 없다. 과학자와 언론인에 대한 설문 조사 결과를 통해 모두 서로 간 접촉을 의외로 매우 긍정적으로 보고 있음을 확인할 수 있다. 그리고 상호작용 파트너에 대한 만족도가 높은 것으로 미루어 보아 과학과 언론 사이의 관계는 정치권과 언론, 경제계와 언론 사이의 관계보다 더 나쁘지는 않을 것으로 추정된다.

　과학과 저널리즘 사이의 관계에서 나타나는 '문제' 중 일부는 자세히 살펴보면, 저널리즘을 이기적이거나 이타적 목적 달성을 위하여 도구화하려고 하는 사회 주체들과 자체 논리를 추종하며 언론 보도를 위하여 일차 정보원을 도구화하려고 하는 자주적 저널리즘 간의 이해 갈등으로부터 야기되기도 한다. 이러한 갈등은 정치권과 경제계에서 흔히 볼 수 있는 갈등이다. 그러나 정치인들과 언론인들 사이의 긴장관계는 정치적 도구화에 저항하는, 제 기능을 다 하는 비판적 저널리즘에 대한 증거로서 인식된다. 이와 마찬가지로 과학자와 언론인의 긴장관계 역시 우려할 일이 아니다.

이해 갈등 외에도 전통적으로 이해(理解) 문제(예를 들어 Hansen 1981), 정확성 문제(예를 들어 Haller 1987) 또는 현실 와해(예를 들어 Kepplinger 1989: 164-169)로서 해석이 되는 과학과 저널리즘의 구성 규칙의 차이 역시 사회의 두 하부 시스템 사이의 '의미 경계'로부터 야기되는 문제로서 주목해야 한다. 그러나 체계이론적-구조주의적 관점은 언론 매체가 만들어 낸 진실이 '임의적'인 진실로 간주되어야 하고 비판의 대상이 되지 못한다고 보지는 않는다. 단지 평가 기준들이(예를 들어 '커뮤니케이션 정확성'이라는 기준이 정보 이전 또는 번역 모델로부터 도출되듯이) 커뮤니케이션 모델로부터 자동적으로 도출되지 않고, 대신 이론 외부에서 규정되고 명백하게 규범적으로 뒷받침이 되어야 한다는 것이다.

저널리즘의 체계이론은 시스템의 자기 논리에 대한 특정 규범적 기대의 실현이 실패할 수밖에 없음을 설명한다. 예를 들어 대중매체의 조성물이 과학적 조성물의 '단순화된' 복사본일 뿐이라는 기대는 이중적인 측면에서 비현실적이다. (a) 우선 과학 저널리즘의 조성물들은 저널리즘의 자체 논리 때문에 결코 과학 조성물의 모사물이 아니며, (b) 그렇다고 간주할 경우에는 그 사안에 대하여 과학자들만 관심을 갖고 마티아스 코링(Matthias Kohring 2005: p. 279)이 설명한 바와 같이 저널리즘은 제 기능을 다하지 못하는 꼴이 될 것이기 때문이다.

3.2. 과학자와 언론인의 관계에 대한 경험적 연구 결과

매스 커뮤니케이션과 과학과 저널리즘의 관계에 관한 과학자들의 함축적인 모델들은 근본적으로 언론인들의 모델들과 상반된다. 프로젝트그룹 리스크커뮤니케이션(Projektgruppe Risikokommunikation 1994) 및 페터스와 하인리히스(Peters & Heinrichs 2005)는 1993년과 2003년 유사한 방법론을 이용하여 상호 교류 경험이 있는 과학자와 언론인을 대상으로 설문 조사를 실시하였다.

접촉 시 다루었던 주제들은 일반적 위험 관련 주제(1993) 및 기후변화(2003)였다. 다시 말해 설문 대상자가 된 과학자들은 언론 보도 시 '전문가 역할'을 담당했던 경험이 있었고 평균 이상의 언론 출현 경험이 있었다. 그들은 과학의 여러 분야에 속한 과학자들이었지만, 주로 자연과학과 의학 분야 과학자였다. 설문 대상자가 된 언론인들 중에는 과학 저널리즘 담당 언론인, 과학 분야 전문기자가 아닌 언론인, 과학 전담 부서와 동시에 기타 부서에 소속된 언론인이 각기 1/3을 차지했다.

설문지를 통해 과학자와 언론인 모두에게 과학과 언론 매체가 매스 커뮤니케이션에서 담당하는 역할에 대한 질문과 함께 언론인과 과학자의 관계에 관한 질문이 던져졌다. 답변은 '동의한다'와 '동의하지 못한다' 사이 일곱 단계 중 한 단계를 선택 가능하게 구성되어 있었다. 각 질문에 대한 과학자와 언론인 집단의 평균적인 동의/비동의 수치의 차이를 통하여 과학과 저널리즘의 관계 및 언론 보도의 형태에 대한 과학자와 언론인의 입장 차이를 확인할 수 있었다. 물론 과학자 집단과 언론인 집단 내부에서도 의견이 분분하다는 점을 확인할 수 있었다.

과학자와 언론인의 입장 차이에 대한 분석을 위하여 본 연구자는 총 61개 설문 문항(두 설문 조사의 설문 문항 중 일부는 동일하거나 유사했음) 중 두 설문 조사 집단 간 평균값의 차이가 현저하게 큰, 즉 -3에서 +3까지의 단계 안에서 그 차이가 0.5 단위보다 더 큰 설문 문항만을 선정하였다. 선정된 총 30개 문항은 다시 주제별로 분류하였다.

우선은 과학자와 언론인들이 여러 측면에서 유사한 입장을 취하고 있음을 밝혀 둔다. 예를 들어 과학자들이 매스 커뮤니케이션에 참여할 필요성에 대해서는 같은 입장을 취하고 있었다. 두 집단 사이의 입장 차이가 크게 나타난 경우라도 그 입장이 서로 완전히 반대되는 것이 아니라 동의 또는 비동의 정도 차이가 크게 나타났을 뿐이다. 그러나 과학자와 언론인의 입장 중 몇몇 체계적 차이가 확인되었다. 다시 말해 두 설문 조사를 통하여, 동일한 설문 내용에 대한 조사 결과에서 일관성 있는 차이가 확인되었다.

구분		언론인	과학자	차이 (절대적)
언론 보도 통제				
I-01	언론인들은 자문 파트너에게 기사를 공개하기 전 기사를 검토할 수 있게 해야 한다(1993)	-1.2	2.1	3.4
I-02	전문가들은 그들이 인터뷰한 내용을 근거로 기사가 작성될 시 기사에 대한 공동 의사 결정권을 갖는다(2003)	-1.9	1.2	3.2
I-03	언론인들은 과학계의 언어로 표현된 전문가들의 발언을 일상 언어로 번역할 의무가 있다(1993)	2.5	0.9	1.6
I-04	언론인들은 전문가들이 일반 대중도 이해할 수 있는 언어로 자신을 표현할 것이라 기대해도 좋다 (2003)	1.3	2.1	0.8
I-05	전문가들은 인터뷰를 할 때 언론인들이 직접 인용할 수 있는 이해하기 쉬운 표현을 사용해야 한다 (1993)	0.8	1.5	0.6
과학계 규범을 대중 커뮤니케이션에 적용				
I-06	전문가들은 각자의 전문 영역에만 집중하며 다른 영역에 대한 발언 요청은 거절해야 한다(1993)	-0.7	1.0	1.7
I-07	전문가들은 사실 전달만을 하고 가치 평가는 배제해야 한다(1993)	-1.9	-0.6	1.2
I-08	언론 매체는 무엇보다 과학적 리스크 발생 가능성에 대하여 보도해야 한다(1993)	0.1	1.2	1.0
I-09	리스크에 관한 보도는 객관적이고 냉정해야 한다 (1993)	1.3	2.0	0.7

I-10	환경 전문가들은 사실에 관한 질문에만 답하지 말고, 결정을 비판하고 실천 방안을 제안해야 한다 (2003)	2.0	1.3	0.7
I-11	환경 전문가들은 대중과의 접촉 시 철저한 중립성과 객관성 유지를 위해 노력해야 한다(2003)	1.0	1.7	0.6
I-12	환경 전문가들은 자신의 전문 영역에만 집중하고 다른 영역에 대한 발언 요청은 거절해야 한다(2003)	0.4	1.0	0.5
I-13	저널리즘의 과제: 관객을 지루하지 않게(entertaining) 해야 한다(1993)	1.7	0.8	0.9
I-14	언론 매체는 리스크 관련 보도 시 감정적 보도를 피해야 한다(1993)	0.8	1.3	0.5
과학을 위한 저널리즘				
I-15	언론 매체는 전문가의 권위를 인정하고 전문가들의 연구 결과를 대중에게 소개할 때 전문가들의 권위를 뒷받침해 주어야 한다(1993)	-0.7	0.9	1.6
I-16	언론 매체는 과학적 연구의 활용 가치를 강조해야 한다(1993)	0.2	1.4	1.2
I-17	언론 매체는 일반 시민들이 리스크를 수용하는 데 기여해야 한다(1993)	-1.0	0.0	0.9
I-18	저널리즘의 과제: 과학과 기술에 대한 관심 깨우기 (1993)	1.6	2.0	0.5
저널리즘의 비판 및 통제 기능의 인정				
I-19	언론인들은 전문가들의 발언을 인정하고 발언에 대한 의문을 제기하지 말아야 한다(1993)	-2.5	-1.1	1.5
I-20	저널리즘의 과제: 정치·경제·과학 분야 엘리트를 통제(1993)	2.3	1.2	1.1
I-21	언론 매체는 항시 환경 전문가들에 대한 비판적 자세를 유지하고 그들의 이해를 간파하고 들춰내야 한다(2003)	2.3	1.4	0.9

I-22	저널리즘의 과제: 약자의 편에 서기(1993)	1.3	0.6	0.7
I-23	언론 매체는 항시 전문가에 대한 비판적 자세를 유지하고 그들의 이해를 간파하고 들춰내야 한다(1993)	2.3	1.8	0.5
관객에 대한 언론 매체의 패터널리즘(paternalism)적 자세				
I-24	언론 매체는 일반 시민들을 교육(erziehen)함으로써 리스크 발생 가능성이 낮게 행동할 수 있게 해야 한다(1993)	-0.1	1.1	1.1
I-25	언론 매체는 환경문제에 관하여 교육적(pädagogisch) 목적 없이 보도해야 한다(2003)	1.0	0.2	0.8
I-26	저널리즘의 과제: 일반 시민들에게 올바른 행동 양식을 교육(erziehen) (1993)	-0.4	0.4	0.7
I-27	저널리즘의 과제: 여론 조성을 촉진(1993)	1.7	1.0	0.7
I-28	일반 시민들을 효과적으로 경고하기 위하여 언론 매체는 환경 상황을 다소 드라마틱하게 소개해도 된다(2003)	-1.7	-1.1	0.6
I-29	언론 매체는 근본적으로 관객이 성숙한 시민임을 전제로 해야 하며 교육적(pädagogisch) 목적 없이 보도해야 한다(1993)	1.1	0.6	0.6
교류/접촉의 이니시어티브				
I-30	환경 전문가들은 스스로 언론인들과의 교류 및 접촉을 시도하고 언론인들에게 정보를 제공해야 한다(2003)	1.9	0.9	1.0

과학자와 언론인의 입장 차이

출처: 프로젝트그룹 리스크커뮤니케이션(Projektgruppe Risikokommunikation 1994); 페터스와 하인리히스(Peters & Heinrichs 2005)

이러한 입장 차이는 다음과 같은 다섯 가지 핵심 내용으로 요약 된다.

1) 언론 보도 통제: 언론 보도 통제와 관련된 과학자와 언론인의 입장 차이로 인하여 과학자들이 함축적으로 요구하는 '저작권자 역할'('2.2 커뮤니케이터로서의 자아상' 참조)이 언론인들의 입장과 상충하게 된다. 언론인들은 언론 보도의 저자는 오로지 자신들만이 담당할 수 있는 역할이며 과학자는 단지 정보원의 역할만을 담당해야 한다는 입장이다. 그들은 정보를 제공하는 과학자들에게 공정한 대우(예를 들어 인용 출처를 밝힘)만 하면 된다고 보는 것이다. 과학자들은 자신이 제공한 정보와 관련된 언론 보도에 대하여 통제 권한을 요구하고 있지만 이는 언론인들에게 단호히 거부된다. 두 설문 조사 결과 과학자와 언론인들의 이러한 입장 차이는 기사에 대한 검토와 공동 의사 결정권에 대한 과학자의 요구와 관련한 두 집단의 반응에서 가장 크게 나타났다(I-01, I-02). 눈여겨 볼 것은 나머지 3개 설문 내용에서 나타나는 입장 차이의 방향이다(I-03~I-05): 언론인들은 자신들이 '번역사 역할'을 담당한다고 보고 있는데, 과학자들은 이러한 언론인들의 입장을 직접적으로 거부하지는 않지만 언론인의 이러한 역할에 대해 언론인들보다 확연히 약하게 동의하고 있다. 왜 그런 것일까? 과학자들의 발언이 저널리즘에서 직접 이용 가능하다는 점, 즉 자신들의 발언이 이미 '번역된' 형태의 발언이라는 점에 대한 과학자들의 놀랍게 높은 동의는 다음과 같은 설득력 있는 해석을 가능케 한다. 과학자들은 자신들이 저자 역할을 담당해야 한다고 여김과 동시에 스스로가 (혼란을 야기시킬 수 있는) 저널리즘의 번역이 미치는 영향을 배제한 채 직접 대중에게 정보를 제공하는 커뮤니

케이터로서의 역할 또한 담당할 수 있다고 보는 경향이 있는 것이다.

2) 과학계 규범을 대중 커뮤니케이션에 적용: 이 주제와 관련된 답변들을 종합해 보면, 과학계 내부의 커뮤니케이션의 규범이 어느 정도까지 대중 커뮤니케이션에 적용 가능한지에 대하여 과학자와 언론인 사이에 입장 차이가 있음을 확인할 수 있다. 일차적으로는 과학자들이 자기 자신의 전문 영역의 경계 밖으로까지 시선을 확대할 의지(I-06, I-12), 가치판단을 할 의지(I-07, I-11), 정치적 의사 결정에 대하여 자신의 의견을 제시할 의지(I-10) 등과 관련이 깊은 대중 커뮤니케이션에 참여하는 과학자의 태도에 대한 입장 차이를 확인할 수 있다. 그다음으로는 저널리즘에서 사용하는 표현이 객관적(I-09), 비감정적(I-14), 과학 친화적(I-08) 커뮤니케이션이라는 과학적 이상과 얼마나 격차가 있는지 그리고 얼마나 오락적이어도 되는지(I-13)에 관한 차이를 확인할 수 있다. '과학적' 정확성에 관한 과학자와 언론인의 품질 기준이 다르다는 사실은 앞서 소개한 설문 조사에서는 묻지 않았지만 명백한 사실이자 다른 연구를 통해 입증되었다(Salomone et al. 1990).

3) 과학을 위한 저널리즘: 여기에서 확인되는 두 집단의 입장 차이는 과학자들이 추구하는 여러 목표를 위하여 언론 매체를 도구화하는 것에 상이한 견해를 함축하고 있다. 과학자들은 예를 들어 언론 매체가 그들의 연구 결과의 대중화(I-15)와 연구 결과의 활용 가치 강조(I-16)에

기여해 주기를 기대하는 반면, 언론인들은 언론의 과제가 이러한 목표 실현에 기여하는 것에 있지 않다고 본다. 과학과 기술에 대한 관심 깨우기(I-18)라는 과제에 대해서는 과학자와 언론인 간 이견 차가 비교적 작게 나타났다. 왜냐하면 과학과 기술에 대한 대중의 관심을 깨우는 것은 과학자들의 목표일뿐 아니라, 과학 분야를 담당하는 언론인들 역시 자신들이 다루는 주제에 대한 수요를 창출해 내기 위하여 바라는 바이기 때문이다. 리스크 관련 보도 분야에서는 과학자들이 종종 전문가로 등장하여 리스크에 대하여 경고를 하거나 특정 리스크(예를 들어 다양한 기술)에 대하여 대중에게 널리 알리는 역할을 담당한다. 언론인들은 이러한 과학자들의 역할에 대해 거리를 두는 것을 확인할 수 있다(I-17).

4) 저널리즘의 비판 및 통제 기능의 인정: 저널리즘의 비판 및 통제 기능에 대한 예상 밖의 높은 동의는 이미 앞서 언급되었다. 그러나 언론인들과 비교했을 때, 과학자들은 언론인들이 이러한 기능을 확연하게 낮은 강도로 담당하면 된다고 생각한다는 점이 확인된다(I-19~I-23). 바로 이 설문 내용들에 대한 답변들이 규범적 저널리즘에 대해 기대되는 이상적 상(像)을 반영한다고 볼 수 있다. 언론인들은 설문 조사 시 밝힌 것보다 실무에서 과학에 대한 저널리즘의 비판 및 통제 기능을 크게 인식·발휘하지 않고 있는 것으로 보인다. 또한 과학자들은 그들의 답변을 통해 추론해 낼 수 있는 것보다 (과학자들 자신에 대해) 비판하는 기

능에 대하여 약하게 동의하는 것으로 보인다.

5) 관객에 대한 언론 매체의 패터널리즘적 자세: 언론인들과 달리 과학자들은 패터널리즘적 자세에 대하여 보다 온건한 입장을 취한다는 점이 확인된다. 과학자들은 언론인들과 달리 '교육'이라는 단어가 등장하는 설문 내용(I-24, I-26)에 대하여 강하게 동의하며 언론인에 비해 '교육적 (pädagogisch) 목표' 관련 설문 내용(I-25, I-29)에 대하여서는 약하게 동의하는 것을 볼 수 있다. 두 집단 모두 매스 커뮤니케이션이 진실을 좋은 목적(일반 시민들에게 경고)을 위하여 희생시키는 것에 대하여 거부감을 나타냈다. 과학자들이 언론인에 비해 다소 약한 거부감을 나타내는 정도의 차이가 있기는 했다(I-28). 저널리즘이 '여론 조성'을 촉진해야 한다는 점에 대해서는 과학자들보다 언론인들이 더 강하게 동의하였다. '교육' 및 '교육적 목적'과 같은 개념과 대조적으로 '여론 조성'이라는 개념은 과학자들보다는 언론인들의 더 높은 지지를 끌어내는 해방주의적 의미를 내포하고 있는 모양이다(I-27).

커뮤니케이션상의 문제가 어떠한 형태의 문제인지에 대한 단서는 과학자들과 언론인들이 상호 교류 및 접촉 경험에 대해 내린 답변과 과학자들이 언론 보도에 대하여 내린 평가를 토대로 도출해낼 수 있다. 과학자들은 무엇보다 언론 보도가 정확성이 부족하다고 지적하는데, 이는 정확성에 관한 다수의 연구 결과들이 실시한 품질 기준에 관한 비교 분석 결과와 일치하는 현상이다(Kandice L. Salomone et al. 1990).

프로젝트그룹 리스크커뮤니케이션(Projektgruppe Risikokommunikation 1994)이 실시한 설문 조사에 참여한 과학자들은 무엇보다 보도에 사용된 내용이 맥락 없이 보도되고(37%), 잘못 보도되고(28%), 의미가 왜곡될 위험이 있게 축약되었다(28%)고 말한다. 페터스와 하인리히스(Peters & Heinrichs 2005)가 조사한 결과 그들이 조사한 과학 분야 전문가의 44%가 그들이 관련된 언론 보도에서 오류나 부정확한 부분을 발견했다. 32%는 저널리즘의 선택과 편집을 통하여 그들이 제공한 정보의 의미가 통째로 또는 부분적으로 변형되었다고 답하였다.

그 밖에도 두 설문 조사 결과를 통하여 두 집단이 서로를 도구화하려는 의도가 있다는 점이 포착되었다. 언론인의 61%는 과학 분야 전문가들이 과학 관련 정보를 공개하는 것이 과학자들에게 이득이 된다고 생각한다는 점에 부분적으로 또는 전적으로 동의한다. 반면 과학자의 44%는 언론인들이 '이미 대중에게 소개한 언론인의 견해를 뒷받침할 근거'를 찾고 있는 인상을 받는다고 답하였다[5]. 과학자와 언론인 사이의 접촉 시 각자의 이해가 충돌하는 일은 예외적으로만 나타난다고 볼 수 있다. 총 135명의 과학자 중 단 1명 만이 언론인이 '자기 자신을 거부하는 태도'를 보였다고 답하였고, 다른 4명의 과학자는 언론인이 과학자에 대하여 거부감을 갖는 태도를

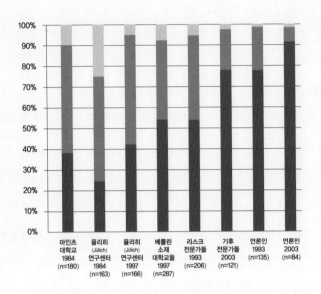

과학자와 언론인의 상호 교류에 대한 만족도

출처: 크뤼거(Krüger 1985); 페터스와 크뤼거(Peters & Krüger 1985); 프로젝트그룹 리스크커뮤니케이션(Projektgruppe
Risikokommunikation 1994); 슈트뢰머 Strömer 1999); 페터스와 하인리히스(Peters & Heinrichs 2005)

보이는 것은 가끔 있는 일이었을 뿐이라고 답하였다.

　과학의 매스 커뮤니케이션 참여에 대한 두 집단의 상이한 입장
과 과학 정보 관련 언론 보도에 대한 과학자들의 부분적으로 비판
적인 평가는 두 집단 간 상당한 갈등의 소지를 의미한다. 다섯 건의
설문 조사를 통하여 언론인과 직접 접촉한 경험이 있는 과학자들에
게 다음과 같은 내용이 포함된 질문이 하나 또는 그 이상 던져졌었
다. "언론인과의 교류 및 접촉 경험은 어떠했는가? 언론인과의 교류
및 접촉을 긍정적 또는 부정적으로 평가하는가?" 두 번의 설문 조

사에서는 과학자들과 접촉한 경험이 있는 언론인들에게도 과학자들과의 교류 및 접촉에 대한 개인적 의견을 물었다. 위의 표에서는 이 질문을 토대로 과학자들을 대상으로 실시한 여섯 건의 임의 추출 조사와 언론인들을 대상으로 두 건의 임의 추출 조사에서 도출된 답변들의 분포를 확인할 수 있다.

과학자들 중 언론인과의 교류 경험이 '부정적 경험'이라고 답한 과학자는 극히 드물었고 대부분의 경우 '긍정적 경험'이라고 답하였다. 물론 언론인과의 접촉 및 교류 과정에서 부정적 경험과 긍정적 경험을 동시에 했다고 대답한 과학자들도 상당수 있었다. 언론인들의 답변을 살펴보면, 과학자들이 답한 것보다 두 집단 사이의 교류에 대해 더 크게 만족하고 있음을 알 수 있다.

위의 표는 과학자와 언론인 중에는 상대적으로 별 문제 없이 교류하는 과학자와 언론인들이 존재하며 만족스러운 상호 교류 경험을 토대로 과학자들이 언론 매체와의 지속적인 교류에 대해 더 강한 동기를 갖게 됨을 보여 준다. 흥미로운 것은 1984년 실시된 설문 조사 결과 율리히 연구센터 소속 과학자들 중 부정적 경험을 했다고 답한 과학자의 비율이 상대적으로 높고 1997년 재차 실시된 설문 조사 결과가 그 이전에 실시된 설문 조사 결과와 상당히 큰 차이를 보이고 있다는 점이다(표 참조). 이를 통해 과학과 저널리즘 사이의 심각한 갈등을 야기시킨 원인에 대한 단서를 추론해 볼 수 있겠다. 1984년 설문 조사가 실시되었던 당시, 과학계 대표 연구 기관이었던 율리히 연구센터의 핵심 연구 분야는 핵에너지 분야였고, 율리히 연구센터는 핵에너지 연구의 선구자로 인정받고 있었다. 1980년대에 접어들어 1980년대 중반에 이르기까지 언론에서는 핵에너지와 핵 관련 연구에 대하여 비판적인 보도를 했고, 핵에너지와 핵 관련 연구에 대한 일반 시민들의 지지가 점차 떨어졌다(Kepplinger 1989: 187-195).

다시 말해 1984년 율리히 연구센터는 과학에 대하여 비판적인 입장을 취하는 저널리즘에 맞서야 하는 익숙하지 않은 상황에 직면해 있었다. 그러다가 율리히 연구센터의 핵 관련 연구의 비중이 점차 낮아졌다. 결국 1990년 율리히 연구센터는 센터 이름을 바꿈으로써 핵심 연구 분야의 전환을 대내외에 알렸고, 자연스럽게 언론의 비판을 받을 일도 줄어들었다. 핵에너지에 대한 의문을 제기하고자 하는 언론과 핵에너지 관련 기술을 대중에게 긍정적으로 홍보하려고 했던 과학자들의 이해 갈등은 이로써 수그러들었던 것이다. 결국 1997년 실시된 설문 조사에서는 언론 매체와의 교류에 대하여 부정적으로 답한 이 연구센터 소속 과학자들의 비중이 줄어들었다.

과학자들을 대상으로 실시한 다른 임의 추출 조사의 결과를 보면 대부분 부정적으로 답하는 비율이 낮게 나타났는데, 이를 통하여 과학이 저널리즘에 의해 예외적인 경우에만 비판을 받는다는 사실 그리고 저널리즘의 비판 및 통제 기능에 대한 과학자들의 동의가 극히 드문 경우에만 시험대에 오르게 된다는 사실을 알 수 있다.

3.3. 커뮤니케이션상의 문제에도 불구하고 상호 교류 파트너의 높은 만족도

과학자와 언론인 사이에는 이론적으로 예상되고 경험적으로 입증되는 커뮤니케이션상의 문제가 있음에도 불구하고, 과학자와 언론인은 상호 접촉 및 교류에 대하여 상당히 높은 만족도를 보여 주었고, 이를 토대로 두 집단 간 갈등 발생 확률이 낮다는 사실을 도출해 낼 수 있다. 높은 만족도에 대한 이유는 다음과 같이 세 가지로 정리될 수 있다. (a) 매스 커뮤니케이션의 원칙들을 수용한 '과학자들의 자가 선별', (b) 상호 접촉 및 교류하는 과학자와 언론인들의 '공동 오리엔테이션' 교육, (c) 언론이 일반적으로 높은 위상을 차지함에도 불구하고 '과학에 대한 언론의 비판이 갖는 낮은 정당성'이다.

정치인들은 대중에게 그들이 얼마나 알려져 있는지 여부에 따라, 대중에게 비춰지는 그들의 이미지와 대중에게 알려진 그들의 업적에 따라 재선 여부가 직접적으로 영향을 받기 때문에 대중과 소통하기 위한 방법을 필요로 한다. 반면 과학자들은 대중적으로 알려질 필요성이 별로 없다. 따라서 과학자들은 종종 언론인과 접촉할 것인지, 그들의 접촉 요구를 받아들일 것인지 아니면 거부할 것인지를 선택할 수 있다. 그리고 이 선택에 영향을 주는 중요한 요소 중 하나는 저널리즘에 대하여 과학자들이 느끼는 문화적 거리 및 예상되는 이해 갈등 가능성이다.

각종 기관의 PR 부서들은 언론인과의 소통이 원활할 것이라고 판단되는 과학자들에게 언론과의 잠재적 접촉 파트너로서의 역할을 제안하는 경우도 있다. 따라서 과학자와 PR 부서들은 앞서 소개한 두 기준인 '가시성'과 '접근 용이성'을 조정하고, 어떤 과학자가 언론과 접촉할 것인지 '자가 선별'할 수도 있는 것이다. 특히 언론계의 입장에서 봤을 때 정보원이 충분히 대체 가능하여 언론의 관심을 오로지 한 사람(예를 들어 노벨상 수상자)에게만 쏟을 필요가 없고, 사람보다는 역할(예를 들어 대형 프로젝트의 대표)이 더 중요한 기준이 될 때 '자가 선별'의 가능성이 높아진다. 과학자와 언론인의 상호작용 과정에서 발생할 수 있는 커뮤니케이션상의 문제들인 서브컬처(subculture) 차이, 시스템 경계, 이해 갈등 등은 기능적으로 분화되어 있는 오늘날 여러 지점에서 발견된다. 그 결과 사회적 기능의 분화로 인하여 발생하는 문제점들을 극복하기 위한 전략들도 발달하였다. 예를 들어 다른 문화에 대한 이해를 촉진하고, 합의를 이끌어 내며, 나와 다른 시각이나 가치에 대하여 냉소적이거나 체념적 관용을 베풀게끔 하는 이러한 문제 극복 전략들은 과학과 저널리즘의 접점에서 효과를 발휘한다.

커뮤니케이션 모델에 대한 개념의 차이와 커뮤니케이션에 대한 기대의 차이에도 불구하고 상호작용 파트너들의 '공동 오리엔테이션'을 통하여 화용론적인 모두스 비벤디(Modus Vivendi) 교육이 이뤄진다. 즉, 과학자들은 대중 커뮤니케이션을 위한 언론인들의 '기본적 역량'을 인정하게 되며 발언을 함에 있어 저널리즘의 기준들을 적용하게 된다. 언론인들은 예컨대 그럴 필요가 없다고 생각하면서도 과학자들에게 기사를 공개하기 전에 검토하고 전문적 내용에 대한 수정 제안을 할 기회를 주기도 한다.

과학자와 언론인이 상호작용하는 과정에서 상대적으로 낮은 긴장 관계를 유지할 수 있는 또 하나의 중요한 이유는, 저널리즘이 과학에 대한 비판적 입장을 취하는 것에 대하여 충분한 정당성을 확보하지 못하기 때문이다. 2000년에 실시된 ALLBUS(Allgemeine Bevölkerungsumfrage der Sozialwissenschaften) 설문 조사 결과[46]는 일반 대중은 정치 기관이나 경제 기관 또는 언론 관련 기관보다 과학 기관에 대하여 더 높은 신뢰도를 보인다는 점을 입증해 주었다.

과학의 높은 위상은 과학에 대한 비판, 특히 과학에 비해 일반 대중으로부터 현저히 낮은 신뢰를 받고 있는 저널리즘 기관이 하는 비판의 정당성을 떨어뜨린다. 명백한 규범 침해(예를 들어 데이터 조작)나 복잡한 이해관계가 얽혀 있는 분야(예를 들어 유전공학 기술, 핵에너지 분야)에 대한 비판을 제외하고는 과학을 비판하는 일은 드물게 일어난다. 게다가 과학을 비판하기 위해서는 그 비판 자체가 (경쟁관계에 있는) 과학적 권위를 바탕으로 해야 한다. 과학에 대한 높은 신뢰와 과학의 높은 명성은 과학 PR이 무비판적으로 활용되고 과학 저널리즘과 과학 PR 분야의 '언론인'들이 유사하게 활동하는 이유이기도 하다(Göpfert 2004: 188-192; Koch & Stollorz 2006). 두 가지 현상

모두 과학의 대중적 자기 표현에 의존하는 과학 저널리즘에 기여하
며, 과학자와 언론인들 사이에 발생할 수 있는 갈등 가능성을 낮춘
다. 과학자들이 언론 매체와의 접촉 시 주로 긍정적인 경험을 했다
고 답한 이유는 독일 언론에서 대개 과학자들이 제공한 정보를 긍
정하고 뒷받침하는 보도를 발표하고 그 덕분에 적대적인 이해 갈등
이 예방되기 때문이라고 설명할 수 있다.

3.4. 과학과 언론 매체 관계의 세분화

끝으로 본 논문에서 토대로 삼은 과학자 설문 조사에서 드러난 과
학과 언론 매체 사이의 관계에 대한 인식이 과연 얼마나 보편적인
인식으로 간주될 수 있는지를 논의할 필요가 있다. 설문 조사 대상
자가 된 과학자 집단들은 물론 과학계의 다양한 분야 과학자들(사회
과학과 인문과학 분야 과학자도 포함)인 것은 사실이나, 임의 추출 조사
결과가 독일의 모든 과학자들의 입장을 대변한다고 볼 수는 없다.

　설문 조사는 명백하게 자연과학·공학 분야에 초점을 맞추고 있
다. 게다가 예를 들어 과학계 분야별 과학자의 입장 차이에 따라 결
과를 세분화할 만큼 조사 사례가 많은 것도 아니다. 그럼에도 불구
하고 본 연구에서 토대로 삼은 설문 조사 결과로부터 과학자와 언
론의 관계에 체계적으로 영향을 미치고 과학자들의 긍정적 또는 부
정적 평가를 유도하는 요소들에 어떠한 것들이 있는지를 설명해 주

는 설득력 있는 다수의 가설이 도출될 수 있다. 무엇보다 다음과 같은 요소들과 요소들 간의 상호작용이 과학자와 언론인의 관계에 영향을 미치는 것으로 예상된다.

1) 학문 분야, 연구 영역, 연구 주제의 특성
2) 언론 매체, 편집부 및 보도가 이루어지는 미디어의 포맷
3) 연구와 과학적 지식과 관련된 기관 관련 경제적·정치적·대중적 맥락
4) 과학 지식과 일반 상식의 관계, 예를 들어 특히 사회과학·인문과학 분야에서 나타나는 경쟁관계

지금까지 발표된 과학자 설문 조사 결과들은 과학과 언론 매체 사이의 관계를 큰 틀에서 재구성할 수 있게 해 주었다. 다시 말해 섬세한 세분화는 이루어지지 않았다. 이러한 설문 조사들은 무엇보다 일차적으로 과학과 저널리즘 사이의 긴장관계의 원인을 밝혀 내는 것에 주력하였다.

그럼에도 본 연구를 통하여 과학과 언론 매체의 관계가 이론적 기대와 개별 일화들을 통해 알려진 바와 달리 의외로 긍정적이라는 점을 확인할 수 있었다. 이러한 관계를 유발하는 이유와 전략들에 대한 분석은 추후 연구 과제로 남는다. 이 분야에 대한 향후 연구들은 더 나아가 이 논문을 통해 밝혀낸 일반적인 관계로부터 벗어나는 현상을 야기시키는 조건들을 밝혀내고 보다 세분화된 분석을 해

야 할 것이다.

앞서 표를 토대로 두 집단 간 상호 교류에 대한 만족을 저널리즘의 품질을 평가하는 기준으로 적용해서는 안 될 것이다. 두 집단의 높은 만족도가 과학 저널리즘에 대한 긍정적 평가나 저널리즘의 정보원으로서의 과학자들의 높은 업적으로 잘못 해석해서는 안 될 것이다.

4장

위험 인지 연구와
심리학적 패러다임의 관계 고찰

인지과학은 지금도 수많은 학문들이 역동적으로 상호작용하며 끓는 소용
돌이의 용광로와 같은 학문이라 할 수 있다. 이 용광로에서 끊임없이 새
롭게 형성되어 나오는 산물들은 인간의 생각과 현실적 응용기술 문명과
과학의 형태를 새로운 모습으로 계속 바꾸어 놓으리라 예측된다.

이정모 성균관대 심리학과 명예교수

1. 서문

현대사회의 위험은 다양한 이슈와 연관되어 있다(Jungermann et al
.1991). 심리적 관점에서 보면, 일상생활의 위험과 환경적 위험 사이
에는 매우 중요한 차이점이 있다. 일상생활의 위험은 흡연, 음주, 운
전 또는 행글라이딩과 같은 개인적인 행동의 결과로 주로 나타난다.
대체적으로 일상생활의 위험은 개인의 통제하에 있으며 개인이 결
정권을 갖는다. 물론 때로는 이러한 결정이 어려울 때도 있다. 환경
적 위험은 원자력, 화학 공장, 비행과 같은 기술의 활용이나, 살충제

그리고 휴대전화 제품의 사용과 같은 것에서 나오는 사회적 행동의 결과로 나타나기도 하지만, 홍수나 지진과 같은 자연적 재해에서도 기인한다. 일반적으로 개인은 사회적 차원에서 위험을 다루는 정부 기관의 행정적인 규제를 통해 일부 통제할 수 있지만, 환경적 위험에 대한 개인의 직접적인 통제는 매우 어렵다.

위험 인지 연구에서 '위험 인지'의 의미는 위험에 대한 직관적인 판단과 태도를 서술하는 데 활용된다(Slovic 1992). 광의로 위험 인지는 때로 위험에 대한 반응, 즉 위험에 완화적인 모습을 하거나 또는 위험을 수용하는 것과 더불어, 일반적인 평가 그 이상의 것까지 포함한다.

본 논문에서 위험 인지는 지각된 위험의 인지적인 결정이라고 정의한다. 단, 사회적·문화적 측면에서의 위험은 고려하지 않았다. 본 논문은 위험 인지 연구의 역사적 흐름을 간략하게 제시하고, 위험 인지 연구의 현황을 요약하는 데 초점을 두었다. 이에 토대하여 이론적이고 실용적인 차원에서 위험 인지의 이해를 도울 수 있는 심리학적인 연구 결과를 논의의 대상으로 삼았다.[47] 여기에는 위험 인지에 대한 태도와 위험 이슈의 프레이밍, 문제 해결을 위한 소위 추단[이하 휴리스틱(heuristic)이라 칭함][48]과 편견, 위험에 대한 지식과 신념의 역할에 논의를 제한하였다.

끝으로 의사 결정과 위험 정책에 보다 효율적으로 적용할 수 있는 위험 인지 연구를 어떻게 끌어낼 수 있는지에 대한 방향을 기술하였다.

2. 위험 인지 연구의 기원과 발달 과정

위험 인지에 대한 연구는 1960년대 초반 처음으로 시작되었다(Bauer 1960; Slovic 1962). 이후 1960년대 중반부터 슬로비치, 피시호프 그리고 리히텐슈타인을 중심으로 위험 인지에 대한 본격적인 연구가 시작되었다(Fischhoff, Slovic, Lichtenstein, Read & Combs 1978; Slovic, Fischhoff & Lichtenstein, 1977; 1980). 이들의 연구는 다음의 두 가지 문제 영역에서 동기부여를 받았다.

첫째, 홍수와 같은 자연재해에 대한 비이성적인 판단이며, 둘째, 현대 기술의 수용과 위험에 관한 공적인 논쟁이다. 여기서 제시되고 발견된 공통점은 사람들이 위험에 대해 이성적이지 못한 반응을 보인다는 것이다. 홍수와 같은 자연재해의 위협에 관해서 많은 사람이 '잘못된' 이해를 했으며, 통계적 결과를 과소평가하거나 심지어는 위험 자체를 부인하는 오류까지 범했다(Slovic, Kunreuther & White 1974). '제한적인 합리성'의 개념을 내세운 사이먼(Simon 1955) 그리고 '휴리스틱과 편견'에 대해 연구한 트베르스키와 카너먼(Tversky & Kahneman 1974), 슬로비치와 그의 동료들은 이러한 위험 인지 오류를 인간의 인지적 한계의 결과라고 분석했다(Slovic, Fischhoff & Lichtenstein 1977). 이러한 인지적 한계는 현대 기술, 특히 원자력과 같은 기술에 대한 반대와 저항 행위로 이어졌다. 과학적 위험 평가에 따르면 최소한 원자력에 관련된 위험은 다른 스포츠 활동이나 일상생활에서 발생할 수 있는 위험과 비교해 안전하지만, 사람들의 인지적 한계는 이 원자력을 더 위험한 것으로 인지토록 하였다. 인지적 한계를 통해 학술적으로 위험 인지에 대한 오류를 바로잡을 중요한 관점이 제기되었다. 슬로비치와 그의 동료들은 스타르(Starr 1969)의 연구 방법을 반박하면서 위험 인지에 대한 새로운 접근 방법론을 제시하였다. 이 방법론은 '심리 측정 패러다임'이며 지금도 매우 자주 위험 인지 연구에 활용되고 있다. 스타르는 논문에서 기술을 포함하여 행위에 대한 공적인 수용은 위험원에 대한 노출의 자발성, 그 노출로 인한 이익과 노출된 사람의 수와 매우 밀접히 연결되어 있다고 주장하였다. 스타르는 자신의 주장을 사망률이나 경제적인 통계 수치에서 나타나는 것처럼, 사람들이 실제적으로 더 나은 것을 받아들이려 하는 '잘 드러난 선호적 특성(revealed preference)'에 기초하여 전개하였다.

슬로비치와 동료들은 스타르의 이런 접근 방법을 이론적·방법론적인 몇 가지 측면에서 비판하면서, 직접 사람들에게 위험 인지를 묻는 질문지 방식을 사용한 '표현된 선호적 특성(expressed preference)'을 제시하였다(Fischhoff et al. 1978). 먼저 설문에 응답한 사람들에게 위험 인지에 대한 질문을 직접했으며, 내용에 있어서도 원자력이나 살충제, 자전거, 일광욕과 같은 광의적인 위험 행동들까지 포괄적으로 평가했다. 이를 바탕으로 위험에 대한 공포나 지식, 통제 능력과 같은 위험 인지의 판단이 다른 위험 특성에 영향을 미친다는 가설을 세웠다.

　개인적인 특성과 위험 요소의 평균값을 바탕으로 한 이들 변인 간을 다변량 분석의 방법으로 분석한 결과, 이들 위험 특성 간에는 높은 상관관계를 보였다. 또한 주요인 분석 방법을 활용한 결과 위험 판단에 매우 높은 영향을 준다고 설명되는 2~3개의 요인(분석에 활용된 위험 특성의 가짓수에 따라 다르겠지만)이 줄어들었다. 위험 특성을 대표하는 가장 중요한 첫 번째 요인은 위험에 대한 **공포**와 **잔혹함**이다. 바로 두려움, 통제의 결여, 비자발성과 미래 세대에 대한 걱정과 같은 것으로 '**두려운 위험**'을 말한다. 두 번째 요인은 위험에 대해 식별이 가능한지, 아닌지에 대한 지식으로 '**잘 알려지지 않은 미지의 위험**'을 말한다. '두려운 위험'은 인지된 위험과 높은 상관관계에 있으며, '잘 알려지지 않는 미지의 위험'은 위험 인지와 낮은 상관관계를 갖고 있다. 다양한 위험 행위를 분류하고, 그 모습을 작성하면서, 이 두 가지 요인에 들어 있는 물질 그리고 기술은 위험에 대한 '**인지적 지도**'를 제공하고, 이들 위해성에 대한 위험 인지를 예측하고 설명할 수 있는 위해성 분류계통도를 제공한다. 예를 들어 원자력이나 신경가스 혹은 합성 살충제(DDT)[49]와 같은 위험은 두려운 위험으로 인식돼 높게 나타나는 데 반해, 자전거 타기나 카페인은 낮게 나타나 위험하게 인지되지 않는다.

　위험 인지가 심리적 측정 방법에서 얻은 가장 중요한 메시지는 "대부분의 일반 사람들은 위험을 설명하는 콘셉트의 핵심 매개변수인 '피해 가능성'과 '피해 규모'를 결합한 그 이상으로 더 위험을 느낀다"는 것이다(Kaplan & Garrick, 1981). 이것은 위험 커뮤니케이션과 위험 관리를 연구하고 활용하는 데 매우 큰 영향을 미쳤다(National Research Council 1989; Kunreuther & Slovic 1996).

이러한 연구 성과에도 불구하고 몇몇의 연구는 '심리 측정 패러다임'의 이론적·방법론적 문제점을 여러 가지로 지적했다. 이러한 문제 제기는 위험 인지의 결정과 관련한 우리의 논의에 크게 기여한 다수의 여타 관점과 방법론이 함께하는 위험 인지 방법론을 개발시켰다. 위험 인지의 학문적 정립에 필요한 것을 좀더 체계적인 방법으로 정리하여 제시하면 다음과 같다.

3. 위험 인지의 학문적 현황

심리적 측정 방법은 위험 인지 연구에 매우 큰 영향을 미쳤다. 지난 수년간 슬로비치의 연구 결과는 중국(Jianguang 1993), 영국(Marris, Langford & O'Riorden 1996), 프랑스(Bastide et al. 1989), 독일(Schütz, Wiedemann & Gray 1995), 홍콩(Keown 1989), 헝가리(Englander et al. 1986), 일본(Kleinhesselink & Rosa 1991), 노르웨이(Teigen, Brun & Slovic 1988), 폴란드(Goszczynska, Tyszka & Slovic 1991), 스페인(Puy & Aragones 1994) 등 여러 나라에서 반복되어 활용되었다. 다수의 연구는 전

혀 다른 성격의 위험에 활용된 반면, 여타 연구는 교통사고(Slovic, MacGregor & Kraus 1987), 생필품(Neil, Slovic & Hakkinen 1993), 음식 (Sparks & Shepherd 1994), 의약품(Slovic et al. 1989; 1991), 자연재해(Brun 1992), 환경 위험(Karger & Wiedemann 1996), 기차 사고(Kraus & Slovic 1988) 등과 같은 종류의 위험 범주에 초점을 맞추었다. 또한 몇몇 연구는 아직은 생소한 특별한 분야에서 나타나는 위험 인지를 탐구하는 데 주력하였다(Benthin, Slovic & Severson 1993; Lehto, James & Foley 1994).

심리적 측정 방법은 무작위 인구 샘플과 다양한 크기의 샘플이 들어 있는 편의적 샘플을 사용했다는 것을 언급해야 한다. 또한 어떤 연구에서는 위험 특성과 측정 용어에서 차이를 보이기도 하였다. 특별히 지각된 위험은 때때로 '사회적 위험'이나 '일반적 위험'으로 조작되었고, 개인적인 위험에 초점을 맞춘 것은 '개인의 위험^{50}', '개인적 위험^{51}' 또는 단순하게 '위험'으로 조작되기도 하였다. 한 연구에서는 유사성과 일반성이 약화되는 반면에, 어떤 연구에서는 현저하게 드러나는 모습을 하였다. 일반적으로 다양한 위험 특성을 강조한 2~3개의 위험 차원은 '두려운 위험'과 같이 지각된 위험에 중요한 요소로 작용한다는 것을 드러내었다.

이와 같은 결과는 위험 연구에서 사용한 위험 특성에 따라 개인적인 위험 인지가 결정된다는 근거로 채택이 되었다. 하지만 유감스럽게도 이와 같은 결론은 다음의 두 가지 이유로 인해 정당성을 확보하지 못하고 있다. 첫째, 이와 같은 연구는 총량 데이터를 사용했는데, 이것은 한 주제에 대한 위해성과 위험 특성의 평균값을 의미하는 위험 비율이지, 분석 단위로서 개인적인 비율이 아니라는 것이다. 위험을 비교하기 위해서는 적절하지만, 여기서 분석에 사용된 변수의 소스는 위해성 간의 변량이지 개인 간 변량이 아니라는 것이다. 때문에 개인적인 위험 인식을 분석하는 데 필요한 다양한 위험 특성의 중요성을 논하기에는 그 정보가 매우 제한적이라는 것이다. 둘째로, 심리 측정 연구에서 주로 탐구된 위험 특성은 위험 판단과 관련하여 개인적 차원에서 어떻게 이용되는지를 밝혀 주지 못하였다(Wiedemann & Kresser 1997).

대다수의 연구는 위험 인지를 예측하고 설명하기 위하여 다양한 위험 특성의 중요성을 조사하였다. 이들 연구에서 사용된 다중 회귀 분석은 위험 인지의 표준과 다양한 위험 특성을 예측할 수 있게 하였다. 산출된 결과를 통해 통제력, 유사성, 자발성, 공포 같은 다양한 위험 특성은 위험 인지에 영향을 미친다는 것을 끌어낼 수 있었다. 하지만 일반적으로 몇 가지 위험 특성만 통계적으로 유의미하였는데, 적정 수준, 즉 10~50% 정도만 회귀 모델에서 유의미하였다. 다시 말해 가장 중요한 위험 특성은 위험의 가능성과 잔인함에 관련을 맺고 있다. 공포나 통제와 같은 특성은 모든 연구에서 통계적으로 유의미했지만 별로 중요하지 않은 것으로 나타났다(Gardner & Gould 1989; Harding & Eiser 1984; Schütz, Wiedemann & Gray 1995). 유감스럽게도, 이와 같은 연구가 함의하는 것을 아직까지 폭넓게 수용자에게는 적용시키지 못하고 있다.

통계적으로 볼 때 위험 특성이 위험 인지에 영향을 미칠 수 있는지에 대한 문제 외에 주요한 문제는 사람들이 이 같은 특성을 위험판단에 이용하는지 여부를 묻는 것이다. 이 부분은 지금까지 조금밖에 알려져 있지 않다. 여기서 흥미로운 점은 심리 측정 패러다임에서 이용한 이와 같은 위험 특성이 심리학적인 관점은 아니지만, 위험에 대한 관리와 처리 과정의 관점에서 실제로 도입되었다는 것이다(Lowrance 1976; Rowe 1977; Starr 1969). 나아가 인지된 위험과 관련하여 특별한 위험 특성의 중요성은 엄격한 실험 연구에 의해 지지되고 있다. 이 실험 연구는 각각의 위험 특성이 적어도 그 원칙에서 인지된 위험에 영향을 준다는 것을 제시하고 있다. 하지만 이 실험 연구의 증거는 여전히 미흡한 모습을 보인다. 위험 인지에 대한 심리 측정 연구 결과는 대부분 비실험적이며, 인과관계를 뒷받침하는 상호 관계적인 데이터를 충분히 제공하지 못하고 있다.

통제성, 친밀성 또는 공포와 같은 대부분의 위험 특성이 위험 인지에 중요하다는 관점이 타당함에도 불구하고, 기존의 심리학 이론을 활용하여 이용할 수 있는 이론적인 토대를 제시하려는 시도는 유감스럽게도 미약하였다. 하지만 몇몇 연구에서는 심리 측정학적인 위험 특성이 실제로 개인의 위험 인지에 영향을 줄 수 있다는 간접적인 실증적 증거를 제시하였다.

티츠카와 코츠친스카(Tyszka & Goszczynska 1993)는 언어적인 발화법 기술을 활용해 다양한 위험 판단 요소를 말에 근거하여 분석해 냈다. 사람들이 위험을 판단할 때 일반적이고 자연적인 위험의 약 70% 가량이 말을 통해 표현되었다. 표현된 말들은 일반적으로 심리 측정 위험 특성과 연관되었다. 또 다른 연구로는 부룬(Brun 1995)의 연구가 있는데, 그는 큰 재난에서 위험을 판단하는 원인을 측정하고자 했다. 위험의 잔혹함에 관련된 원인들은 자주 언급되었고, 그다음으로 통제와 자발성이 높게 언급되었다. 피해를 입을 가능성과 위험에 대한 지식은 여러 관점 가운데 제일 적게 언급되었다. 마지막으로 얼과 린들(Earle & Lindell 1984)의 연구를 들 수 있다. 이들은 다양한 집단의 사람들(원자력과 화학 엔지니어, 환경 단체 일원)에게 산업적 위험과 관련하여 자유롭게 응답하는 개방형 질문 방식을 사용하였다. 그들 집단 가운데에서는 '다음 세대에 대한 걱정'이라는 사항이 별다른 역할을 하지 못한다는 사실이 발견되었다.[52] 또한 유전자 조작 식품에 대한 직관적인 위험 판단을 강조하는 이유를 분석한 연구는 동일한 위험 판단을 강조하는 이유의 근거가 될 수 있는 고려 변수들이 있음을 제시하였다(Schütz, Wiedemann & Gray 1999). 일반적인 위험에 대해서도 서로 다른 응답을 하였다. 이러한 연구 결과를 바탕으로 보았을 때 대중은 실존하지 않거나 자신들이 잘 알지 못하는 위험에 대해서도 거침없이 의견을 표현하는 것을 알 수 있었다. 종합하여 보면 여전히 위험 특성이 위험을 판단하는 데 어떻게 영향을 주는지에 대해서는 더 많은 논의가 필요함을 알 수 있으며, 논쟁이 이루어져야 할 것이다.

이 문제에 대해서는 위험 특성이 위험 인지를 결정하는지, 반대로 위험 특성이 위험 인지에 의해 영향을 받는지는 확실치 않다. 다만 이와 관련된 다음의 두 가지 위험 특성은 매우 특별한 의미를 갖는다. 첫 번째 특성은 '공포'다. 공포는 위험 인지를 결정짓는 가장 중요한 요인이다. 그러나 심리학적 관점에서 볼 때 공포라는 한 가지 요소만으로 위험 인지를 결정짓기는 어렵다고 본다. 위험 인지를 측정하기 위해서는 보다 많은 요소들을 측정해야 한다. 그러므로 공포는 다양한 위험 특성 중의 하나로 보아야 한다. 그레고리와 멘델존(Gregory & Mendelsohn 1993)은 슬로비치(Slovic et al 1980)의 연구를 다시 분석하면서 이 개념을 지지하는 실증적인 결과를 얻어 냈다. 또한 이들의 연구에 따르면 공포와 위험 인지는 상호 간에 영향을 미친다고 한다. 다만 이 부분은 아직까지 면밀히 탐구되지 못하고 있는 것이다.

두 번째 특성은 '기술이나 행위 등이 가져오는 인지된 이익/혜택'이다. 인지된 이익/혜택은 위험 인지와 관련된 결정 인자로 다수의 연구에 기초하여 개념화되었다(Fischhoff et al. 1978; Harding & Eiser 1984). 어쨌든 이익/혜택 인지는 위험 인지에 영향을 받는다는 연구 결과가 제시되었다(Alhakami 1991; Alhakami & Slovic 1984).

4. 심리적 측정방법을 넘어서
: 위험 인지에 영향을 미치는 여타 요인들

4.1. 지식

대칭적인 관점에서, 지식이나 위험에 대한 신념은 실제로 위험 인식
에 결정적인 영향을 미친다. 이와 같은 것이 얼마나 정확한지는 모
르지만, 이것은 바로 사람들이 위험을 판단하는 기본적인 요소가 되
었다(Viek & Stallen 1981). 이렇게 지식이나 신념의 변화는 위험 인식
에 변화를 가져올 수 있다. 예를 들면, 몇몇의 연구들은 위험에 대
한 정보(예컨대, 전자파나 라돈)가 위험 인식을 높일 수 있다는 것을 보
여 주었다(MacGregor, Slovic & Morgan 1994; Morgan et al. 1985; Weinstein,
Sandman & Roberts 1990). 반면에 위험에 대한 지식이 동일한 위험 이
슈 전문가와 같은 일단의 사람들은 그들이 내린 위험 평가에 사람
들이 전혀 동의하지 않는다는 여러 가지 단서들을 제시하였다. 이것
은 바로 지식과 신념이 위험 인식에서 복합적으로 작용한다는 것을
정확히 보여 준다. 그래서 여기서 우리는 지식에 대한 여러 가지 관
점과 그리고 위험 인지에서 중요한 신념을 구분하였다. 바로 위험에
대한 사실적인 지식, 지식과 신념의 구조 그리고 판단적인 휴리스틱
을 서로 구분해야 한다는 것이다.

과학자들과 위험 관리자 그리고 정치인들은 일반인들이 갖고 있

는 과학이나 기술에 대한 짧은 지식을 위험과 관련하여 자주 비판한다(Graham 1996). 이와 같은 전문가와 일반인 사이의 지식 격차는 근거 없는 위험 인식을 가져오며, 걱정과 공포심을 불러일으킨다는 비난의 대상이 되고 있다. 가장 적절한 보기로 '핵 공포증'을 들 수 있다(Mitchell 1984 참조). 이와 같은 이유의 근거는 지식의 정도가 낮을수록 위험에 대한 인식이 커지는 현상과 같이 지식과 위험 인식 사이에는 단순하고도 반비례적인 성격이 보여짐을 가정할 수 있다. 그러나 실증적인 연구는 지식과 위험 인식 간의 복잡한 상관관계를 보여 주고 있다. 특히 원자력발전과 관련한 몇몇 연구에서는 상반된 관계가 제시되었고, 다른 여러 연구들에서는 그 관계를 제시하는 데 실패하였다.

첫 번째로 스췌베르그와 드로츠스췌베르그(Sjöberg & Drottz-Sjöberg 1991)는 방사선에 대한 지식과 원자력 위험 인식 간의 관계를 보기 위하여 스웨덴에 소재한 원자력발전소 종사자들을 대상으로 연구하였다. 연구 결과 실제로 그 차이는 미미하였으나 통계적인 수치에서는 지식과 위험 인식 간에 부적(否的) 상관관계(r=-0.165)가 유의미하게 도출되었다. 베어드(Baird 1986)는 지식과 위험 인식[53]에 대한 상관관계를 연구하였는데 동전을 제련하는 노동자한테 비소에서 나오는 물질을 노출시킨 후, 그 반응을 보고 결과를 측정하였다. 실제로 연구 결과는 미미하였으나 통계적으로는 유의미한 결과를 제시하였다. 이 연구 결과는 지식은 위험을 감수하고 수용하는 데 큰 역할을 하고 있음을 보여 주었다. 이것은 베어드, 얼과 체트코비치(Baird, Earle & Cvetkovich 1987)의 연구와 비슷하다. 보드와 오코너(Bord & O'connor 1990)의 경우는 가상적인 폐기물 처리 상황에 대한 시나리오를 작성하여 폐기물 처리에 대한 의사 결정과 이 과정에서 나타나는 위험 수용과 관련한 연구를 실시하였다. 위험 수용의 정도는 가상적인 폐기물 처리와 그 후의 상황에서 각각 측정을 하였으며, 위험 수용과 지식의 정도를 평가하였다. 두 차례에 걸쳐서 지식의 정도를 비교해 본 결과 통계적으로 유의미한 부적(否的)인 상관관계(폐기물 처리 전 r=-.33, r=-.29 그리고 폐기물 처리 후 r=-.48, r=-.48)를 보였다.

대부분의 연구들은 사실에 근거한 지식과 위험 인식 간에 부적(否的)인 상관관계가 있음을 보여 주었지만, 몇몇의 연구는 이와는 정반대의 결과를 끌어내기도 하였다. 예를 들면, 케네디와 프로배트와 도먼(Kennedy, Probart & Dorman 1991)은 플로리다에 거주하는 사람들을 대상으로 라돈에 대한 지식과 라돈의 위험성에 대한 우려 사이에 존재하는 상관관계를 연구하였다. 이 연구에서는 라돈에 대한 피해를 예방하기 위한 행동과 관련한 여러 변인을 함께 고려하였다. 연구자들은 통계학적으로 유의미한 결과를 밝혀냈는데, 라돈에 대한 지식이 높으면 높을수록 지식이 높지 않은 사람들에 비해서 그 위험에 대하여 더욱더 걱정하고 우려하는 모습을 나타냈다.

물론 몇몇 연구는 사실에 근거한 지식의 정도와 위험 인식 간의 상관관계를 밝혀내는 데 실패하였다. 예를 들면, 콜브리와 보우첸 (Colbry & Boutsen 1993)은 여대생을 대상으로 독성 증후군에 대한 지식의 정도와 위험 수용의 정도에 대한 상관관계를 연구하였다. 연구 결과 독성 증후군에 대한 지식의 정도와 위험 수용의 정도 사이에 특별한 관계성은 밝혀지지 않았다. 라돈의 위험성에 대한 연구를 하면서 위험 커뮤니케이션 연구와는 조금은 다른 방식을 응용했던 골딩과 크림스키와 프로우그(Golding, Krimsky & Plough 1992)는 거의 모든 사람이 라돈에 대한 지식을 갖고 있든 없든과 관계없이 라돈에 대한 위험 인식은 크게 달라지지 않았다는 특이한 연구 결과를 제시했다.

이제까지의 논의를 정리하면, 사실에 근거한 지식의 정도와 위험 수용 및 위험 인식 간에는 매우 다양한 관계가 나타나는 것을 알수 있다. 이는 아마도 연구마다 각기 다른 방법론을 적용하고, 지식과 위험의 정도를 측정하는 각기 다른 방법에서 비롯된 것이라 예상할 수 있다. 그렇지만 위험의 종류, 위험에 노출되었을 때의 상황 등에 따라 지식은 위험 인식에 각각 다르게 영향을 미친다는 사실을 미약하지만, 어느 정도 증명할 수 있는 것이다. 또한 사실에 근거한 지식의 정도와 위험 인식 간의 관계를 규명하는 것은 매우 복잡하며 어떠한 측면에서는 전혀 관계없는 연구 결과를 끌어내기도 하였다. 이와 같은 사례를 제시하는 매우 의미 있는 연구가 있는데, 기술에 대한 지식의 정도와 기술에 대한 일반적인 태도 간의 관계에 대한 페터스(Peters 1999)의 연구다.

4.2. 신념

최근에 위험 수용과 위험 커뮤니케이션의 분야를 연구하는 사람들은 위험 수용과 관련해서 개인의 신념이 어떠한 영향을 미치는지에 대하여 큰 관심을 두고 있다. 특히 사람들이 외부의 새로운 정보와 개인의 신념을 어떻게 구조화시켜서 위험을 인식하는지와 관련해서 정신심리적인 멘탈 모델(이후 멘탈 모델)을 이용한 연구가 이루어지고 있다[54]. 약물(Wiedemann, Kresser 1997), 전자파(Wiedemann, Bobis-Seidenschwanz & Schütz 1994), 기후변화(Bostrom, Morgan, Fischhoff & Read 1994; Read at al. 1994), 환경 위험(Karger & Wiedemann 1996), 우주에서의 핵에너지 이용(Maharik & Fischhoff 1992) 또는 라돈(Atman et al. 1994; Bostrom, Atman, Fischhoff & Morgan 1994)에 대한 연구들을 이에 대한 보기로 들 수 있다. 멘탈 모델은 '현실을 작은 척도로 측정하는 모델'이라고 설명할 수 있으며(Johnson-Laird 1983, 3), 그 상관관계와 영향을 다이어그램의 형태로 도식화하여 설명한다. 라돈 오염과 이에 따른 폐암의 위험과 같은 라돈 위험에 대한 멘탈 모델은 다수의 접점을 포함하고 그리고 그들 간에 가정된 인과관계에 따라 그 접점을 연결시키도록 하였다.

몇 가지 연구는 일반 사람과는 구분되는 위험 행위자에 대한 멘탈 모델과 전문가의 모델을 구분하여 대비하였다. 놀랄 것 없이 이와 같은 연구는 일반인들의 위험 이슈에 대한 일반인의 모델 속에서 몇 가지 잘못된 콘셉트를 발견할 수 있게 하였다. 예를 들어, 라돈에 대한 연구에서는 이 라돈 주제가 폐암을 유발하며, 건강과 관련해서 여러 문제들을 야기시키며 아직 나타나지 않은 증상들에 대한 우려를 갖도록 한다는 사실을 발견하였다. 또한 이를 개선하기 위한 방법을 찾도록 만든다는 것도 밝혀냈다. 그러나 라돈과 라돈이 포함된 물질은 상대적으로 짧게 존재한다는 것을 아는 사람은 적었다. 오히려 몇 사람은 라돈을 비롯한 관련 물질을 모두 치워버리는 데 열중하였다(Atman et al. 1994: p. 782).

다른 방법론을 이용하여 크라우스, 맘포스와 슬로비치(Kraus, Malmfors & Slovic 1992)는 일반인의 '직관적인 독성학 인식'과 화학적 위험 및 독성학자에 대한 일반인의 관점을 비교하였다. 이에 대한 연구는 피실험자에게 화학적 위험에 관련된 진술문을 제시하고 이에 대한 동의 정도를 측정하는 형태와 방법으로 진행되었다. 또한 일반인과 전문가 개인이 각각 가지고 있는 신념에 대한 차이가 유의미한 결과로 입증되기도 하였다. 예를 들어, 일반인은 독성학자에 비하여 화학적 위험에 크게 예민한 모습이 아니었다. 일반인은 또한 전문가에 비해서 인공적인 화학물질이 자연적으로 생산된 화학물질보다 더 위험한 것으로 인식하는 경향이 있음을 밝혀냈다. 흥미롭게도 일반인과 전문가 사이에 개개인이 가지고 있는 확신에서는 큰 차이가 없었다.

무엇보다 명백한 사실은 제시한 연구 사례들 모두에서 멘탈 모델을 적용한 연구가 지식이나 신념이 위험 수용에 미치는 영향과 관련해서 훨씬 더 설득력이 있다는 것을 보여 주었다는 점이다. 멘탈 모델은 비단 지식이나 신념이 위험 수용에 미치는 영향에 대한 세세한 부분까지는 설명해 주지 못하지만 이러한 요소들이 영향을 주고받는 상호관계가 있다는 것에 대해 충분한 설득력을 제공하고 있다. 그것이 바로 개인이 위험 행위자에 대하여 갖는 위험 인식에 대한 인과관계 모델(causal model)이다. 이 모델은 왜 거의 모든 다수의 사람은 위험이라고 인지하고 있지 않는데도 몇몇의 사람들이 특정한 사건에 대하여 위험으로 인지하는지를 설명하고 있다. 예를 들어, 전자파 노출에 대한 위험 인식은 가장 대표적인 것이다. 모든 위험의 판단이 인과관계로 이루어지는 것은 아니며, 가치판단이 오히려 더 중요하다는 것을 논해야 할 것이다.

4.3. 판단의 휴리스틱과 편향

대부분 위험 판단이 불완전한 지식의 상태에서 이루어지는 것은 아니지만, 사람들은 이러한 문제를 처리하는데 '휴리스틱'에 의존해야 한다. 불확실한 환경에서 이루어지는 판단과 관련해서 휴리스틱의 역할은 판단과 의사 결정 연구에 있어서 중요한 주제가 되었다

(Kahneman, Slovic & Tversky 1982). 카너먼과 트베르스키는 사람들이 확률 평가에서 인지 과정이 요구하는 작업을 단순화하기 위해 휴리스틱을 이용한다고 제시했다. 세 가지 휴리스틱이 특별한 주목을 받았다. 바로 1) **가능성**[55](사람들은 사건의 예시를 떠올릴 가능성 혹은 발생 빈도를 측정한다), 2) **대표성**(예시로 생각하는 사건의 종류는 유사한지에 따라서 사건의 개연성 혹은 가능성을 측정한다) 그리고 3) **고정과 조정**(첫 단계에서, 초기 고정값을 현재 상황에 따라서 조정한다)이다. 휴리스틱은 종종 일상생활 속에서 매우 효과적이고, 특정한 조건하에서는 편향된 평가를 이끈다. 예컨대, 휴리스틱에서 가능성은 사람들이 기본적인 발생 확률에 관한 중요한 정보를 무시하게 만들 수 있다(Tversky & Kahneman 1973)는 것이다.

이들 휴리스틱은 인지된 위험을 설명하는 것과 분명히 관련이 있고, 이론적 관점에서 볼 때, 가능성 있는 판단들은 위험 판단에서 절대적으로 필요한 부분이다. 따라서 이미 앞에서 언급했던 것처럼, 휴리스틱 가능성은 위험 인지 연구의 시작에 지대한 영향을 주었다. 예컨대, 일반인이 다양한 원인으로 매년 사망한 사람의 숫자를 주관적으로 빈도 측정한 것과 각각의 통계적 수치를 비교한 연구에서, 리히텐슈타인과 동료들(Lichtenstein et al. 1978)은 사람들이 흔치 않은 사망 원인을 과소평가하고, 빈번한 사망 원인을 과대평가하는 것을 발견했다. 저자들은 이것이 휴리스틱에서 가능성의 이용 때문이라고 추측했다. 왜냐하면 과대평가된 아이템들은 극적이고 세상을 깜

짝 놀라게 하는 반면 과소평가된 원인들은 평범한 사건이 되기 쉽고, 오직 한 번에 피해자 한 명만 언급하며, 치명적이지 않은 유형에서 흔하기 때문이다(Slovic, Fischhoff & Lichtenstein 1980: pp. 183 - 184). 휴리스틱에서 가능성은 경험과 밀접히 연관된다. 하지만 대부분 환경적인 위험에서 주된 위험 정보원은 직접적이거나 개인적인 경험이 아니라, 오히려 매스미디어 보도에 근거한 간접적인 경험이다. 이는 극적이지만 빈번하지 않은 사망 원인에 편향되는 경향을 이끌어 내며, 일상적이지만 빈번한 사망 원인을 무시하는 경향을 갖게 한다(Combs & Slovic 1979).

몇 가지 다른 연구들은 위험 인지에서 가능성의 중요성을 살펴보았고, 몇몇 학자들은 또한 가능성의 영향력을 전달하는 조건을 조사했다. 예컨대 스타펠, 라이허와 스피어스(Stapel, Reicher & Spears 1994)는 정보의 가능성이 개인 정보와 관련 있는 기능이 될 수 있다고 추측했다. 즉, 그 자체에 관련된 정보는 부호화하고, 그 후에 일어난 위험 판단에 더욱 강한 영향을 미친다는 것이다. 실험 연구에서 연구자들은 (가정된 사고에 관한) 개인의 위험 판단이라는 사회 정체성과 유사하거나 혹은 유사하지 않은 생각을 가진 피해자들과 (가정된 사고의 피해자에 관한) 정보의 관련성을 조작했다. 그들의 결과물은 다음과 같이 제시한 가설을 지지하였다. 이 가설은 관련된 정보를 바탕으로 한 개인의 위험 판단은 무관한 정보를 이용한 개인들보다 상당히 더 높게 위험을 평가할 것이라는 것이었다.

휴리스틱에서 가능성에 관한 대다수의 연구들은 사건에 대한 인지적 접근을 용이하게 하는 데 초점을 맞춘 반면, 또한 가능성을 더욱 낮게 평가할 수 있는 사건의 예측에는 어려움이 있다. 셔먼과 동료들(Sherman et al. 1985)은 사건을 예측하지 않고 가능성을 평가했던 통제 집단 그리고 예측하기 쉬운 사건을 요구받은 또 다른 집단과 비교했을 때, 피실험 집단이 예측하기 어려운 사건에 가능성을 낮게 평가한다는 것을 발견했다. 후자 그룹이 가능성을 가장 높이 예측했다. 또 다른 연구에서 그리닝, 돌링거와 피츠(Greening, Dollinger & Pitz 1996)는 개인의 경험이 가능한 사례 혹은 카너먼과 트베르스키(Kahneman & Tversky 1982)가 제안했던 다른 휴리스틱인 정신적 자극이 위험 인지를 높이는지를 조사하였다.

위에서 언급한 대로, 휴리스틱 이용은 편향적인 판단을 만들어 낼 수 있다고 종종 비판되었다. 그러나 최근에 휴리스틱의 이용이 어떠한 조건하에서 판단의 편향을 끌어내는지는 찬반 논쟁을 불러일으키는 대상이 되었다(Cosmides & Tooby 1996; Gigerenzer 1996; Kahneman & Tverskey 1996).

4.4. 위험 이슈의 프레이밍

가장 실제적인 상관성의 문제는 위험 판단과 프레이밍, 즉 위험 이슈를 제시하고 나타내는 변수를 결정하는 것에 대한 민감성이다. 트베르스키와 카너먼(Tversky & Kahneman 1981)은 위험 관련 의사 결정의 문제는 그것이 '이익' 또는 '손실'인지에 따라서 '안전'한지 그리고 '위험'한지를 선택하는 결정의 선호도가 다르게 나타난다는 것을 제시하여 주었다. '이익' 프레이밍에서 피실험 대상은 항상 위험 회피 경향을 보이면서, 안전한 것을 선택한다. '손실' 프레이밍에서 사람들은 일반적으로 위험한 선택을 추구하는 경향을 나타낸다. 트베르스키와 카너먼은 이 효과를 이익과 손실에 따라 다른 가치 함수를 제시하는 전망이론을 제시하면서 설명하였다(Kahneman & Tversky 1979). 이것은 두 개의 영역에서 형태적으로 동일한 선택에 대해 다른 선호도를 끌어낸다는 것이다. 프레이밍 효과는 조작된 응용 환경을 포함하여 여러 가지 다양한 맥락에서 수많은 연구에 활용되었다. 예컨대, 맥닐과 동료(McNeil et al. 1982)는 일반인뿐만 아니라 전문가도 이러한 프레이밍 효과의 영향을 받는다는 것을 확인했다. 하지만 그 결과는 일관적이지 않고, 왜 그리고 어떠한 조건하에 이 프레이밍 효과가 나타나는지를 여전히 명확하게 밝혀 주지 못하고 있다(Kühberger 1995; Li & Adams 1995; Rothman & Salovey 1997).

판스히와 판데르 플리그트(Van Schie & van der Pligt 1995)는 프레이밍에 관한 많은 연구에서 관찰됐던 상반된 선호는 선택한 결과물의 확실한 측면을 강조하는 결과에 내재된 특징에 적어도 부분적으로 기인할 수 있다는 것을 제시하였다. 다른 연구에서도 특정한 위험 문제에 초점을 두는 것은 위험 평가에 영향을 미친다는 것을 확인했다. 예컨대 퍼거슨과 발렌티(Ferguson & Valenti 1991)는 위험의 대상자로 어린아이들을 상정한 후에 이들이 오염된 물에 노출됐다는 위험 메시지를 받은 수용자들이 위험의 대상자만을 성인으로 바꾸어서 동일한 메시지를 받은 수용자들보다 한층 더 높은 차원의 관심을 보였다는 것을 발견했다.

사람들이 안전벨트의 착용을 기피하는 태도에 관한 연구에서, 슬로비치, 피시호프와 리히텐슈타인(Slovic, Fischhoff & Lichtenstein 1978)은 단 한 번만 운전할 때 발생할 교통사고 가능성은 매우 낮기 때문에 사람들이 이 조건에서는 안전벨트의 착용을 거부할 것이라고 주장했다. 이 환경에서는 교통사고 발생 가능성은 350만 운전자 가운데 1명이 교통사고에서 치명상을 입고, 10만 운전자 가운데 1명이 교통사고로 불구가 될 수 있다. 그러나 평생 동안 운전을 하여 누적되는 가능성을 고려한다면 교통사고 가능성은 더욱 높아진다. 바로 교통사고로 100명 가운데 1명이 치명상을 입고, 3명 가운데 1명이 불구가 될 수 있기 때문이다. 이 연구에서 연구자는 한 대학생 집단에게 단 한 번 운전 시에 발생할 교통사고 가능성을 제시한 반면, 다른 대학생 집단에는 평생 동안 운전하여 발생할 교통사고의 가능성을 제시했다. 첫 번째 집단에서는 집단의 10%가 앞으로 안전벨트를 착용할 것이라고 표명했지만, 두 번째 집단은 약 40%가 안전벨트를 착용할 것이라고 응답했다.

또 다른 유형의 프레이밍에서 위험 이슈는 위해(hazard)[56]를 전할 때 문맥의 감정적 맥락과 관련 있다는 것을 제시했다. 예를 들면 위험에 관한 정보를 감정이 배제된 중립적 태도로 전했는지 또는 감정이 개입된 태도로 전했는지에 관한 것이다. 샌드먼과 동료들 (Sandman et al. 1993)의 세 가지 실험 연구에서 화학적 위해에 관한 중립적인 입장의 뉴스와 매우 격분한 입장의 뉴스 형태로 두 가지 가상의 뉴스 기사를 제시했다. 감정을 배제한 중립적 태도로 작성된 가상의 뉴스 기사에서는 정부 기관장을 위험에 관한 정보를 함께 공유하고 이를 보충하는 태도로 지역민들에게 위험을 전달하는 모습으로 보도했다. 격분한 감정을 삽입한 뉴스 기사에서는 정부 기관장을 오만하고 정보를 공유하지 않으려 하는 모습으로 묘사했다. 위험에 관한 정보는 두 가지 실험 조건에서 모두 동일했다. 격분한 감정을 삽입한 뉴스 기사에 노출된 피실험 집단은 모두 중립적인 뉴스 기사에 노출된 피실험 집단보다 더욱 위험을 높게 평가했다. 하지만 세 가지 실험 가운데 두 개의 실험만이 통계적으로 유의미했다. 분노, 두려움, 무력감과 같은 일련의 감정적 반응의 목록을 통해 서술한 주제를 피실험 집단인 지역민이 어떻게 느끼는지 질문했다. 동시에 프레이밍이 감정에 미치는 영향력에 대한 조작적인 검증과 관련해서 두 개의 유의미한 실험에서 격분한 감정을 드러낸 뉴스 기사에 노출된 피실험 집단은 더욱 강한 감정적 반응을 나타냈다. 반면에 통계적으로 무의미한 실험은 오직 두 가지 다른 조건에서 수행된 실험에서 발견한 감정적 반응보다 약한 감정적 반응 차이가 발견되었다.

샌드먼과 동료들(Sandman et al. 1993)의 연구에서 나온 또 다른 결과는 언급할 가치가 있다. 세 번째 실험에서 연구자는 위해의 실제 심각성과 수많은 독극물 연구가 제시한 결과 그리고 유출경로에 관한 기술적인 세부 사항을 변경했다. 이 두 가지 조작적 행위는 인지된 위험에 영향을 미치지 않았다. 총체적으로 이 같은 연구 결과는 위험 이슈에 관한 감정적인 문맥이 위험의 실제 심각성 또는 위해에 관해 제시된 상당한 양의 기술정보보다 인지된 위험에 더욱 많은 영향을 미친다는 것을 제시하였다. 이처럼 위험 연구에서 프레이밍 연구는 새로운 시각을 제시하였다.

4.5. 태도

수많은 태도이론은 사람들이 태도의 일관성을 유지하기 위해 노력한다고 가정한다. 페스팅거(Festinger 1957)와 하이더(Heider 1958)의 태도의 일관성에 관한 비판적 논의는 이러한 주장을 세상에 드러내도록 하였다. 사람들의 태도 유지는 연계적이고, 이것은 위험 인지에 영향을 미칠 것이라는 결과를 끌어내도록 한다. 그럼에도 이 태도라는 주제는 위험 인지 연구에서 관심을 적게 받았다.

태도를 주제로 한 소수의 연구 가운데 하나인 보커딩, 로만과 에펠(Borcherding, Rohrmann & Eppel 1986)의 연구는 위험 인지의 잠재적인 결정 요소로 환경에 관한 태도를 담고 있다. 연구자들은 독일 학생과 직원들의 위험 인지와 위험 인식을 결정하는 요소를 조사하기 위해 구조방정식 모형을 사용했다. 이 연구에서 사용된 구조방정식 모형은 편익, 위험 수용, 생태학적(환경보호, 기술 발전과 물질주의의 가치) 태도처럼 수많은 다른 측면들을 포함시켰다. 이번 분석에서 생태학적 태도가 건강에 미치는 영향, 사망 가능성 같은 두 가지 다른 결정 요소보다 위험 인지에 더욱 강한 영향을 미치는 것으로 나타났다. 즉, 생태학적 태도가 더욱 강할수록 위험 인지가 더욱 높았다. 같은 이론적 모델과 방법론을 사용하면서 로만(Rohrmann 1994)는 호주 지역 표본 집단에서 위험 인지와 생태학적 태도와의 상관성을 확인했다. 그러나 이 연구에서 건강 영향은 생태학적 태도와 사망 가능성이 따라오면서 위험 인지에 가장 강력한 영향력을 미치는 것으로 나타났다. 하지만 이 두 연구에서 설명된 모델의 적합성은 겨우 적정한 수준이었다는 문제점이 있다.

원자력의 수용과 위험 인지에 관한 태도를 측정하는 연구에서 스췌베르그(Sjöberg 1995)는 개인과 그 지역 주민들의 원자력에 관한 긍정적 태도가 낮은 위험 인지뿐만 아니라 일반적인 위험과 관련이 있다는 것을 발견했다. 베어드(Baird 1986)는 또한 환경 친화적인 태도가 구리 제련소의 비소 배출량과 관련하여 위험 허용 수준을 매우 높게 강화시켰다는 결과를 끌어냈다.

친환경적이거나 혹은 기술 반대론적인 태도와 위험 인지 간에 지속적인 긍정적 관계가 있지만, 모든 연구에서는 이러한 관계는 단지 적정한 관계라고 설명했다. 분명히 일반적인 태도는 위험 판단에 영향을 미치고 있지만 위험 인지에서 지배적인 역할을 하지는 못하고 있다는 것이다.

5. 현재의 연구 방향과 문제점

지난 20년 동안 위험 인지에 관해 많은 사실이 제시되었다. 그렇지만 핵심적인 문제 몇 가지가 여전히 불확실하고, 어떤 점에서는 예전보다 오히려 명확하지 못한 혼돈스러운 모습을 나타나게 한다. 약간의 패러다임 이동이 진행 중에 있지만 말이다. 특히 태도 또는 신념과 같은 요인의 역할 그리고 다른 인지 활동과 행위에서 위험 인지의 역할은 여러 영역에서 그 결과가 복합적이고 다소 모순된 모습을 한다. 어느 정도 범위에서 이것은 방법론적으로 문제가 있는 것 같다. 그러나 이와 같은 문제의 또 다른 원인은 '위험(risk)' 또는 '위험들(risks)'이 매우 이질적인 카테고리라는 것이며 때로는 이 점이 간과되었다는 것에 있다. 위험 원인이 다양해졌으며, 어떤 제시된 위험이 서로 다른 시간과 장소에서 다른 개인들과 다르게 관계를 맺는다.

　일반적으로 위험은 '화학 공장'을 의미할 수 있고 또는 '방금 발생한 화학약품으로 인한 비상사태'를 의미하기도 한다. 더욱 일반적으로 위험은 언어학적으로 **'잠재적인 위험'** 또는 **'발생 가능성'** 또는 두 가지가 **'결합된 것'**을 의미한다. 이것에는 매우 다른 분석적 차이가 있으며 평가 범위 또한 다르다. 심리학적 연구는 사용된 용어가 유사하지 않더라도 실험 상황 또는 설문 조사 환경을 신중하게 측정할 수 있어서 그 의미가 더 중요해지고 있다. 위험 인지 연구의 과제는 같은 시대에 새로운 접근법과 이론을 시도하면서 다양한 연구 자체와 이에 따른 다양한 연구 결과 간의 차이를 발견하고 이해하는 데 있다. 연구자들이 위험 관리와 커뮤니케이션의 문제를 발견하고, 이것을 설명하기 위하여 위험 인지 결과를 원용하여 적용하는 것은 매우 중요하다. 따라서 우리는 이론을 더욱 발전시킬 필요가 있다는 점에서 모두 일치된 의견을 내놓고 있다.

위험 인지 연구에서 여러 가지 설명에 필요한 방법과 지식에서 나타나는 격차를 줄이는 것은 더욱 발전되고 적절한 지식을 추구하는 데 분명히 큰 도움을 줄 것이다. 하지만 연구자들은 위험 연구를 **'구조적인'** 방향에서 벗어나 **'과정'**에 중점을 두도록 변화시켜야 할 것이다. 예전의 연구에서는 인지된 위험과 이것을 결정하는 결정 요인 간의 구조적 관계를 탐구한 반면, 과정의 관점은 위험 판단을 내릴 때 사람들이 거쳐 가는 통로이며, 이에 존재하는 다양한 단계에만 주로 중점을 두어 연구를 하였다.

결론적으로 위험 인지에 접목된 사회적 역학을 고려하는 것이

앞으로 유용할 것이라 생각한다. 이제 위험 연구는 이슈 프레이밍 또는 신뢰와 신용(Renn & Levine 1991)과 같은 측면을 포함하며, 위험의 사회증폭이론(Kasperson et al. 1988) 그리고 위험에 대한 '라이프스타일 이슈 접근법'(Coates et al. 1986; Chase 1984)을 원용하여 그 폭을 넓힐 것을 요구한다. 이러한 접근 방법과 여타 다른 측면은 위험의 의미를 사회적 구성이라는 차원에서 보도록 한다. 그래서 위험이 어떻게 사회적으로 구성되며, 이것이 개인의 위험 인지에 어떻게 작용하는지에 대한 연구는 시대정신적인 가치를 갖게 한다.

5장

개인적인 위험 인식의 특징

모든 개체들이 어울려 전체를 이루고,
하나가 다른 하나에 작용하면서 살아가고 있구나!

괴테의 『파우스트』(450)에서

---

1. 인간의 직관과 위험

왜 그렇게도 많은 사람이 방사능 오염의 위험성에 대해 걱정을 하고 있으며, 방사능 폐기물을 자신들의 지역에 저장하는 것을 반대하는가? 이에 반해, 왜 개인이 사는 집에서는 땅에서 올라오는 라돈 가스를 검사하는 사람은 많지 않으며, 라돈의 위험성에 관해서는 큰 관심을 보이지 않는 것일까? 많은 사람이 자연적인 방사능에 노출되는 것보다 합성된 방사능에 의한 사망률이 높다고 생각한다. 이러한 걱정이나 공포 그리고 행위의 차이는 우리를 당혹스럽게 만든다.

이 같은 환경에 대한 공포 현상은 대한민국에서 최근에 더욱더 현저해지고 있다.[57]

유사한 보기를 들 수 있다. 에이즈 바이러스에 의한 감염의 위험은 많은 사람을 불안에 떨게 하고 이와 관련된 주제가 대중의 광범위한 주목을 끌고 있다. 반면 직간접적인 흡연을 통한 폐암의 발병에 대해서 걱정하는 사람들은 많지 않으며, 일상생활에서도 이러한 주제는 별다른 관심을 받지 못하고 있다. 공공장소에서의 흡연을 금지하는 규제가 시행되는 가운데 적지 않은 비용이 미디어를 통한 에이즈 예방 캠페인에 지불되고 있다. 최근의 자료에 따르면 유럽과 미국에서 많은 사람이 에이즈보다는 폐암으로 사망하였다. 음식물에 남아 있는 잔여 유독물에 노출되는 위험에 대한 대중적인 관심사가 증가하고 있긴 하지만, 과도한 다이어트에 따른 위험에 대해서는 상대적으로 별다른 주의를 기울이지 않고 있다. 이미 음식물에 남아 있는 잔여 유독물보다는 잘못된 다이어트로 인한 사망자가 더 많다는 것은 데이터가 증명하고 있다. 최근에는 성형수술로 인한 사망자의 수가 날로 증가하고 있다.[58]

이제 이러한 상반된 사실을 일반화시켜도 무방할 것이다. 매년 위해적인 행위에 따른 사망자의 수와 그와 관련된 대중의 관심 크기를 비교해 보면, 객관적 통계와 주관적 관심의 두 체계가 어떻게 다른지 확연하게 나타내 줄 것이다. 이러한 차이는 위험에 대한 사람들의 (직관적인) 평가가 확률이나 위험이 일으킨 질병의 실체 혹은

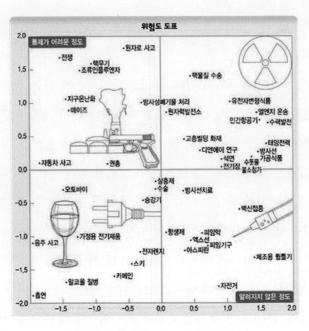

위험 인식의 차이를 보여 주는 위험도 도표

출처: 한겨레(07.07.10)

사망자의 수에 의해서 결정되지 않는다는 것을 나타낸다. 미국의 과학 커뮤니케이션 학자 피터 샌드먼(Peter Sandman)은 다음과 같이 말하였다. "당신을 죽일 수 있는 위험이 반드시 당신을 화나게 하거나 놀라게 하는 위험인 건 아니다."[59]

이것은 사람들이 개인 스스로 취한 행동이 초래한 위험의 결과는 전혀 문제 삼지 않는다는 것을 의미한다. 어떤 사람들은 절벽을 오르기도 하고, 자신의 돈을 주식에 투자하기도 하며, 줄담배를 피우는 등의 행동을 한다. 우리는 그들에게 그러한 행동들에 대해 경고하거나, 그것에 내포된 위험에 대해 알려 줄 수는 있지만, 그들의 행동을 저지하는 행동은 취하지 못한다. 일반적으로 위험 평가가 논쟁을 일으키는 것은 위험 행위가 여타 사람들에게 영향을 주게 될 때이다.

그러한 논쟁들은 '위험(risk)'의 개념이 다층적이며, 사회정책적인 논의의 대상이 되고 있음을 의미한다. 위험에 대한 수많은 기술적 정의가 있지만, 보험이나 경제 활동 분야에서 위험은 매우 특정한 상황에서만 사용될 수 있다. 이러한 정의는 오늘날의 위험 논쟁에서는 적용될 수 없다. 어째서 위험은 다음과 같이 표현되어야 하는가. 이것은 지난 20년간 수많은 연구의 주제가 되었던 개인의 위험 평가의 심리적인 특징들과 관계가 있다.[60] 개인의 위험 인식은 결국 우리의 인지적 및 동기를 부여하는 개인의 질적 차원 그리고 우리의 사회·정치·문화적 환경을 작동시키는 사회의 질적인 차원이라는 두 차원과 밀접히 연결되어 있다는 사실이 밝혀졌다.[61]

2. 직관적인 위험 개념의 관점

2.1. 확률과 피해

경제와 기술 분야에서 발달되어 왔으며 현재에도 적용되고 있는 전통적인 위험의 개념에서 논의를 시작해 보자. 이러한 개념에서는 위험을 활동과 사건에서부터 발생할 수 있는 손실과 피해―종종 확률의 소산과 피해의 범위라고 정형화되는―라고 정의하고 있다. 이러한 위험의 개념은 오른쪽 그림에서처럼 의사 결정 트리로 묘사되고 있다. A 방법을 선택하는 것은 몇몇 사건들이 의사 결정자의 통제 범위 밖에 있는 이유로 인해, 어떠한 확률 P에 의해 어느 정도의 부정적인 결과, 즉 손실을 유발하게 된다(C-). 만약 직관적인 위험성 평가가 단지 확률과 피해의 범위에 의해서 결정되지 않을지라도 다음에서 논의할 수 있는 것처럼, 이 두 가지 요소들은 중요한 역할을 한다. 폭넓은 연구 덕분으로 이제 우리는 확률과 피해에 대한 직관적인 평가에 대한 많은 메커니즘을 이해할 수 있다.[62] 예를 들면, 확률 평가는 종종 사건의 '두드러진 특성(prominence)'에 의해 영향을 받으며, 피해의 평가는 전달되는 '맥락(context)'에 의해 영향을 받는다. 대체 이것은 무엇을 의미하는 것일까?

(1) 확률

불확실한 상황에서 일반인들은 확률을 평가함에 있어서 종종 '추단(推斷)' 전략이라고 알려진 기법을 적용한다. 추단이란 말은 어떤 일을 근거로 하여 다른 일을 미루어 판단하는 것을 의미한다. 그래서 이것은 연산적(演算的)인 방법에 반대되는 개념이며 반드시 정확한 결과를 끌어낼 필요가 없을 때에 흔히 사용되는 비체계적인 문

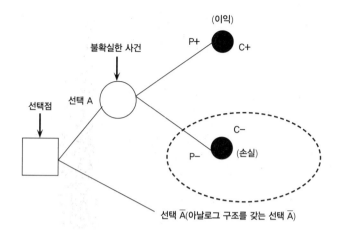

확률과 손실의 범주로 정형화된 기능으로서 위험

제 해결 기법으로 이해된다. 그 대신 이 기법은 문제를 단순화하여 접근하기 때문에 잘못된 결과를 도출하기도 한다. 추단하는 과정들은 흔히 '주먹구구식'이라 불린다. 예를 들어, 체스 게임을 할 때에 우리는 자신과 상대방의 말이 만들어 낼 수 있는 모든 움직임에 대해서 체계적인 계산을 하기보다는, 체스판 위의 말의 배치를 보고서 이전에 해 보았던 말의 배치와 비교해 나간다. 위험 평가에서 일부를 담당하는 추단적인 기법은 사건에 대한 인식의 '두드러진 특성'과 '유효성(적용 가능성)'에 대한 평가들을 연동시켜 준다. 일반인들은 확률적인 사건과 관련해서는 유사한 사건들을 상기하거나 상상해 내기 쉽다. 예를 들어, 항공기 사고가 발생한 뒤에는 그전보다 항공 사고의 위험성을 더 높게 평가할 수도 있다. 통계적으로 사고의 확률은 단일 사건에 의해서 거의 영향을 받지 않음에도 불구하고, 인식하는 기간에 발생한 특정한 사고는 분명히 사고의 확률에 구체적인 관심을 불러일으킬 것이며 이에 따라 주관적인 발생 확률을 증가시킬 것이다.

　이러한 '주먹구구식' 방법은 종종 적절하거나 성공적이기도 하다. 쉽게 판단을 내릴 수 있는 사건은 일반적으로 그렇지 않은 사건보다 빈번히 나타나지만, 인식상의 확률이 항공기 사고나 대규모의 사고처럼 미디어의 보도에 따라 증폭될 경우에는 이러한 추단적인 접근 방법은 오류를 이끌어 낼 수 있다. 여기서 미디어에 내재된 역효과가 논의되고, 동시에 인정될 수 있다. 이러한 발견이 함축하는 것은 위험에 대한 보도의 목적이 사건 사고의 발생 확률이 매우 낮다는 것을 지적하려는 것이었더라도 결과적으로 특정한 사건에 대한 확률이 두드러지게 증가하는 상황을 야기할 수도 있다는 것이다. 수술 시에 발생 가능한 모든 위험성에 대한 의사의 설명이나 유전공학 실험실에서 이루어지는 보안 예방 조치에 대한 보도는 그 목적과는 다르게, 무엇인가 잘못되어 간다는 위험에 대한 평가를 쉽게 증가시킬 수 있다. 또한 어떤 시스템과 사건에서 나타나는 위험에 대한 공개 토론은 본래의 의도와는 다르게 역효과를 불러일으킬 수 있다.

　이와 유사한 예는 환자를 수술할 때에 겪을 수도 있는 위험에 대한 의사의 설명이다. 예를 들어 독일과 미국에서 내린 판례와 법률적인 조치는 그러한 상황들에 대한 방침을 제공하는 틀을 구체화시키고 있다. 이것은 우리나라에서도 마찬가지로 이루어지고 있다. 주로 환자의 결정에 관한 자유를 보호하려는 관심사를 반영하고 있다. 환자에게 문제가 발생할 확률이 1000분의 1이나 0.5에 지나지 않더라도 그러한 사실을 미리 알 수 있도록 숙지시켜야 한다는 것이다.[63] 그렇지만 현재 환자가 이러한 확률을 인식했는지를 결정할 수 있는 기준은 전혀 마련되어 있지 않다.

(2) 피해

여러 연구 결과들은 일반인들이 피해의 범위, 예를 들어 위험한 활동의 결과로 인한 연간 사상자의 수와 비슷한 평가를 해내고 있음을 보인다. 비록 일반인들이 과대평가보다는 과소평가를 많이 하는 특징을 지니고는 있지만, 그들이 내린 추정치는 전문가들의 평가나 실제 자료와 높은 상관관계를 보이고 있다. 또한 잠재적인 피해자의 수가 위험 평가에서 고려할 만한 영향력을 미치고 있다는 사실도 보여 주고 있다.

　보다 놀라운 사실은 이러한 위험 평가는 이미 발생 피해를 다룬 보도의 표현에 의해서 영향을 받는다는 것이다. 잘 알고 있는 바와 같이, 어떤 사람이 절반만 채워진 잔을 보며 아무런 결과 없이 절반은 빈 부분(손실)이고 나머지 반은 물이 차 있는 부분(소득)이라고 생각하지는 않는다. 트베르스키와 카너먼(Tversky and Kahneman)은 다음 문제를 주제로 삼아 연구를 하였다.

미국이 아시아에서 새로운 질병의 발생에 대비하고 있다고 상상해 보라! 여기에는 600명의 생명을 필요로 하며, 양자택일의 방법이 이 질병을 이겨 내기 위해 제안되었다. 이 방법들의 영향에 대한 과학적 추정치는 다음과 같이 제시되었다. 만약 A 방법을 택할 경우에 200명의 목숨을 구할 수 있고, B 방법을 택할 경우에 3분의 2가 목숨을 잃게 된다.[64]

이러한 질문을 받은 사람들 중에서 72%가 A 방법을, 나머지 사람들이 B 방법을 택하겠다고 했다. 또한 다른 사람들에게도 이러한 질문을 해 보았는데, 이때는 다음과 같이 문제를 수정하였다. "만약 C 방법을 택할 경우, 400명의 사람들이 목숨을 잃게 되고, D 방법을 택할 경우, 600명 중 3분의 1은 목숨을 구할 수 있고 3분의 2는 목숨을 잃게 된다." 이 경우에는 22%가 C 방법을, 나머지의 사람들이 D 방법을 택하겠다고 했다. 실제로 A 방법과 C 방법, B 방법과 D 방법은 '표현상'의 차이가 있을 뿐 의미는 전혀 다르지 않다. 그러나 '목숨을 구한다'와 '잃는다'의 표현상의 문제에 의해 사람들의 선호 정도가 달라지고 있다. 200명의 목숨을 구한다는 A 방법이 400명의 죽음을 유발하는 C 방법보다는 사람의 마음을 끈다. 그러면 수학적 공식화 없이 이를 평가할 수 있는가? 어떻게 이러한 결과를 설명할 수 있을까? 일반적으로 우리는 손실과 이익을 다른 방법으로 평가한다. 어떠한 선택의 결과가 이익을 유발한다면 우리는 그러한 확실한 이익을 선호할 것이며, 어떠한 선택의 결과가 손실을 유발한다면 우리는 분명치 않은 다른 선택을 선호할 것이다. 이 보기에서처럼 첫 번째 경우에서 선택의 공식화는 '이익'의 심리적 결론을 도출해 내며, 두 번째 경우에서는 '손실'의 결론을 도출해 낸다. 그럼에도 두 가지 표현은 모두 정당하다. 이익에 대한 표현과 손실에 대한 표현 모두 어떠한 점에서도, 어느 쪽이 좀 더 옳다고 말할 수는 없다.

이 같은 보기에서처럼, 같은 피해에 대해 다른 결정이 나오는 것은 '표현'에 달려 있기도 하다. 개인의 이익에 '표현상의 차이'를 적용하려는 시도들은 신기술에 대한 논의에서 주목할 만하다. 한쪽에서 단지 위험(즉 가능한 손실)에 대해 말하고 있을 때에 반대편은 기회(즉 가능한 이익)를 강조한다. 경수로 원자력발전소에 관한 위험 연구의 결과를 해석하고 발표한 것을 한 예로 들 수 있다. 원자력 옹호자들은 새로운 기술로 원자로의 노심 용해의 위험성이 70%나 감소했다는 것을 강조하고 있으며, 반대 세력은 원래 위험의 30%나 남아 있으므로 아직 원자로가 대재앙을 발생시킬 위험성이 높다는 것을 주장하였다.

2.2. 결과가 제시하는 특징

확률과 피해에 대한 평가는 적당치 않거나 왜곡될 수 있을 것이다. 하지만 이 두 가지 요소는 위험의 기술적·통계적 이해를 결정하는 변수와 일치한다. 하지만 다음에서 고려되는 관점에서는 이것이 적용되지 않는다. 이제 위험 결과가 제시하는 특성에 대해 다룰 것이다. 이것은 전통적인 위험 평가에 위배되는 것이다. 대참사에 대한 심리적인 의미와 그 손해로부터 개인이 어떤 영향을 받고 어떤 책임감을 느끼는지에 대한 이야기이다. 다음의 그래프는 이러한 확장된 위험 개념에 대한 것이다. 앞서 그래프에서 1차원적 부정적 결과는 다중 차원으로 확장되었고, 위에서 언급한 것들의 심리적으로 중요한 특성들을 내포하고 있다.

(1) 잠재적인 재앙

많은 사람은 개인적으로 각자 죽는 것보다, 어떤 기술이 한꺼번에 많은 사람을 죽일 수 있는 가능성을 훨씬 더 큰 위험으로 인식한다. 수천 명의 사람이 동시에 죽는 것과 각자 죽는 것에는 차이가 있다는 주장은 명확하다. 비행기 사고에 대한 평가가 바로 그러하다. 사실 하루하루를 볼 때, 흡연으로 인해 죽는 사람보다 비행기 사고로 인한 사망자 수가 적다. 하지만 미디어 보도는 교통사고나 당뇨병으로 죽은 사람보다 비행기 사고로 죽은 사람이 훨씬 많다고 인식하

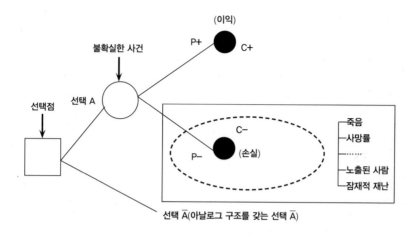

다변인 구조에서 확률과 손실의 정형화된 위험의 기능

도록 만든다. 위험에 대한 전통적 개념에서는 작은 결과들이 자주 일어나는 것과 큰 결과가 한 번 일어나는 것을 서로 달리 보지 않았다. 하지만 이것은 심리적으로 중요한 차이가 있다.

(2) 감정적인 특성

실패했을 경우 직접적으로 나에게 피해를 줄 수 있는 기술은 다른 사람에게 부정적인 결과를 줄 수 있는 기술보다 더 위험하게 느껴진다. 미국에서 산타 모니카 해안의 원유 채취에 대해 주민의 특정 집단에게 그것의 위험과 이익이 되는 요소에 대해 물었다. 즉 환경 오염과 그 주변의 아름다운 경관을 해치는 위험과 타국에 대한 미

182::183

국의 석유 의존도를 낮추고, 고용 창출 효과를 가져오는 이익에 대한 평가를 물었다. 다른 집단에게는 좀 더 먼 곳의 해안 원유 채취에 대해 묻되, 그들 자신이 얻을 수 있는 이익과 위험에 대해서는 묻지 않았다. 이 경우 결과는 뻔하다. 일반적으로 근해에서 원유 채취를 했을 때 나타나는 환경 위험에 대해 물었다면, 아마도 두 집단 모두 비슷한 판단을 했을 것이라 생각할 수 있다. 결과적으로 어디서 채취하느냐는 사실 미국의 이익과 위험에는 아무런 영향을 주지 않는다. 하지만 첫 번째 집단은 그들의 뒷마당에서 하는 원유 채취는 다른 이들의 뒷마당에서 하는 것보다 훨씬 위험하다고 판단했다. 그리고 이익보다도 위험에 중점을 두었다. 이것은 두 번째 집단과 비교된다. 자신들이 거주하는 해변에서 하는 것이 다른 곳에서 하는 것보다 피해 가능성이 크다면, 만약 직관적인 대조가 명확하더라도 개인의 위험 평가와 행동은 유별나게 나타날 수 있다. 독일의 한 전문가는 체르노빌 사고 이후로 자신의 전문가적 입장에서는 아이를 바깥에서 놀게 해도 대수롭지 않다고 하면서도 아버지로서 자기의 아이만은 바깥에서 놀지 못하게 했다는 보고가 있었다. 이러한 위험에 대한 평가 경향은 잘 알려진 님비(NIMBY) 법칙을 다시금 확인시켜 준다. 자신에게 영향을 미치는 위험을 좀 더 심각하게 생각하는 경향은 겉으로는 이성적인 체하는 모습을 띤다는 점에서 굉장한 논쟁거리를 제공하고 있다.[65] 하지만 이러한 인간의 특성은 이해 가능하다. 에너지 문제 또는 위험한 물질의 처리에 대한 국가적 해결법을 찾고 또 그것을 실행에 옮기는 것이 바로 이러한 특성으로 인하여 매우 복잡한 문제가 되고 있다.

2.3. 인과(因果)의 특성

개인이 위험에 직면하는 상황은 매우 다르게 나타난다. 개인에게 상황이 어떻게 다가오고 또 그것이 어떻게 받아들여지는가는 개인이 취했거나 취했다고 믿는 행동의 영역에서 중요한 요소이다. 왜 개인이 위험을 만나게 되었는지에 대한 지식과 가정은 직관적 위험 평가에서 또다른 요소로 작용한다. 특별히 중요한 것은 그 위험의 자발성, 통제성, 책무성이다. 이것은 좀 더 확장된 아래 그림에서 찾아볼 수 있다.

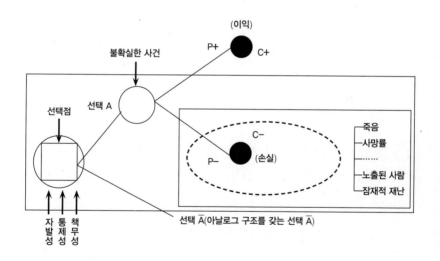

자발성, 통제성 그리고 책무성에 따른 인과의 특성

(1) 자발성

자발적인 성질을 띠는 위험은 비자발적으로 노출된 위험보다는 덜 위험하게 간주되고 또 기꺼이 수용된다. 예로 흡연과 석탄 발전소를 비교해 보라. 음주나 고지방 다이어트와 식품에 들어 있는 살충제를 대비할 수도 있다. 독일의 사회학자 렌(Renn)은 두 집단에게 약학적 실험을 실시하였다.[66] 실험자는 피험자에게 세 개의 캡슐의 부작용에 대해 실험한다고 밝히며, 첫 번째 캡슐은 방사능 코팅, 두 번째 것은 박테리아 코팅, 세 번째 것은 중금속 코팅이 되었다고 말하였다. 그리고 이 세 가지 모두는 보통의 물질들보다 위에서 빨리 용해되기 때문에 아무런 위험이 없다고 설명하였다. 사실 캡슐들은 비타민제였다. 한 집단은 이 세 개 중 하나를 선택할 권리를 준 데 반해 다른 두 집단의 구성원들에게는 할당을 하였다. 참여한 사람들에게 이것을 먹인 후 부작용에 대한 질의서를 작성하게 하였다. 이들은 똑같은 캡슐을 먹었음에도 불구하고 후자의 두 집단이 전자의 한 집단보다 두 배씩이나 '별로 안 좋다고 느낀다'는 의견을 제시하였다. 자발적으로 행한 것이냐 또는 비자발적으로 행한 것이냐에 따라서, 위험에 대한 평가는 두 배씩 차이가 났다. 사회학자 루만(Luhmann)은 "만약 어떤 사람이 스스로 수용한 동일한 위험을 다른 사람에게 노출시킨다면 그 결과는 엄청난 항의가 빗발칠 것"[67]이라고 말하였다. 자발성은 위험 평가에서 중요한 요인이 되고 있다.

(2) 통제성

어떤 사람이 위험을 조절할 수 있다는 믿음은 그것을 줄일 수 있다는 것을 의미한다. 자신의 행위에 따른 위험은 의견을 형성하는 데 중요한 역할을 한다. 대부분의 운전자들은 스스로 평균 이상으로 운전을 조심스럽게 한다고 생각하고 따라서 보통 운전자보다 덜 위험하다고 생각한다. 교통사고는 나한테 일어나지 않을 것이라는 이 비현실적 낙관주의 현상은 다른 많은 분야에서도 발견된다. 예를 들어 건강, 스포츠, 직업에 관한 위험이 그렇다.[68] 비록 실제 통계학적 위험 수치는 동일하더라도, 사람들이 자신이 조절 가능한 활동과 시스템에 대해서는 그렇지 않은 것보다 좀 덜 위험하게 생각한다. 이 경향은 물론 예방약과 건강진단과 상당히 밀접한 관계가 있다. 예를 들어, 스스로 덜 위험하다고 생각하는 사람들은 정보 캠페인을 덜 받아들이는 경향이 있다. 이러한 안전에 대한 느낌들은 자신의 통제 능력으로부터만 오는 것은 아니다. 한 확장된 연구에 따르면 책임 있는 기관이 안정성을 조직적으로 보장하는 정도에 따라 개인의 안전에 대한 확신이 높아지는 경향이 나타났다.[69] 여기서 기관의 신뢰성이 위험을 줄이는 논의에 영향력을 주는 것을 알 수 있다. 최근 실패한 AI의 예방 활동에서 이것을 확인할 수 있다.

(3) 책무성(責務性, Accountability)

자연적인 위험은 인간이 만들어 낸 위험보다 덜 중요하다고 생각된다. 미국에서 폐기된 방사능 물질의 위험과 자연 라돈 방사능에 대한 사람들의 관심의 차이를 논한 자료에서 이 같은 결과를 볼 수 있다. 우리나라에서도 이것은 동일한 모습을 한다. 위험과 관련해서 중요한 것은 희생된 사람들의 수보다도 누가 책임을 지지 못하였다고 비난을 받는가이다. 예를 들어 1988년 가을에 아르메니아의 지진은 대참사였으며, 이것을 누군가 예견했었다. 그 지진은 체르노빌 원전 사고보다 훨씬 더 많은 생명을 앗아 갔다. 그런데 미디어에서 이 사고는 금방 사라졌고, 단지 드문드문 회자될 뿐이었다. 더글러스와 월다브스키(Douglas and Wildavsky)는 주어진 정치적 · 문화적 설정에 따라서 위험에 대한 정체성과 평가가 얼마나 바뀌는가를 제시하였다.[70] 이 두 사람의 이론에 따르면, 정치적으로 죄인으로(나쁘다고) 판단될 수 있는 악은 위험으로 간주된다. 우리가 찾는 희생양이 되는 기술들은 우리 스스로를 위해서 이 산업사회가 만들어 낸 위험이다. 그리고 우리는 어쩔 수 없는 것으로 여기는 자연재해보다 이러한 위험에 대해 훨씬 더 분개한다. 어떤 결과에 책임을 지도록 하는 것은 위험에 대한 사람들의 태도에 영향을 미친다. 예를 들어 실증적 연구에 의하면, 대중은 백신이 죽음을 초래할 수 있다는 것을 알고 나면 백신 접종을 꺼린다. 백신을 접종하지 않으면 질병에 걸려서 죽을 확률이 더 많음에도 불구하고 말이다.[71] 마땅히 해야 할 일을 일부러 하지 않는 소위 '부작위 편향(omission bias)'이라는 용어는 어떤 사람이 그 나쁜 결과에 대해 책임을 져야 할 때 위험한 결정을 피하려는 경향이 있다는 뜻이다. 이러한 성향은 다른 나쁜 결과를 방지하기 위해 해야 할 일을 하지 않았다가 실패하는 경우보다, 행동을 취해서 나쁜 결과에 도달한 것이 더 큰 벌을 받는 우리의 법 제도와 맞아떨어진다. 위에서 열거한 그러한 요소들에 의해 우리는 지진, 토네이도, 홍수, 질병과 같은 자연적인 위험을 예를 들어 원자력 기술, 방부제처럼 산업사회에서 만들어 낸 것과는 다른 방식으로 경험하고 평가하는 것같이 보인다. 자연재해가 만들어 낸 위험은 비자발적이고 통제 불가능하며 사회적으로 책임이 없고, 따라서 피할 수 없다고 판단하는 반면에 인간이 만들어 낸 위험은 자발적이고 통제 가능하고 책임 전가가 가능하고 따라서 궁극적으로 피할 수 있다고 생각한다. 고로 인간이 만든 재해의 위험은 자연적인 위험보다 가혹하다고 느낀다.

원자력발전소, 화학 공장 그리고 유전공학 실험실은 개인적인 통제가 없고 또 다른 누군가의 감시 행위도 믿지 못하는 위험의 원천으로 간주된다. 이러한 종류의 위험에 노출되는 것 역시 비자발적이고 도망갈 곳이 없는 것처럼 보이도록 하는 경향이 있다. 더욱이 이와 같은 것과 관련 있는 사람들은 직접적으로 그런 위험을 만들어 내는 것에 책임이 있다고 간주된다. 이 같은 관점은 부분적으로 통제가 가능한 자동차에게는 덜 적용된다. 왜냐하면 자동차의 사용은 특정 이해 집단이나 책임 집단을 배타적으로 뽑아낼 수 없기 때문이다. 수자원 공사의 원자력 비리에 대한 보도는 이 연장선상에서 그려 볼 수 있다.

3. 사회적인 메시지로서 위험

위험 분석가들은 보통 사고나 환경오염, 공장 파괴 등의 피해자가
죽음, 질병, 손해 등의 직접적인 영향을 받는 불행한 사건의 충격에
대해 측정을 한다. 하지만 이러한 사건들의 충격은 개인에 대한 직
접적인 영향을 넘어서 관련 정부 기관이나 어떤 회사에 간접적으로
그보다 훨씬 큰 재산상 또는 비재산상의 손해를 입힌다. 어떤 경우
에는 누가 책임이 있는지를 떠나서, 모든 기업이 영향을 받는다. 극
한의 경우에, 그 사건 사고로 인한 간접적인 희생 비용이 산업계의
범위를 넘어서서 기업, 산업 그리고 산업과 약간의 연관성만을 지닌
곳까지 영향을 미친다. 따라서 불행한 사건은 연못에 던진 돌이 만
들어 내는 파형과 같다. 그 파문은 직접적으로 영향을 받는 희생자
로부터 시작해서 관련 있는 기업, 대행사, 그리고 극한 경우에는 다
른 회사, 대행사, 산업계에까지 영향을 미친다. 어떤 사고는 매우 위
험한 것이었음에도 작은 파문만을 만들고 어떤 것은 역으로 큰 파
문을 가져온다.

　1979년의 미국의 쓰리마일 섬 핵 원자로 사고는 상해, 죽음, 재산
상 손해 외에 심각한 비용을 요구하는 요소들이 어떻게 복합적으로

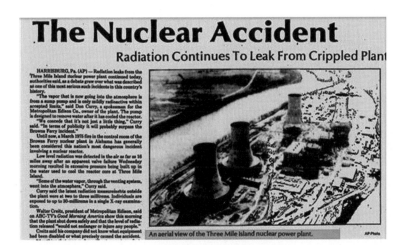

미국의 쓰리마일 섬 핵 원자로 사고 보도

연결되었는지를 극적으로 보여 준다. 이 쓰리마일 섬 사고에서는 단한 명도 사망하지 않았고, 암에 의한 치사가 매우 적었음에도 불구하고, 역사상 이 사고만큼 경제적·사회적으로 큰 영향을 미친 것은 거의 없다. 쓰리마일 섬의 사고는 그 발전소를 소유하고 관리하던 공익사업체를 황폐화시켰다. 또 강력한 법적 제재(건설과 운용 비용의 증대를 초래한)를 통해 원자력발전 산업과 사회에 막대한 영향을 미쳤다. 동시에 전 세계적으로 원자력발전소의 운용을 축소시켰고, 좀 더 비싼 에너지 공급원을 신뢰하게 하였다. 더 나아가 원자력산업 발전에 대한 사회적 반감을 증대시켰다.[72] 그것은 또한 화학 공정이나 유전기술 같은 현대 기술에 대한 적대적인 시각을 확대시켰다.

또 다른 예로 인도의 보팔(Bhopal), 이탈리아의 세베소(Seveso), 그

BHOPAL GAS

Raghu Rai arrived in Bhopal on the morning of 3rd December, 1984. The previous night 40 tonnes of poisonous methyl isocyanate had leaked into the city because of a malfunctioning Union Carbide pesticide factory. Thousands were killed in a few hours. His picture, *Burial of an Unknown Child* (left), became the symbol of this industrial disaster. Rai returned to Bhopal in 2002 to photograph the survivors, who still live with the ghosts of the past.

인도의 보팔 지역의 가스 폭발 사고 보도

리고 스위스 바젤(Basel)에서 발생한 화학 공장 사고, 뉴욕의 러브 운하, 우주 왕복선 챌린저호의 사고, 체르노빌 원자로의 노심 용해를 들 수 있다.[73] 후쿠시마 대진재(大震災)와 같이 재앙적인 충격을 안겨준 최근의 사고도 있다. 이러한 사건을 열거하는 이유는 전체 규모 면에서 사고의 모습이 더욱더 확대된다는 것을 말하기 위해서이다. 위험 커뮤니케이션 연구에서 밝혀진 중요한 결과는 불행한 사건의 심각함과 충격 정도는 부분적으로 그 사건에 대한 보도의 양에 의해 결정된다는 것이다.[74] 이 같은 사건의 잠재된 사회적 충격도는 시스템적으로 위험의 특성과 연관이 있는 것처럼 나타난다. 수많은 사람들의 생명을 앗아 가는 이 같은 사건은 기차 탈선과는 아주 다른 사회적 영향력을 갖는다는 것이다. 방사능과 화학 물질들을 포함한 사고는 부분적으로 볼 때 앞으로 매우 큰 경제적·사회적 충격을 줄 것으로 예상된다.[75] 따라서 이런 위험들을 통제하는 사회적 시그널을 높여야 할 것이다. 태안반도의 기름 유출 사고, 여수 기름 유출 사고, 수자원 공사의 원자로 설비 납품 비리와 같은 위험은 우리 사회의 위험 지수가 단지 통제라는 단순한 차원을 넘어서서 진행되는 구조화된 모습을 보이는 것으로 이해해야 한다.

4. 언제 위험이 논쟁의 대상이 되고 그 이유는 무엇인가?

위험에 대한 개인적인 평가는 위험의 확률, 피해의 크기, 재난 잠재력, 영향 정도, 통제력, 책무성(책임), 불명확성과 같은 여러 관점의 영향을 받는다. 여러 실증적인 연구들은 이 요인들이 위험의 개념을 결정한다는 것을 보여 주었다. 위험 평가에서 다양한 질적·양적인 면에 할당되는 상대적인 무게는 평가자의 지식과 가치관 그리고 위험의 요인에 따라 달라지는 것을 확인할 수 있다. 확률과 위험 크기에 대한 평가는 가끔 부적절하고 왜곡되고 일관성이 없고 잘못되는 것을 볼 수 있다. 이런 평가를 내리게 하는 심리학적 메커니즘은 매우 중요하다. 왜냐하면 우리는 여전히 이 과정을 모르고, 만약 알고 있더라도 부분적으로만 설명이 가능하기 때문이다. 많은 연구 결과가 보여 주듯이 전문가들조차 이런 경향을 가진다. 위에서 논한 것처럼 확률과 재난 정도에 대한 어떠한 표시, 해석이 옳다고 말할 수 없다. 비록 그 표현이 전문가와 일반 시민들에 의해 다르게 해석이 될 수 있지만, 두 매개변수(parameter) 모두 전혀 다른 측정 단위, 참고값, 다른 모드(수, 그림, 음성)로 표현할 수 있으며, 어떤 표현도 모두 옳다고 생각할 수 있다.[76] 그러나 잘못된 판단의 근거는 일반적으로 명백히 밝혀지거나 최소한 검토될 수 있다. 잘못된 판단을 하는 사람들보다 그 잘못을 알아보는 사람들이 많아진다. 고로 합의된 의견이 일치될 수 있다. 문제의 본질과 관계되는 한, 의견 일치를 이끌어 내는 합의된 합리성(consensus rationality)을 이끌어 낼 수 있다.

우리가 언급한 위험 평가의 여타 관점과 관련해서 판단의 오류나 비합리성을 이야기할 필요는 없다. 이런 비평은 일반적으로 자신의 평가가 절대적이라는 생각에서 나오는 결과이다. 비록 피해자의 전체 수를 척도로 하는 것보다 더 필수적이지는 않지만, 큰 재난에 대해 개개인에게 자주 일어나는 불행에 비해서 더 큰 비중을 두는 것 역시 정당하다. 이에 대한 명쾌한 기준은 없는 것이다. 현재까지 어떠한 것도 일반적으로 인정된 것은 없다. 비행기를 타는 것이 차를 운전하는 것보다 안전하다는 엄연한 수치가 있는데도, 어떤 사람은 비행기를 타는 것을 꺼려 하고 차를 이용한다. 우리는 흡연이나 산악인들의 에베레스트 등반을 허용하고, 동료들이 주식을 사고, 투자를 하는 것을 허용한다. 우리는 사람들이 자연과 인간 본성에 대한 자신만의 의견을 갖는 것을 허용한다. 하지만 우리는 이런 위험에 대한 이웃들의 생각들을 인정하지 않고, 그들에게 우리의 생각을 강요하고 있는지도 모른다. 그러나 실제로 우리는 이런 일에 열정적으로 신경을 쓰지 않는다. 각각의 개인은 위험에 대해 평가하고, 선택하고, 대답할 수 있도록 해야만 한다.

개개인의 의견의 집합이 중요해지거나, 쓰레기 처리 공장의 가동처럼 사회에 영향을 미치는 행위에 대하여 개개인의 의견이 합쳐질 필요가 있을 때, 그리고 의견의 불일치에서 결론을 이끌어 낼 필요가 있을 때에 위험 평가는 논쟁의 주제가 될 수 있다.[77] 이런 경우 최선의 방법은 의견의 차이가 있다는 것을 인정하고 해결할 방법을 찾는 것이다. 정말로 요구되는 것은 해결에 필요한 합리성이다.[78] 그러나 논쟁들이 보여 주듯이 이것은 성공하기가 매우 힘들다. 이 논쟁에서 나타나는 논점은 정확히 위험 평가에 논의된 질적인 면을 포함하는 방법 및 이유와 밀접히 연결된다. 충돌은 개개인의 삶과 세계의 기본적인 원리에 대한 관념의 차이로 인하여 자주 문제가 일어난다. 한 사람은 어떤 의견에 호의적이거나 반대한다. 어떤 사람은 윤리를, 어떤 사람은 경제를 중시하고 어떤 이는 기본적인 면을 주장한다. 찬반 논쟁은 결정을 내려야 할 때 정말 치열해진다. 왜 이렇게 논쟁이 치열해지는가는 위에서 논한 개개 집단의 위험 평가의 관점에서 보면 이해가 가능하다.

첫째, 정부와 같이 결정을 내려야 하는 기관은 잘못된 결정을 내렸을 때, 모든 국민에게 사과하는 것이 거의 불가능하기 때문에 많은 기준을 생각해야 한다. 무엇보다도 중요한 기준을 빠트리는 것은 용인될 수 없다. 만약 엄격한 기준이 적용되면 약한 기준이 반발한다. 반면에 약한 기준을 적용하면 엄격한 기준이 반발한다. 둘째, 결정을 내려야 하는 사람은 다른 이에게 위험을 강요하는 불행한 사태를 만들 수 있고, 그 결과가 잘못되어 비난을 당할 수 있다. 이러한 질적인 면이 특별히 중요함에 따라, 갈등은 모든 결정을 내리는 상황으로 확대된다. 이것은 위험이 강요된 사람들이 대표자를 불신임하고 이해 관계자와 대표자를 동일한 선상에서 결정자와 동일시 여길 때 확산된다. 그래서 위험에 관한 논쟁에서는 판단의 오류를 최소화시키는 것이 점점 더 중요해지고 있다. 어떤 기준이 위험 평가에 적용되어야 하며, 어떻게 비중을 두어야 하는지의 문제는 항상 문제가 되고 있다. 이 문제는 과학적인 관점이 아니라 사회적·정치적으로 풀어야 한다. 우리 사회에서 이 관점은 당분간 매우 중요한 판단의 관점이 될 것이다. 한국에서 개인의 위험은 파편화되는 모습을 강하게 나타내고 있다.

6장

위험 인식의 비교 연구
—90년대 이루어진 위험 커뮤니케이션 연구의
출발점을 중심으로

> 위험 커뮤니케이션의 상이한 유형에 내재된 사회학적·커뮤니케이션학적
> 인 의미는 위험원의 유형이 아니라, 결정 과정에 접목되어야 한다.
>
> 한스 페터 페터스
> (Hans Peter Peters, 독일 율리히 연구소 / 베를린 대학 언론학과 교수)

어떤 주제를 연구하든 항상 비교 연구가 요구된다. 일반적으로 비교
연구는 대상이 연구 대상의 존재(발생), 크기 또는 결과를 설명하는
동일하거나 또는 유사한 관계가 다른 틀 속에서도 동일하게 적용되
는지 다른 국가에서도 연구되는 것을 뜻한다. 이것은 여러 나라에서
조사가 이루어진다는 것 이상의 비교의 의미를 갖는다.[79]

실제로 어떤 이론에 대한 검증 없이 다시 말해서 상이한 이론적
인 논쟁 없이 한 나라에서 발견된 요인과 결과를 다른 나라에 그대
로 접목하는 것은 몇 가지 사실을 제외하고 어떠한 것도 끌어낼 수
없다. 우리가 관심이 있는 위험 인식을 위하여 분석 집단을 변화시

켜야 한다. 우리는 여러 나라의 피조사자들을 비교하는 것을 시도해야만 한다. 물론 이것이 전부는 아니다. 만약 동일한 거주 장소의 다른 집단들한테서 거주 장소나 사람의 유형이 문제가 된다면, 비교는 동일한 국가 내 다른 지역들에서 이루어져야 한다. 엘리트와 대중 간에만 통상적인 구분이 존재하는 것이 아니라, 다른 엘리트들 사이에 이를테면 기업인 대(對) 환경 운동가들 사이에도 구분은 존재할 수 있다. 우리는 몇 가지 연구에서 사회·이념 집단 간의 차이가 국가 간의 차이보다 더 크다는 것을 알 수 있었다.[80] 이것은 사실 시작일 뿐이었다. 우리는 위험이 수반되는 대상들을 다양화할 수 있으며, 다양화해야 한다. 각기 다른 상황의 사람들이 기술로부터 어떻게 위험을 인식하는지를 묻는 것은 충분히 가치 있는 일이다. 더욱 재미있는 것은 응답자들에게 기술의 위험을 다른 위험, 이를테면 전쟁이나 사회적 일탈과 같은 위험 요소들과 어떻게 비교하는지 물어보고 탐구하는 것이다.[81]

여러 이유들 가운데 이런 연구의 위험 유형들을 비교하고, 이것을 인지하는 사람들의 형태를 비교하고자 하는 이유는 인식의 대상을 변화시킴으로써 더욱 정교한 조사를 할 수 있기 때문이다. 예를 들어, 기술 위험의 인지에 대한 여러 이론들을 비교 조사하면서 우리가 설득력이 동일한 몇 가지 요인을 발견했다고 가정해 보자. 그리고 그중 어떤 것을 들어서 동일한 응답자가 다른 위험 요소에 어떻게 반응할 것인지를 예측한다면, 연구자는 경쟁 이론의 설명력을 더욱 잘 제시할 수 있을 것이다. 여러 사람이 다른 종류의 인지된 위험에 어떻게 반응할지를 예측하는 이론은 한 종류의 인지된 위험에 어떻게 반응할지를 예측하는 이론보다 훨씬 강력한 힘을 지닌다.

비교에는 위험 요소들뿐만 아니라 이론들도 포함되어야 한다.[82] 그리고 이는 무엇보다도 가장 중요한 비교일 것이다. 우리가 연구라는 것을 경쟁적인 가설을 찬성하는 또는 반대하는 논의 행위로 보았을 때, 비교 연구는 더욱 신랄하게 문제를 제기하면서 새로운 것만을 이야기하거나 오래된 것만을 배제하는 위험을 회피할 수 있도록 한다. '이론'이라는 용어는 다른 유형을 설명하기 위한 산문적 표현이라 할 수 있다. 여기서는 지식기반이론(knowledge-based theory)을 좀 더 구분하여 논한다. 이 지식기반이론은 개인 간의 내적인 심리적 차이에 근거한 성격이론(personality theory), 개인이 정보를 처리하는 방식에 근거하는 인지이론(cognitive theory) 그리고 이념적 차이에 근거한 정치이론(political theories)으로 구분할 수 있다. 이 지식기반이론에 따르면 응답자들의 관련 위험에 대한 이해 정도에 따라 기술적 위험을 다르게 평가할 것이라 생각할 수 있다. 이 같은 가정을 끌어낼 수 없도록 하는 근거는 없다. 위험 인지를 조사한 다양한 자료는 일반적으로 개인들은 자신이 선호하거나 흥미를 갖는 것을 추구한다고 가정한다. 이에 우리는 왜 사람들이 선호하는 것을 선호하는가라는 질문에 답변할 수 있어야 한다. 따라서 다양한 삶의 방식에 대한 사람들의 선호와 다른 이들이 무엇을 두려워하는지를 결정하는 데 있어서 우선순위를 결정하는 방법을 정당화하는 문화적 편견에 대한 문화적 해석을 제시하는 것은 큰 의미를 갖는다. 미국과 유럽에서 이루어진 연구 결과들을 기반으로 우리의 위험 인지 비교 연구에 어떤 지침을 찾아내 보도록 하자.

1. 위험 인식과 다양한 변인의 관계

상당히 상반되는 질문들을 사용한 미국의 설문 자료에 근거한 위험 인지에 대한 여러 연구 결과에서, 지식은 언제나 정확히 작동하지 않은 것으로 나타난다.[83] 이것은 개인이 화학제품, 프로세스, 기계 또는 공포나 선호 음식 등의 위험에 대해 실제로 무엇을 알고 있는지와 관련이 없다고 말하는 것은 아니다. 아마도 적절한 방법으로 지식을 측정하지 못했을 수도 있다. 그러나 대부분의 조사에서 응답자들이 갖고 있는 해롭다는 지식은 사람들이 무엇이 더 안전하고 무엇이 더 위험한지를 인지하는 데에 유의미한 영향을 미치지 않는 것으로 나타났다.[84] 지식의 폭이 넓고 다양하다는 것이 위험 인지에 큰 영향을 미치지 못한다는 것이다.

이 주장에 대해 가능한 답은 개인의 성격(personality)에서 찾을 수 있다. 어떤 이들은 위험을 감수하고자 하고, 또 어떤 이들은 위험을 회피하려 한다는 것이다. 아직까지 위험의 유형과 개인 성격의 유형을 연관시켜서 어떤 결과를 끌어낸 사람은 없다. 다만 슬로비치(Paul Slovic), 피시호프 (Baruch Fischhoff), 리히텐슈타인(Sarah Lichtenstein)은 특정한 기술의 유형이 다수의 사람들에게 영향을 미치지만 통제할 수 없고 그리고 두려움을 매개하는 심리적 변수는 사회적으로 공유되는 특성이라고 주장하며 개인 성격과 관련되는 연구와는 거리를 두었다.[85] 이런 연구 방향은 심리적 변수들이 측정해야 하는 현상들과 사실상 동일하기에 부적절하다고 볼 수 있다. 우리가 알고자 하는 것은 사람들이 두려워하거나 두려워하지 않는 것의 차이가 무엇이며, 왜 이러한 차이가 발생하는가에 있다. 우리는 매우 두려워하는 기술이 사실은 안전한 것으로 보이거나, 통제할 수 없는 기술이 수용 가능한 적정한 기술로 나타나게 된다면 매우 놀랄 것이다.

미국에서 수행된 위험 연구가 위험 인지를 위한 기능적인 예측 요인을 발견했다는 점은 매우 정치적이라 할 수 있다.[86] 가장 신뢰적인 것은 '제도에 대한 믿음'이다. 대부분의 연구에서 성공적인 것으로 나타나지는 않았지만 강력한 것은 '자유주의 및 보수주의'에 대한 신뢰였다. '제도에 대한 믿음'이 매우 효과적이라는 사실은 개인이 위험 평가를 신뢰할 수 있는지의 여부를 판단하기 위해 인지화면(cognitive screen)을 사용하고 그 결과 위험성이나 안전성을 알게 된다는 점을 나타낸다. 그러나 개인이 누구를 믿을 것인지는 어떻게 결정할 수 있을까?

신뢰 또는 불신의 정도는 개인적 경험을 배경으로 한 제도에 대한 성과를 판단한 결과일 것이다. 이 같은 비교는 환경이나 안전에 대한 우려 또는 시민적 자유의 관점에서 사회주의 국가 기관에 대한 막대한 국민의 불신을 설명한다. 그러나 이 같은 추론을 민주주의와 자본주의 국가에도 적용할 수 있을까? 왜 사회주의 국가에서 사람의 건강을 개선하고자 하는 여러 조치들이 통치 기관의 불신으로 이어졌을까? 한국에서 여타 주요한 정책 사안들이 국가적으로 중요한 일임에도 불구하고 엄청난 반대에 직면하고 있는데, 어떻게 많은 시민 단체들의 저항을 사회적 합의로 끌어낼까?[87] 이것은 위험 커뮤니케이션에서 주장하는 개인적 '경험'은 사회를 설명하는 데 불충분하다는 주장에 동조토록 한다. 그래서 여기서 나타나는 신뢰나 불신은 미디어를 통해서 접한 정보의 산물이라고 볼 수 있다.[88] 이는 많은 연구가 신문이나 TV가 현재의 제도, 특히 환경 문제에 대하여 엄청난 불신을 나타내고 있으며 기술의 위험을 필요 이상으로 극대화하는 경향이 있다는 점을 제시하는 데서 찾아볼 수 있다. 미디어의 영향력이 확대되고 미디어가 편향된 설명을 하고 있다는 관점에서 우리 연구자들은 환경 및 위험 문제에 대한 미디어의 보도 내용을 끌어내기 위해서는 다양한 집단을 조사해 보아야 할 것이다.

급진주의자들과 보수주의자들이 기술과 관련하여 왜 서로 반대의 입장을 취하는 것일까? 기술은 이념이 아니라 증명 가능한 사실만이 결정적일 수 있는 영역이 될 수 있을까? 이러한 문제를 다루어

보면 기술의 부작용에 대해 가장 걱정하는 이들은 주로 좌파적 자유주의자들이고 기술을 바람직한 것으로 평가하는 사람들은 대부분 우파적 보수주의자들이라는 것을 볼 수 있다.

물론 급진주의자들은 보수주의자들에 비해 자국의 정치·경제에 불만이 많은 사람이다. 그렇다 하여도 왜 그들은 소득 증가에 기여한 기술을 평가절하하는 것일까? 이러한 좌우의 구분은 평등주의적 조치를 지지하지 않는 사람과 이를 지지하는 사람으로 나눈다. 기술의 어떤 특징이 시민 및 활동가를 평등주의자 혹은 반평등주의자로 인식시킬 수 있을까? 여기에 문화이론(cultural theory)을 대입하면서 설명할 수 있다.

마크 더글러스(Mark Douglas)가 발전시킨 문화이론에 따르면, 사람들은 자신의 삶의 방식이나 문화를 방어하기 위해 무엇을 두려워할지 결정한다고 한다.[89] 이 이론은 계층적 문화를 지지하는 사람들은 전문가들이 안전하다고 간주한 기술을 인정한다고 가정한다. 왜냐하면 전문가들이 거대 기술을 일반적으로 안전한 것으로 간주한다는 것을 알기 때문이다. 경쟁적 개인주의자들은 위험을 기회라고 보기 때문에 기술에 대해 낙관적인 입장을 보일 것이다. 그리고 평등주의자들은 기술을 기업 자본주의로 표현하고 사회 및 자연환경을 해치는 불평등을 옹호하는 계층적·개인주의적 문화 장치의 한 부분으로 간주할 것이다. 칼 데이크 (Karl Dake)는 개인들이 기술을 어떻게 평가하는지를 사회적 일탈, 전쟁 및 경제 침체와 비교하여 이 이론을 검증하였다.[90] 그 결과 평등주의자들은 기술을 몹시 두려워하지만 사회적 일탈을 이보다 훨씬 더 위험하게 인식하는 것으로 나타났다. 이와 반대로 계층주의자들은 덕망 있는 전문가들이 좋다고 인정하는 한 근본적으로 기술을 긍정적으로 판단하며 사회적 일탈이 재앙을 불러일으킨다고 믿었다. 개인주의자들은 위험을 기회로 인식하며 일탈자가 그들을 방해하지 않는 이상 그들도 역시 일탈자들을 방해하거나 건드리지 않을 것이라는 모습을 보였다. 개인주의자들은 전쟁이 모든 상거래를 마비시킬 것이며, 징집될 수 있다는 이유로 전쟁을 가장 두려워하는 것으로 나타났다. 따라서 위험을 기피하는 성격이나 위험을 감수하는 성격은 없다고 볼 수 있다.

모든 위험을 감수하려 들거나 모든 위험을 피하려고만 하는 것은 바람직하지 못하다. 그런 사람은 사회적 삶을 잘 영위할 수 없다. 예를 들어 원자력에 반대하는 시위자를 생각해 보자. 그는 에너지의 사회적 의미는 이해하지만 원자력발전으로 발생할 수 있는 위험에 반대하기 위해 위험을 무릅쓰고 시위대로 몸을 던져야 할 것이다. 여성주의자는 스키나 흡연과 같이 위험한 개인 활동에 반대하지 않는 반면에 기술적 위험에 대해서는 매우 높은 혐오를 나타낸다.[91]

한 사람이 어떤 위험 요소는 매우 높게 평가하고 또 어떤 요소는 낮거나 보통이라 평가할 수 있기 때문에 위험 인지에 대한 연구는 다른 대상에 관한 위험 인지 패턴을 설명하는 데 있어서 매우 다변적일 수밖에 없다. 그래서 10년 전부터 인지심리학을 이용한 위험 인지 연구가 활발히 시작되었다. 대니얼 카너먼(Daniel Kahneman)과 아모스 트베르스키(Amos Tversky)는 개인이 도박을 하도록 하면서 소규모 집단을 실험하였다. 이 연구는 개인들이 확률을 판단하는 능력이 얼마나 떨어지는지를 잘 보여 주었다.[92] 이 실험에서 나타난 중요한 점은 각 개인의 일반적인 보수성이었다. 상당수의 사람들이 실제로 수익을 얻는 것보다 손실을 피하기 위해 더 많은 신경을 쓰는 것으로 나타났다. 따라서 그들은 엄청난 수익을 얻을 수 있는 높은 확률을 앞에 두고도 손실을 피하기 위한 방법을 택하였다. 이러한 손실 회피 경향은 합리성의 기본 가설과 충돌한다. '가용성 추단법(availability heuristic)'이라 불리는 이론에 따르면, 위험 평가에서 개인은 실제 결과와 상관없이 허용 가능하거나 허용할 수 없는 특정한 상황을 나타내는 최근 사건에 크게 좌우되는 것으로 나타난다.[93] 만일 우리가 인지심리학의 일반적인 접근 방법을 믿는 경우, 우리는 사람이 어떻게 위험을 인지하고 위험이 어떻게 기능하는지에 따라 위험 인지의 특정한 주요 양상이 나타난다는 결론을 내릴 수밖에 없다. 이것이 사실이라면, 이것은 동일한 대상에 대한 위험 인식이 어떤 사람이 관여하고, 어디에 관여하는지와 관계없이 모두 거의 동일해야 한다는 것을 말한다. 문화적 가설에서 알 수 있듯이 사람들은 자신의 선호도나 사회적 관계와 상관없이 위험을 회피하도록 프로그램되었기 때문에 무엇을 두려워할 것인지 선택할 수는 없을 것이라는 이야기이다. 이 경우에 우리의 연구 과제는 인지가 인식에 따라 달라지는 경우에 이념이나 제도에 대한 신뢰 또는 다른 정치·문화적 프레임에 따라 달라지는 강력한 패턴이 존재하는 이유를 밝혀내는 것이 될 것이다. 카너먼과 트베르스키 같은 학자는 사람들이 인지하는 것이 무엇인지를 묻지 않는다. 그들은 대상을 인지하는 모든 사람들이 그것이 무엇인지에 대해 일치하고 있는 것으로 가정한다. 그러나 이와 반대로 문화이론은 선택된 대상을 스스로 설명이 필요한 문제로 간주한다. 개인만이 인식한다 하더라도 그들이 대상에 부여하는 의미는 사회적 관계에 의해 성립됨으로써 사회적으로 통제된다는 것이다.[94] 대안적인 선택은 사회 구성 그 자체이며 이 구성의 정의는 저항적 문화의 지지자들에 의해 부여된 상이한 의미라는 것이다. 사회적으로 매개된 인식은 위험 인지와 관련하여 매우 중요하다. 왜냐하면 두려움의 대상인지 혹은 긍정의 대상인지가 공적인 논쟁에서 핵심적인 의미를 갖기 때문이다.

환경 및 안전 운동의 주장 및 영향과 관련하여 미국에서 실험 결과에 근거하여 진행된 인지심리학자의 연구 결과는 주목할 만하다. 이러한 운동이 만들어 낸 현대 기술 결과에 대한 공포는 수많은 사람들에게 손해를 입힐 가능성이 이익을 얻을 가능성보다 매우 크다는 것이다. 이 때문에 공포를 믿는 사람들은 건강과 환경에 대한 손실을 이익보다 훨씬 더 두려워해야 할 것이라는 주장을 끌어낸다. 무엇보다도 이러한 위험에 대한 미디어의 지속적인 언급은 가용성 추단법의 근거가 되며, 따라서 이러한 위험들이 개인의 의식에 크게 작용하게 될 것이다. 확률의 판단 또한 미디어에 나타난 것과 마찬가지로, 환경 단체의 활동에 의해 영향을 받게 될 것이다. 소위 이 환경보호론자의 운동을 보도하는 미디어의 효과는 특정한 국가의 위험 성향에 지대한 영향을 주는 것으로 나타난다. 누구에게 이 위험의 책임을 돌릴 수 있는가는 중요한 질문의 하나가 되었다. 미국의 미디어[95]가 환경 및 안전 문제를 어떻게 다루는지에 대한 연구는 사람들이 이 자료에서 무엇을 배우는지에 대해 좋은 아이디어를 제공해 준다. 기업이 환경오염에 책임이 있다는 기사는 미디어에 따라 다른 것을 볼 수 있다. 뉴스 잡지가 텔레비전에 비해 기업에 책임이 있다고 작성한 기사가 3배 더 많은 것으로 나타났다. 기름 유출, 방사선, 농약, 산림 개간 및 동물 보호 등의 문제에 관해서는 더욱 부정적인 기사가 많은 것으로 나타났다. 독성 폐기물에 관련된 기사는 85%가 부정적인 것으로 나타났다.

전 세계적으로 환경 문제가 위기인가에 대한 문제는 글로벌한 주제로 격상되었다. 이 주제에 관해서는 아시아에서는 40%만이 이 문제를 매우 위기 상황이라 답했으며 유럽에서는 60%가 위기 상황에 점점 가까워지고 있는 것으로 답변하였다. 이 문제가 발생하지 않을 것이라 답하는 사람은 없었다. 독일의 스피겔지는 "지구는 현재 위기에 처했다. 국가들이 극단적인 조치를 취하지 않는다면 유럽은 물에 잠길 것"이라는 표제어를 내보냈다.[96] 우리나라의 한 방송사의 프로그램은 식당의 정직성과 요리 재료에 대한 위협을 큰 소

먹거리에 대한 심층 탐사 프로그램 '이영돈 PD의 먹거리 X파일'

재료 삼아 제작하고 있다.[97] 만약 음식에 불량 재료를 넣거나 허가
되지 않은 장소에 암을 유발하는 화학물질을 버리는 기업들에 대한
이야기가 드라마나 프로그램에 지속적으로 방영된다면, 그 효과는
엄청날 것이다.

2. 국제적인 비교 분석

지식이론(knowledge theory)은 대규모 손실을 경험해 본 사람들(동유럽
및 소련은 지난 삼십 년 간 실제 건강 문제를 겪어 본 유일한 사람들이다)이 물
을 마시고 공기를 호흡하는 것과 같은 일상적인 일들을 두려워한다
는 헝가리의 연구에서 근원한다. 하지만 지식이론은 다시 한 번 문

제에 봉착하였는데 노르웨이와 일본의 연구에 따르면, 이 국가의 사람들은 그 효과가 다르다고 믿을 만한 근거가 없음에도 불구하고 미국인들에 비해 동일한 종류의 기술을 더 수용하는 경향을 보였다. 예를 들어 음식에 대한 두려움과 관련하여 노르웨이, 일본, 미국 사람들을 비교했을 때, 세 국가의 음식이 그 어느 때보다 어느 곳에서 보다 안전하다는 사실에도 불구하고, 노르웨이인들이 가장 낮은 수준, 일본인들이 가장 높은 수준 그리고 미국인들이 중상 정도 수준의 두려움을 보였다.

또 다른 가능성이 연구를 통하여 밝혀져야 할 과제가 되고 있다. '지식'의 의미는 혼란스럽다. 독일 율리히 연구소에서 이루어진 연구에 따르면, 환경 및 안전 문제에 대한 논란에 대한 수많은 지식 그리고 이와 관련한 논쟁에서 세상이 어떻게 돌아가는지에 대한 과학적인 명제에 대한 지식 사이에 큰 차이가 있음을 볼 수 있다.[98]

분명히 그렇다 하지 않더라도 러브리히(Lovrich), 아베(Abe), 피어스(Pierce) 그리고 추루타니(Tsurutani)의 연구 결과는 유사한 설명을 하고 있다. 다음은 그들이 제시한 퍼즐이다

일본과 미국의 정책 관련 지식의 능력은(정통함은) 다음과 관련을 맺는다. 1) 광범위하게 해결할 문제와 제어할 오염원을 식별할 수 있는 가능성, 2) 시민 참여 및 시민의 정책 과정 참여에 대한 지원, 3) 민주적인 (투입) 요구에 대한 정부의 낮은 대응과 관심. …… 그러나 환경 분

야에서 정부 정책에 대한 만족도 관련 연구와 공공 정책의 영역에서 국가, 지역, 지방 정부의 공적 투입에 대한 응답의 평가는 똑같이 흥미롭다. 예상과는 반대로, 가장 높은 수준의 박식함을 지닌 국민은 덜 박식한 국민들에 비해 정부 정책에 더 불만스러운 것 같지는 않다. 또한 일본 및 미국의 연구 결과에 따르면, 더 박식한 국민이 그렇지 않은 국민들에 비해 공적 투입에 대한 응답에서 정부에 더 높은 점수를 줄 가능성이 높다는 것은 분명하다.[99]

아마도 가장 큰 차이점은 과학적으로 정통한가 정치적으로 정통한가에 있을 것이다. 사람의 성격을 위험 감수형 및 위험 회피형으로 나눌 수 있다는 생각은 사회과학보다는 일반적인 설명에 가깝다 할 수 있으며, 이는 한 국가에서 어떤 대상에 높은 위험을 겪은 사람들이 다른 위험을 거부하는 것처럼, 치명적인 타격을 입게 되는 것과 마찬가지이다. 응용 가능한 어떠한 연구를 찾아보아도, 미국인이 일본인보다 더 원자력을 두려워해야 할 성격상의 이유를 찾아볼 수는 없다. 오히려 원자력을 두려워하는 사람이 있다면 그것은 바로 핵폭탄의 영향을 유일하게 받은 일본인이 될 수밖에 없다.

하지만 위험 회피성이 사람은 예정된 이익보다도 손실을 더 두려워하도록 만들어졌다는 사람의 개성(human personality)으로 이루어진 것이라 가정해 보자. 만일 이것이 사람의 성격을 구성한 방식이라면, 경쟁적인 개인주의 문화는 매우 거슬리는 행위로 이해되어야 할 것이다. 만일 계층주의자가 권위에 대한 존중의 손실에 대해 위험 회피적이고 권위에 대한 존중을 얻는 데 있어 위험 감수적인 것처럼, 개인주의자가 경제적 손실에 대해서는 위험 회피적이고 경제적 이익에 대해서는 위험 감수적인 모습을 한다면 어떠할까? 개인주의자들은 단순히 자기중심적이거나 탐욕적이기 때문이 아니라, 현대 산업 생활에 필수적인 위험 감수가 필요하지 않을 것이기 때문에, 현대 산업 생활에 필수적인 위험 감수는 인센티브 없이는 필요하지 않을 것이기 때문에 위험 감수를 위해 인센티브를 제공하는 것을 정당화한다. 따라서 개인주의자들이 위험 감수에 매기는 높은 가치는 이와 반대편에서 근본적인 인간의 성향을 상쇄하기 위해 필요한 것으로 볼 수 있다.

유사한 방식으로 계층주의자들은 특별한 권위를 가진 전문가들을 갖추거나 상황이 잘못되면 책임을 확산시킴으로써 위험 감수를 정당화한다. 이는 개인주의만큼 위험 감수적인 모습을 하지는 않지만, 개인이 위험 회피 계획에 남겨질 경우 개인주의보다 더 위험 감수적이 될 수 있다. 사실 전형적인 위험 회피 성격은 물리적 성격은 임의적이고 따라서 예측할 수 없으며, 인간의 본성은 신뢰할 수 없기 때문에 위험은 무분별한 것이라 믿는 숙명론자로 나타나게 된다.

숙명론자들은 예를 들면 손실을 피하는 것과 같이 위험한 길에서 벗어나 있는 것이 그들에게 있어 최선의 전략이라 믿는데, 이는 누구도 자연을 거스를 수 없으며, 그들이 함께해야 하는 다른 사람들이 그렇게 할 것이라 믿기 때문이다. 평등주의자는 개인주의자와 계급제도가 불평등을 조장한다고 믿기 때문에 이를 반대하기 위해 큰 위험도 감수할 것이다. 그러나 그들은 그것이 성공적이라 할지라도, 경제적 이익을 위해 위험을 감수하지는 않을 것이다. 풍족함이 자신들의 집단을 해체할 수 있는 부당한 차별을 만들 수 있기 때문이다. 기업 자본주의에서 나오는 기술은 인간과 동물의 삶에 반하는 것이라고 자신의 지지자들에게 가르치는 평등주의자들은 기술을 향상시키기 위해 큰 노력을 기울일 가능성이 높지 않다. 오히려 그들은 자신을 동일화하려는 경향 때문에 '적정한 기술'이 단순하고 저렴하다고 선호할 것이다. 따라서 평등주의자들은 모든 기술에 반대하는 것은 아니지만, 불평등한 결과를 가져올 것으로 보이는 기술들을 반대하게 되는 것이다.

문화이론에 영향을 받은 영국의 연구들은 산업에 종사하는 사람들의 기술 인식을 정보 산업에 종사하거나, 직접 생산과는 동떨어진 사람들과 비교하였다. 그리고 그 결론에 따르면 산업 관련 종사자들이 경제적·기술적 개발에 대해 풍부한 신념을 가진 반면에 산업과는 거리가 먼 사람들은 이 주제에 대해 매우 부정적인 견해를 가진 것으로 나타났다.[100] 이와 같은 결과는 대학생들의 인식과 과학 교사 및 바랑가이(Barangay) 시 지도자들의 인식을 비교한 필리핀의 한 연구에서도 찾아볼 수 있다. 학생들은 환경적·심리적으로 엄청난 위험 요소가 될 수 있다는 이유로 원자력 에너지에 대해 반대하였으나,

과학 교사와 바랑가이 지도자들은 경제적 이득을 근거로 원자력발전을 지지하는 것으로 나타났다. 필리핀의 모든 집단은 태양광·수력·지열 에너지에 대해 긍정적인 반응을 보인 반면, 원자력발전을 반대한 이들은 석유의 사용 역시 찬성하지 않는 것으로 나타났다.[101]

한 관련 연구는 필리핀, 일본, 독일의 학생들 사이에 원자력발전에 대한 태도에 차이가 있는지 비교하였다. 필리핀 학생들은 폐기물의 처분 및 사고의 가능성과 같은 부정적인 측면이 원자력으로 얻을 수 있는 기술 및 경제 개발 또는 국위 선양의 가능성보다 더 큰 것으로 판단된다는 이유로 원자력 에너지에 대해 가장 부정적인 입장을 보였다. 독일 학생들의 경우 필리핀과는 정반대로, 원자력발전이 저렴한 에너지원이며, 이를 통해 천연자원을 보존할 수 있다고 보았다. 일본 학생들은 가장 긍정적인 반응을 보였는데, 이는 그들이 원자력발전과 관련된 위험을 알지 못해서가 아니라, 원자력이 외국 석유 공급국으로부터의 독립과 같은 긍정적인 면에 대해 가진 영향력을 더욱 중요하게 여겼기 때문이었다.[102] 여기서 보듯이 동일한 위험에 대한 사회적 반응은 다르다.

3. 정치체제의 상이점과 위험 인식의 차이

위험 인식에 대한 국제적인 비교는 (개인 간의) 인지, (심리 내적) 성격, 그리고 위험 인식의 문화적 성격을 결정하는 데 가장 유용한 도움을 줄 것이다. 물론 이러한 설명은 보완적인 것이 될 것이다. 예를 들어 인지를 일정한 것으로 보는 연구자들은 문화나 성격이 설명에 추가되어야 할지의 여부를 결정하는 입장을 취할 것이다. 그러나 그것이 개인을 통합하는 것이 아니라 오히려 이를테면 삶의 경쟁 방법을 고수하는 것과 같이 개인을 분리시킨다면, 문화에 대한 통제는 연구자들에게 인지적 변수를 설명에 첨가시켜야 할지 여부를 결정하게 할 것이다. 어느 누구도 이러한 시도를 하지 않았다.

만일 우리가 이 문화이론의 결론을 동유럽 및 소련에 적용할 경우, 우리는 이 가설을 검증할 수 있는 또 다른 기회를 만들 수 있을 것이다. 추가적으로 필요한 모든 것은 역사적 우연성과 문화적 맥락이다. 맥락(배경)에 따라 그것은 논쟁을 하는 문화의 상대적 강도를 뜻하기도 하며, 우연성에 의해 상황이 변함에 따라 다양한 문화의 지지자들은 자신의 목표를 새롭게 확보하는 방법을 결정해야 한다는 것을 의미한다. 사람들은 자신의 삶의 방법을 지지하기 위해 두렵다고 생각하는 것을 선택하게 된다는 일반적인 이론을 적용하면, 문화론자들은 자본주의 사회에서 대규모 기술에 반대하는 정치경제학이 그 안에서 자본주의를 비판할 수 있는 기회로 보는 평등주의자들에 의해 주도될 것이라 가정할 수 있다. 즉, 그들이 반대하는 것은 본질적으로 기술이 아니라 예를 들면 중요한 인구 비율을 만드는 것과 같이, 불균형한 자본주의 기업의 산물로서 그것이 갖는 의미이다.

동유럽에서 사회주의가 통치한 기간 동안에 사람들은 더 많이 병에 걸렸고, 정권은 억압적이었으며 불평등한 모습을 보여 주었다. 따라서 환경보호 운동은 반체제 정책으로서 더 적은 오염원을 지지할 수밖에 없었다. 사회주의권의 붕괴 이후 현재까지의 분석에서 문화이론은 과거 사회주의 국가의 환경 단체들이 서구 자본주의에서만큼 강하지 않았으며, 정권에 반하는 저항의 역할을 하지 못했다는 것을 보여 준다. 사회주의 지배하에 발생한 오염에 대해서 기존 정부를 비난하기란 불가능했을 것이다. 또한 그들이 현재의 문제도 해결하기 어려운 때에, 자본주의를 통렬히 비판하거나 또는 과거 문제에 대가를 치르도록 하는 것 역시 큰 의미가 없었을 것이다. 환경 단체들은 환경오염이라는 명목하에 반정부 시위를 할 수 없었다.

따라서 서방의 국민들과 달리 유전자 변형물의 방출처럼 멀게 느껴지거나, 이국적인 것으로 보이는 사건은 전혀 문제가 되지 않는 반면, 문화이론을 적용하면 물·공기·음식과 같은 일상생활에서의 위험 요소는 큰 문제로 인식되었다. 왜냐하면 수질 오염, 공기 오염은 건강을 해치는 것으로 널리 알려져 있기 때문이다. 사회주의 국가에서는 미디어를 통하여 새로운 기술에 대해 의혹을 제기하는 캠페인이 존재하지 않았다.

미국, 서유럽, 한국과 같이 사람들의 수명이 계속 늘어나고 사망률은 전반적으로 빠르게 감소하는 국가나 상대적으로 오염이 심하지 않은 국가에서는 대규모의 영향력을 발휘하는 환경 운동을 찾아 볼 수 있다. 반면 동유럽이나 중국과 같이 사람들의 수명이 그대로 이거나 증가하는 국가, 많은 사람이 건강상의 문제를 겪고 있는 국가, 환경오염이 심한 국가에서 환경보호 운동은 있지만 그 규모가 매우 미미하고 정치적 영향력 역시 크지 않다. 문화이론은 환경 피해의 주장과 삶의 다양한 방식에 대한 지지 간의 기능적 상호 관계를 가정함으로써 이 명백히 놀라운 모순을 설명하려고 한다.

4. 오래된 기술과 신기술의 대립

위험이 대립의 문제가 아니고 또한 그것이 정치화되지 않았을 때, 무엇이 알려지거나 알려지지 않아야 할지는 전문가가 내리는 판단의 문제이다. 하지만 위험의 정도가 정치화되면 무엇이 알려지고, 누구에 의해서 그것이 이루어져야 할지는 논쟁의 대상이 된다. 즉, 인간이 주어진 환경의 수동적인 수신자라기보다는 그들 의식의 적극적 조직자로 간주되는 경우, 지식을 구성하는 것은 손쉬운 문제라는 것이다. 예를 들어 일본과 미국에서 이루어진 원자력에 대한 인식의 비교 연구에서 일본인에 비해 미국인에게 원자력의 위험은 다소 생소한 것이며, 개인과 학계에도 잘 알려지지 않은 문제로 보는 경향을 나타냈다.[103] 만일 우리가 과학적인 증거에 대해 묻는다면,

방사선의 위험이 물론 전부 알려진 것은 아니지만 가장 잘 알려진 것이라는 점에 대해서는 의심할 여지가 없다. 다른 현상에 비해 제2차 세계대전이 끝나기 직전에 원자폭탄이 떨어졌던 지역인 히로시마와 나가사키에 대한 연구로 인해 많은 것이 잘 알려져 있다. 따라서 그 원자력의 영향이 상대적으로 알려지지 않았다고 말하는 것은 원자력을 지지할 수 있는 비교 주장을 하자는 것이 아니라, 이를테면 원자력에 반대하는 입장을 취하는, 즉 더 큰 경고를 하려는 것이다. 우리가 논하는 것은 첫 번째 기술에 대해 취하는 찬반 입장이며, 다음은 그 공포에 대한 판단 그리고 그것의 수용 불가 가능성이다.

일본뿐만 아니라 노르웨이, 헝가리, 홍콩에서 조사를 한 사람들은 미국에 비해 기술적인 생산품의 결과를 시민과 과학자들이 더 잘 알고 있다고 보는 것으로 나타났다.[104] 체코비치와 얼(Cvetkovich and Earle)의 연구에 따르면 미국에서 이루어진 연구는 '잘 알려지지 않은 위험'의 특성이 대체적으로 공적인 관심을 불러일으키는 원인이 되는 반면에 여타 노르웨이에서는 '잘 알려지지 않은 위험'이 사회적 의사 결정자가 무방하다고 무시할 수 있는 '중요하지 않은 위험'과 동일한 모습을 나타냈다.[105] 따라서 '보편적인 인지적 편향의 주장'을 받아들이는 것에 주의를 해야 한다는 주장은 의미가 있다.[106]

헝가리 사람들은 90개의 위험 가능 요소 중 84개를 위험으로 평가했다. 이는 미국인들에 비해 더 낮은 수치이다. 헝가리에서 이루어진 연구에서 가장 흥미로운 점은 미국인들이 좀 더 심오한 문제에 대해 우려하는 반면에 헝가리 사람들은 출산이나 전자 제품 사용과 같은 일상생활의 위험을 가장 높게 평가했다는 점이다.[107] 헝가리 사람들이 내린 평가에 대한 설득력 있는 이유는 그들이 미국인들과는 달리 실제로 일상생활에서 상당한 위험에 직면하고 있다는 점이다. 하지만 미국인들이 실제로 원자력이나 유전자 조작 또는 확률은 매우 낮지만 일이 잘못될 경우 그 결과가 매우 심각한 문제를 동반할 수 있는 더 큰 위험에 직면하며 살고 있는 것일까? 우리가 지금 말할 수 있는 점은 그것이 오래된 문제인지 새로운 문제인지, 비교적 알려진 문제인지 알려지지 않은 문제인지와 상관없이 무엇을 두려워하는지 그리고 얼마나 두려워하는지는 국가마다 달라질 수 있다는 것이다. 기술에 대한 과학적 지식이 모든 국가에서 다르게 나타나고 왜 인식은 다르게 나타나는 것일까? 더욱더 많은 연구가 필요하다.

5. 위험 인식에서 지식은 중요한가?

캘리포니아 유권자들이 '빅 그린(Big Green)'(조례 128)을 거부하도록 하는 홍보 캠페인이 시작되면서 오래된 농업 및 규제 조항을 과감하게 바꾸려는 제도적인 조치가 시행되었다. 여기서 조례를 거부하도록 촉구하는 데 참여한 사람들에게 그들의 주장이 사실이 아니며 두려움이 과도했다는 것을 유권자들에게 설명하지 않은 이유를 물었다. 여기서 빅 그린 조례의 반대자들은 위험에 대한 모든 논의, 심지어는 진실한 주장에 의문을 제기할 수 있는 논의들이 모두 유권자들을 더욱 두렵게 만들 수 있다는 점이 두려웠다는 것을 알 수 있었다. 그 대신에 지지하는 쪽은 부과되는 큰 경제적 부담 그리고 기존 관행에서 나온 위험 주장은 사실이 아니라고 이야기한 전 의무국장 에드워드 코프(C. Edward Koop)의 신뢰도를 강조하였다. 여기서 위험 자체의 논의는 위험 인식을 증폭시켰고, 신뢰도는 사람들의 위험 인식을 약화시켰다.

우리는 원자력발전소의 바람직한 방향에 대해 타이완 전력 회사가 수행한 1989년 설문 조사가 동일한 내용을 제시하고 있다는 것을 볼 수 있다. 일반 대중이 서로 다른 주장을 들을 수 있는 기회가 있다면 이것을 들은 후에 그 위험이 매우 심각하다고 생각하는 사람의 비율이 8%에서 38%로 증가하였다는 연구 결과가 있다. 잔탄 리우(Jan Tan Liu)와 케리 스미스(V. Kerry Smith)는 "모순적이게도, 논쟁의 가장 큰 효과는 타이완에서 제안된 발전소에 대한 지지를 떨어트렸다는 것이다. 토론 후, 설문 조사 응답자들은 그것을 반대하거나 결정을 내리지 못하는 상태가 되어 제안된 발전소의 건설을 찬성할 가능성이 낮아졌으며 또한 결정을 내리지 못하던 입장에서 반대의 입장으로 옮겨 갔다"고 주장하였다.[108] 아마도 그 토론은 원자력이 사람들이 생각하는 것보다 더 위험하다고 설득시켰을 것이다. 더욱 그럴 법한 것이 해크 젠킨스－스미스(Hank Jenkins－Smith)와 동료들이 미국 남서부에서 수행한 여러 설문 조사에서 알아낸 결과와 유사하다. 새로운 정보는 개인들이 위험에 대한 추정치를 대부분 하향 조정하는 것이 아니라 상향 조정하도록 만들 가능성이 더 높다.[109]

리우와 스미스는 뉴욕 주에 거주하는 2,300명의 주택 소유자들에게 지하실에서 라돈으로 인해 겪게 될 수 있는 위험에 대해 새로운 정보를 알려주고, 그에 대한 반응을 연구하였다. 타이완과 마찬가지로, 뉴욕 주에서 이루어진 연구 역시 소위 '고정된 편견(the anchoring bias)'의 중요성을 확인하였다. 이 두 연구자는 '뉴욕 주에서 경험적 인지 모델의 적용'이라는 연구에서 개인이 자기 집에 존재하는 라돈 준위에 대해 보다 정제된 정보로 위험의 초기 인식을 새롭게 함에 따라 처음보다도 약 일곱 배가 넘는 정도까지 위험 인식이 증가한 사실을 끌어냈다.

이것은 엄청난 것이다. 첫 번째 정보 업데이트는 이후의 것에 비해 훨씬 더 중요한 것으로 나타났다. 그러나 수용된 정보는 사람들이 초기값의 관점에서 생각하도록 한다는 점에서 "이러한 프레임은 사람들이 초기값이라는 출발점을 초과하는 새로운 값에 대응하는 방법에 분명 영향을 미치도록" 조장한다는 것이다.[110] 화학물질 또는 방사선에 대해 용량 반응 관계가[111] 존재하느냐에 대한 논쟁의 중요성은 아마도 그 임계값의 존재에 대한 믿음이 위험에 대한 개인의 인식을 어떻게 이끌어 가느냐에 있을 것이다. 대부분의 사람들과 대부분의 시기에 설득되지 않은 개인들이 원하는 것은 결정에 대한 명확한 규칙이다. 전문가들이 동의하지 않는 경우 혹은 적어도 그들이 동의하지 않는 것으로 보이는 경우, 나머지 일반 사람들은 걱정을 한다.

피해의 발생에 대한 우려와 그것에 대해 무엇인가를 할 수 있다는 믿음 사이에는 분명한 차이가 존재한다. 아프리카계 미국인들이 백인에 비해 암에 걸릴 확률이 상당히 적으며 방호복, 수술, 건강 검진과 같은 예방 조치가 라틴계 미국인이나 백인 미국인에 비해 매우 덜 효과적이라는 것을 인식하고 있는 반면에 또한 이 아프리카계 미국인 집단은 암에 대한 지식이 전혀 다르지 않음에도 불구하고, 자신이 암에 걸리고 나면 훨씬 더 심각한 상황이 될 것이며, 암의 진행에 대해 할 수 있는 것이 더 적다고 믿는다.[112] 그것이 쓰리마일 섬의 원전 사고 이후 핵 물질의 수송이나 폐기물에 대한 반응을 나타내는 것이든 아니든 간에 아프리카계 미국인들은 더 큰 우려를 나타냈으며, 시설을 기꺼이 축소·중지 또는 폐쇄하고자 하는 경향을 나타냈다.[113]

분석에서 교육 및 소득 사항을 빼고도, 터너와 키콜트(Turner and Kiecolt)는 라틴계 미국인에 비해 아프리카계 미국인들이 미래에 발생할 수 있는 큰 지진으로 인한 파괴 및 피해를 통제할 수 있다는 인식이 그리 높지 않다는 점을 발견하였다.[114] 운명론을 믿는 사람들은 세계는 무작위로 돌아가고 있으며, 인간은 자연을 거스를 수 없기 때문에 노력만 가지고는 앞서 나갈 수 없다고 믿는다. 따라서 운명론자들은 자신이 암에 걸릴 확률은 더 적을 수 있지만, 일단 암에 걸리게 되면 자신이 할 수 있는 일은 많지 않다고 생각하는 것이다. 이것은 사람들은 자신의 인식을 결정하는 사건에 이끌리게 된다는 것을 말한다.

1990년대에 수행된 여러 조사 연구에서 가장 중요한 한계점은 왜 대다수의 응답자들이 매우 유익한 것으로 설명되는 것에 찬성하지 않는 이유를 여전히 제시하지 못했다는 점이다. 예를 들어 변수의 30%에 해당하는 사람들이 특이한 의견 양상을 보였다면 그 나머지 70%는 무엇을 말하려고 했을까? 우리는 개인이 다른 사람에게 책임을 지도록 하거나 요구하는 것처럼 인식에 어떠한 요인들이 사회·문화적 제약을 가져오는지를 아는 것은 위험 인식의 연구에서 예측능력을 크게 향상시킬 것이라 생각할 수 있다. 우리나라는 이제 이 연구가 시작되는 초기 단계에 있다. 원전을 둘러싼 논의가 큰 정치적인 쟁점으로 변화될 조짐을 보이고 있다.[115] 우리는 어떻게 앞으로 에너지 문제를 해결할 것인가? 이와 관련해서 1990년대에 이루어진 연구의 방향과 분석은 우리에게 큰 과제를 던져 주고 있다.

7장

전문가와 비전문가의 위험 인식

사회학적인 위험 정의는 위험을 정보만으로는 해결할 수 없는 결정 문제
와 시간 문제라고 본다. 다시 말해서 위험은 불확실성과 책임의 산물이다.

노진철(경북대학교 사회학과 교수)

기술 사회가 진보하면서 위험 인식은 중요한 사회과학적인 연구 주
제가 되었다. 따라서 우리는 어떤 요인들이 이런 인식에 영향을 미
치는지 이해할 필요가 있고, 어떻게 사회적 위험과 함께 살아갈 수
있는지를 미래와 연계시키면서 학문적인 성찰을 할 필요가 있다. 이
성찰에서 중요한 첫걸음은 전문가와 일반 사람 간의 위험 평가가
어떻게 다른지 그리고 왜 다른지를 조사해 보는 것이다. 산업사회가
고도화되면서 전문가의 판단은 더욱더 정통성 문제에 휩싸이고 있
다. 왜냐하면 전문가의 의견이 이전보다 큰 역할을 요구받기 때문이
다. 어떤 요인이 다양한 전문가 집단 간에 의견 차이를 만들어 내는

지는 많은 논의를 거쳐 왔지만 여전히 불명확하다. 이 문제와 관련하여 세 가지의 상이한 해석을 제시할 수 있다.

　첫 번째로 심리학적 관점이다. 이것은 과학적인 전문가들이 수행한 객관적인 위험 평가와 회의적인 일반 사람 즉 대중에 의한 위험한 기술에 관한 주관적인 인식 사이의 불일치의 유형을 설명하는 심리 측정 연구의 결과에 토대한 연구 방법이다. 두 번째로 다원주의적 관점이다. 이것은 주관적인 위험 대 객관적인 위험의 구별이 사회와 기술의 판단을 이끄는 기초적인 합리성이라는 것을 거부하면서 말 그대로 다원주의적 인식을 끌어내는 것이다. 여기서 객관적이라는 것은 없다는 점을 강조한다. 세 번째로 비판주의적 관점이다. 독일 사회학자 하버마스(Habermas)의 논리를 따르면서 기술적인 위험들에 대해서 결정들을 내리는 위험 커뮤니케이션과 정치적 무대의 새로운 형태들에 관해 논하기 위해서 경쟁하는 합리성의 개념을 끌어냈다. 지난 20여 년간의 위험 커뮤니케이션 논쟁은 핵폐기물 처리장, 유독한 화학 폐기물의 소각장, 환경오염, 지구온난화, 라돈, 석면의 사용과 같은 산업화의 부산물과 밀접히 연결되어 있다.

　북미와 유럽연합을 위시한 여러 나라에서 위험한 폐기물의 소각은 대중의 격렬한 반대에 직면하고 있다. 이런 저항의 배후에는 공공의 정책이 불합리하다는 일반 사람의 평가가 함께하고 있다. 전문가는 대중의 위험 평가는 주로 사실이 아니라 공포에 좌우된다고 하면서 그 문제점을 비난한다. 대중의 사회적 압력은 과학 전문 지

식에 계속적인 도전을 하면서 전문가의 적법한 권리도 훼손하는 것을 볼 수 있다. 송해룡의 주장에 따르면,

……대중은 예전에 존경을 하도록 강요되었던 공공기관이나 집단을 더 이상 신뢰하려 하지 않는다. 정부와 산업체는 모두 신뢰할 가치가 없는 것으로 간주된다. 심지어 존경을 받았던 과학자들도 예전만큼 존경받지 못한다. 예전에 과학자들이 위험 메시지를 시민들에게 전달하는 데 어려움이 있었지만 그때는 전문 지식과 신분이라는 위상에 의지할 수 있었다.

이 '존경의 상실'을 통해서 우리는 이제 건강한 회의주의자가 되어야 할 것이다. 이 현상을 개탄하고 우려해야 할 것이 아니다. 왜 이러한 사회적 현상이 일어났는지를 이해하기 위해서 우리는 왜 전문가들과 일반 사람들의 위험 평가가 다르게 나타나고, 차이가 나는지 커뮤니케이션학적 논리와 심리학적 인식을 주의 깊게 탐구해 보아야 할 것이다.

1. 전문가와 비전문가의 위험 인식: 심리학적 관점

위험 평가에서 접하게 되는 여러 용어들에 대한 정확한 정의가 기

관마다 다르며 맥락에 따라 다른 모습을 하고 있다. 그러나 위험 전문가들의 일반적인 위험에 대한 기술적 접근 방법은 위험을 특정한 부정적인 결과나 영향의 확률(빈도)로 정의한다.

따라서 전문가들의 위험 판단은 일차적으로 '**가능성 × 결과**'로 위험을 이해한다. 전문가의 평가는 유용한 데이터, 책임 구조 분석 그리고 수학적 계산에 전적으로 의지한다. 그래서 이 평가는 불확실하기 쉽다. 이런 불확실성은 등식의 양 요소, 즉 발생 가능성의 계산과 결과의 추정 모두와 관계가 있다.[116] 일반적으로 말해서, 위험 전문가들은 평가 시 종종 어디에 불확실성이 있는지만을 명확히 하는 데 노력하고 있다. 전문가의 평가는 예를 들어 단지 발전소의 안정성에 대한 투자 결정과 위험 관리에 도움을 줄 뿐이다. 위험 산정에 관계된 불확실성의 정도에 대한 정확한 언급은 드물고 일반적으로 자신이 내린 평가에 과학적인 정확성을 주도록 하는 데만 상당한 주의를 기울인다.

평가를 위한 이러한 기술적 접근 방법에서 어려운 점은 평가되는 위험의 실제적인 맥락과 관련이 있다. 따라서 예를 들면 특정한 매립지 장소 내의 위험 물질의 정확한 보존 기간과 양은 잘 기록되지 않을 수 있다. 그 장소의 지질 구조는 충분하게 이해되지 않았을 수 있고, 지질의 단층을 통한 유독 물질의 이동 경로를 파악하지 못했을 수도 있다. 따라서 매립지 장소에 폐기 처분된 독성 물질이 지역 환경과 주민들에게 노출될 수 있는 가능성과 관계된 확률을 계산한다는 것은 쉽지 않다. 유사하게 그 장소에 매립된 물질들에 대한 독성학적 자료들과 그 물질들이 인간에게 미치는 가능한 영향 또한 정확하지 않다. 따라서 건강에 미치는 영향에 대한 산정 역시 불확실하기 쉽다. 그럼에도 불구하고 전문가의 위험 평가는 그런 중요한 환경적인 쟁점에 대한 결정을 내리는 데 유용한 도움을 주고 있다. 위험 전문가들은 그러한 평가에서 불확실성이 존재하는 부분에 주어지는 제한으로 인하여 '보수주의적'인 모습을 하는 것으로 그려진다.

1978년 미국에서 피시호프와 동료들(Fishhoff et al.)은 전문가의 위험 평가와 일반 사람들 간의 위험 평가 사이의 차이를 조사하고,

인재로 발생한 구미의 불산가스 누출 사고

출처: 연합뉴스(2012.10.3)

동시에 약 90가지의 다양한 행위 그리고 기술들과 관련된 대중의 위험의 평가에 강한 영향을 미치는 요소들을 결정하는 작업을 수행하였다. 일반적으로 이들에 의해 추구된 심리 측정 패러다임의 실험적인 연구는 인식되는 위험은 정량화할 수 있고 예측할 수 있다는 것을 제시하였다. 게다가 그 연구는 상이한 집단 간의 위험 인식의 체계적인 차이를 확실히 하였다.[117] 전문가들의 위험 판단이 매년의 사고사와 높을 정도로 함수관계가 있는 반면에 일반 사람의 위험 판단은 잠재적인 재앙, 차세대에 가하는 위협 같은 다른 위험 특성에 의해 보다 강하게 영향받는 것으로 나타났다. 전문가들은 위험의 부정적인 결과는 적지만 발생할 가능성이 높은 사건들을 과소평가하는 경향이 있고, 반면 일반 사람들은 결과는 크지만 가능성이 낮은 사건을 과대평가하는 경향을 나타내는 것으로 제시되었다.

사람들이 지닌 다양한 태도, 판단, 경향을 의미하는 이러한 인식의 차이에서 나타나는 관계들은 다양한 위험들과 행위들과 연루된 위험과 이익들에 관한 사람들의 '인식 구조'를 이끌어 내기 위한 설문지를 개발하도록 이끌었다. 슬로비치는 1985년에 이 설문지를 개발하였다.[118] 심리 측정 접근 방법으로 불리는 이 접근 방법은 위험 인식에 영향을 줄 것이라고 가정되는 주요 특징과 요소들과 관계하여 그것들을 평가함으로써 '위험의 개성'을 특화시켰다. 이 요인 분석적인 방법은 대중의 위험 인식에 가장 영향을 미치는 위험과 관련된 세 가지 핵심적인 특징들을 밝혀냈다. 이 세 가지 위험 특징은 다음과 같다.

- 공포: 행위와 기술이 두려움의 감정을 유발하는 정도
- 친밀도: 행위와 기술들이 사람들의 일상과 관계된 정도.
- 노출된 사람 수: 사람들에게 해를 끼치는 행위와 기술들의 잠재적인
재앙의 발생 가능성

다시 말해서, 대중의 위험 평가에서 강조되는 것은 발생 가능성이라기보다 불행한 결과를 가져올 잠재성이었다는 것이다.

1983년 미국에서 어떤 요인들이 사람들이 상이한 여러 다른 산업 시설들이 있는 지역의 주변에서 거주하는 데 영향을 미치는지를 결정하는 설문 조사가 수행되었다.[119] 이 연구에서 중요한 발견은 대중이 흔히 기관의 운영자들을 더 이상 신뢰하지 않는다는 것이다. 이 연구에서 특별하게 명시되어야 할 필요가 있는 인식된 위험 요인은 '결과에 대한 개인적 통제'였다. 이것은 그 후에 이루어진 많은 연구가 확인하고 지지하는 요인이 되었다. 이것은 또한 왜 그렇게 많은 사람이 자신과 아이들을 길거리와 집, 놀이와 같은 일상생활에서 높은 위험 수준에 기꺼이 노출시키는가를 설명하는 방법으로 원용되었다. 사람들은 과속 운전을 하고, 즐기기 위해서 행글라이딩이나 등산을 하면서 어떤 개인적인 선택을 한다. 여기서 사람들은 이익을 평가하고, 선택을 하면서 이에 따른 결과를 받아들인다.

따라서 위험 폐기물처럼 선택을 강제당하는 부분에서 대중의 위험 평가는 인식되는 경제적인 비용에 의해 강하게 영향받는다. 그 비용이라 함은 시설이 계획되거나, 어떠한 화학물질이 누출되는 시설 근처의 소유물에 대한 가격 하락을 말한다. 이 외에 1) 노인들과 아이들을 포함한 확실히 약한 사람들의 건강에 미치는 영향, 2) 메탄가스의 누출이나 지하수의 오염과 같은 보이지 않는 위험, 3) 어떻게 그 시설이 작동하고 있는지에 관한 통제 상실의 감정이 영향을 미친다. 따라서 일반 대중에게는 이와 같은 위험이 동반하는 해로운 손실적인 결과들이 인식되는 어떠한 이익보다 강력한 영향력을 발휘한다.

이런 점에서 미국환경보호협회(EPA)가 지원한 연구는 매우 교훈적이다. 맥클린랜드와 동료들(McClelland et al.)은 1990년 로스앤젤레스의 '슈퍼펀드(Superfund)' 지역[120]에 인접한 지역의 토지 가격에 영향을 준 위험 인식을 조사했다. 이 연구자들은 지역 주민들 틈에서 건강 위험에 대한 믿음과 추정되는 토지 가격 사이의 매우 부정적인 반대 관계를 발견했다.[121] 그 연구는 지역사회 공동체의 전체적인 땅값의 손실이 4억 2000만 달러에 이르며, 그 장소를 폐쇄한 후에라도 여전히 1억 7000만 달러의 손실이 발생할 것이라고 밝혔다. 연구자들은 건강에 미치는 위험과 관련하여 어떤 근거 있는 과학적 평가도 없이 이 장소에 대한 전체적인 정화를 하는 것이 비용 효과적일 것이라는 결론을 내렸다.

이 연구의 정책적 함의는 분명하다. 투자 결정은 가능한 한 전문가의 건강 위험에 대한 판단에 기초해야 하는가, 아니면 차라리 대중이 인식하는 위험 평가에 기초해야 하는가? 미국 연구자들은 건강에 영향을 주는 전문가의 판단과 거주자의 걱정을 조화시키기 위하여 위험 커뮤니케이션 프로젝트에 투자하도록 제안하면서 대안적인 해결을 제공한 것이었다. 여기서 '조화시키기 위하여'라는 표현은 매우 조심스럽게 사용되었다. 왜냐하면 전문가의 평가가 대중의 인식과 반대되는 것으로서 즉 '주관적인 위험'의 반대는 '객관적인 위험'이라는 것이 옳다는 그리고 전문가의 판단이 옳고 대중의 견해는 정정이 필요하다는 인상을 주려는 의도가 없었기 때문이었다. 오히려 중요한 것은 전문가와 일반인의 위험 평가는 굉장히 다르며 그리고 대안적인 관점의 반대적 명료함은 환경 위험과 관련하여 더 나은 결정을 위하여 필수 불가결하다는 것을 말한 것이다. 슬로비치는 이렇게 이야기하고 있다.

아마도 이 연구의 가장 중요한 내용은 공중의 의견과 인식에는 잘못도 있지만 지혜도 함께 들어 있다는 것이다. 일반 사람들은 때때로 어떤 위험에 관한 정보가 부족하다. 그러나 그들의 기본적인 위험의 이해는 전문가의 이해보다 풍부하며, 전문가의 위험 평가에서 보통 빠지는 합리적인 관계를 반영한다. 결과적으로 위험 커뮤니케이션과 위험 관리 노력은 그것들이 두 가지 방법으로 이루어지지 않으면 실패할 수밖에 없다. 전문가와 공중 각각은 매우 가치 있는 공헌을 하고 있다. 각 측은 다른 측의 통찰력과 지식을 존중해야 한다.[122]

여기서 보듯이 전문가의 관점과 일반인의 관점은 서로 보완적이기도 하고 동시에 적대적이기도 하면서 위험 커뮤니케이션에서 논쟁적인 차원을 만들어 내고 있다.

2. 공적인 공간에서 전문가의 모습

앞서 말했듯이, 요즘 과학자에 대한 존경이 줄어들면서 과학자들의 관점에 대한 정당성과 일반적인 공중이 주장하는 관점 사이에 점점 더 큰 단절이 나타나고 있다. 우리나라에서는 황우석 교수의 줄기세포 조작 사건 이후에 이와 같은 모습은 더욱 눈에 띄게 증가하고 있다. 여러 사람들이 전문가는 전문가의 역할에서 과학적인 지식과 조언을 구분하지 못하고 혼동하고 있다고 말한다. 사회는 과학을 경제문제와 환경문제를 해결하는 데 필요한 기술적인 해답으로 이용하려 한다. 이와 같은 추세로 인하여 전문가의 견해나 의견의 역할은 날로 증대되고 있다. 과학자들은 이제 자신들이 산업에서, 환경단체에서, 관계 정부 기관에서 전방위적인 전문가로의 위상이 요구되고 있다는 사실을 안다. 그들은 직간접으로 개인 회사의 자문위원이나 또는 임원으로 일한다. 그들은 종종 법정에서, 공적인 조사에서, 그리고 조사위원회에서 개인적인 의견을 조언이나 공적으로 표현하도록 요구된다. 이 과학자들의 조언이나 의견은 점점 더 그들이 원래 가지고 있던 정통성을 잃어버리고, 오히려 공중의 저항을 불러일으키기도 한다.[124]

원자력 산업, 화학 산업 그리고 폐기물 산업은 이러한 이해의 갈등이 심한 영역이다. 과학과 기술은 산업 발전의 수단임과 동시에 산업 발전을 정당화시키는 기능을 하지만, 역으로 인간의 건강에 대한 위협과 환경오염이 기술적인 요인에 의해서 발생하였다고 믿도록 하는 단초를 제공한다. 일반적으로 기술은 산업 발전의 수단이고 산업 발전으로 생기는 위험을 정당화시킨다. 또한 산업 발전을 통해서 발생하며 인간 건강에 미치는 위해 그리고 환경오염과 같은 위험을 소위 기술적 산정을 통하여 과소평가토록 한다. 원자력 산업과 화학 산업을 통하여 만들어진 쓰레기를 정화하고 다시 재처리하여 사용하는 데 드는 모든 비용은 대개 보험회사와 납세자, 정부가 부담한다.

몇몇 학자는 전문가가 주는 의견에 들어 있는 이러한 극단적 입장은 그들의 의견이 추구하는 범위 내에서 새로운 시각으로 바라볼 필요가 있다고 주장한다. 예를 들어 립(Lip)과 같은 학자는 과학 전문가의 의견에 내재된 세 가지 유형의 신화에 대하여 말하고 있다. 이 신화는 수정되어야만 하는 비현실적인 목적을 가진다는 것이다. 우선은 '강한 사실(hard-fact)' 신화다. 이것은 과학은 단지 객관적인 사실만을 제공한다는 것이다. 다음은 과학의 객관성은 전문가들의 합의를 통해서 강화된다는 '합의에 의한 객관성(consensual-objectivity)' 신화다. 마지막 '문제에 대한 어떤 정보를 준다는(point-source)' 신화는 과학은 사회 – 정책적 결정과 관련된 문제를 해결하는 지식을 제공해 준다는 것이다.

우리는 어떤 결정이 동반할 수 있는 가능한 사실적인 결론을 정확히 말할 수 있다. 대부분의 극단적인 경우는 과학적 합의가 없고 사회적·정치적 목적에 대한 합의가 없을 때 발생한다. 이러한 상황에서 전문가의 의견을 사용하는 것을 더욱 경계해야 한다. 우리에게는 소위 실용주의적 합리주의(pragmatic rationalism)가 요구된다. 이것은 전문가 의견의 목적을 새롭게 정의하고 있다.

과학적이고 기술적인 원천의 지향점은 과학 합리주의를 통하여 이상적이고 계몽적인 버전을 만들기 위해서 노력하는 것이 아니라, 건전한 규정과 정책을 만드는 데 이용하는 것이다.[125]

심리 측정학적 패러다임(psychometric paradigm)은 우리가 조심해야 할 근거를 제공한다. 우리는 사람마다 위험을 이해한다는 것이 서로 다름을 알아야 한다. 이 같은 주장을 증명하기 위하여 전문가의 판단은 1년 동안의 사망자 수에 따른 기술적인 평가라는 것을 앎에도 불구하고 한 독성학 연구 보고서는 중요한 새로운 질문을 제기하는 실험을 하였다.[126] 설문지는 독성학의 위험 평가에서 기본적인 원리와 판단의 구성 요소를 이끌어 내도록 설계되었는데, 독성학 협회의 구성원 180명과 일반인 262명을 대상으로 조사되었다. 이 연구는 개인의 가치와 조직의 가치가 위험 이해에 미치는 영향에 대해 조사한 것이다. 슬로비치는 연구 결과를 통해서 이렇게 주장한다.

> ……강력한 '소속 선입관(affiliation bias)'은 산업체에서 일하는 독성학자들이 화학물질을 학계와 정부에서 일하는 사람보다 더욱 긍정적으로 평가하도록 한다. 산업체에서 일하는 독성학자가 동물실험을 통하여 얻는 일반적인 결과는 다른 전문가들보다 더 믿도록 하였다. 이러한 실험을 통해 어떤 물질이 발암물질을 유발한다는 결과는 일반 산업체 전문가들의 의견을 바꾸도록 하면서 실험이 유용했다고 생각토록 하였다.[127]

그래서 이 같은 연구 결과는 전문가와 일반인의 위험 이해에 대한 심리적인 관점은 두 집단 간에 그리고 집단 내부에서도 모두 상당히 다른 이해를 하고 있다는 것을 보여 준다.

3. 전문가와 일반인의 위험 평가―다원적인 관점

위험 인식을 이해하기 위한 새로운 양자택일적 방법은 객관적인 이해와 주관적인 이해 사이의 구분에서 연원하고 있다. 이것의 기원은 막스 베버의 사회학에서 찾을 수 있다. 베버적인 사회학은 '의미의 공유'가 아니라'이해(理解)의 과정'으로서 사회 상호작용을 다룬다. 이해의 과정을 통하여 경쟁적이고 다원화된 이해 또는 합리주의가 사회적 결정에 일반적인 지표로 설정되는 경향이 있다는 것이다. 이같은 다원적인 관점은 문화 이론가들의 위험 연구를 발전시키는 새로운 토대가 되었다.[128]

윈(Wynne)은 객관적·주관적 위험 구분을 강력하게 반대하면서 이러한 구분 때문에 대중이 관심을 가질 필요가 없는 일부분의 환경과 안정성 문제에 대해 관심을 가지게 된다고 주장하였다.[129] 더욱이 앞서 언급된 심리적인 패러다임은 규제 형태와 결정 과정, 즉 제도적인 관계에 충분한 주의를 기울이지 못한다는 것이다. 스벤손(Svenson)과 피시호프(Fischhoff))의 주장에 근거하여[130] 우리는 이성적으로 신뢰할 수 있는 위험을 말할 수는 없고, 오히려 결정을 내리는 특정한 맥락 안에서 인정할 만한 옵션으로 받아들여야 한다는 주장이 제기되었다. 다시 말하면 전문가와 일반인 사이의 위험 이해에 대한 차이를 강조하면서 특정한 위험 문제에 대한 일련의 해답이 존재한다는 것을 이야기해야 한다는 것이다. 하지만 이 문제에 대한 해답과 해결 방안의 범위는 문제 자체가 어떻게 제안되어졌는지에 따라 유효할 수 있다. 예를 들어 특수 폐기물 문제는 지역 경제에 심각한 결과를 가져올 수 있다는 관점에서 중요한 정치적인 대안을 선택하고 이끌어 낼 수 있다.[131]

그래서 윈은 초기 비판에서 위험 문제의 대안적인 관점의 유용성을 판단할 중요한 기준을 논하면서 우리가 사회적 상호작용에 영향을 미치는 중요한 변수를 결정하는 데 관여하는 위험 문제를 다루려면 문화이론에 관심을 두어야 한다고 주장하였다. 즉 상이한 문화적 맥락에서 위험 문제가 다루어져야 한다는 것이다. 고전적인 구분은 시장과 계층주의로 나타난다. 시장을 강조하는 문화는 개인의 자율성과 독립적인 합리성을 따라 상호 간의 경쟁을 하는 자유를 강조한다. 계층주의 문화는 절차적 합리성에 따라 개인의 행동을 통제하려는 데 관료주의 규범이 강조되며 크게 작용한다. 시장은 평등을 유도하고 경쟁을 촉진하는 반면에 계층은 불평등하고 경쟁을 억제한다.

따라서 네 가지 형태로 나타나는 문화 형성의 두 가지 차원을 논하는 것은 매우 중요한 의미를 갖는다. 이것은 계층주의, 평등주의, 개인주의, 운명론을 포함하여 네 개의 사회구조로 나눌 수 있다. 평등주의란 경쟁 없는 평등을 말하는데 여기에는 비판적인 합리성이 작용한다. 운명론은 경쟁에서 불평등을 의미한다. 사회의 많은 주변인들은 자신이 통제할 수 없는 운명을 받아들인다. 이 같은 집단 원리는 네 가지 문화 형태에서 위험에 대한 우리의 관심과 상호작용을 형성한다. 네 가지 문화 형태는 각각 네 개의 다른 위험 이해를 나타낸다(아래 표 참조).

사람들은 네 개의 대립적 문화 형태에 따라 정치적 문제에 대해서도 서로 다른 반응을 보이며 위험 인식도 다른 패턴을 나타낸다.[132] 예를 들어 유독성 폐기물 소각으로 생기는 공해문제가 있다면, 위험한 쓰레기 매립을 반대하는 행위는 위의 도표에서 제시한 합리성의 형태로 나타난다. 사람들은 각각 위험을 특정한 문화적 관점에서 이해하는데, 위해가 발생하는 특별한 상황에 관심을 가지고 위험을 받아들이거나 반대하거나 위험에 순응한다. 건강과 안전, 현

네 가지 문화 형태				
	계층주의	평등주의	개인주의	운명론
조직에 대해 선호하는 방법	소속된 집단에 정주하는 형태	평등주의로 뭉쳐진 집단	자기중심적인 관계	주변 집단
자연의 특성에 대한 관점	자연을 사악하다고 또는 관용적으로 봄	덧없다는 허무주의	관대함	변덕스러움
합리성	절차적	비판적	주관적	숙명론적
위험을 다루는 방법	반대하거나 순응	반대하거나 왜곡	받아들이거나 왜곡	받아들이거나 순응

문화 형태에 따른 위험 이해

출처: Thompson & Schwarz, 1990, p. 61

장 관리, 지역의 환경문제와 지역경제문제의 대립, 문제점에 대한 결정은 대개 문화적 이해에 따라 다르게 판단된다. 따라서 많은 학자가 위험에 대한 문화의 다원적인 차원을 논해야 한다고 주장한다. 기술적이고 환경적인 위험에 대한 문제점과 관련하여 문화 다원론적인 관점에서 볼 때, 사람들은 다원적이고 합리적인 모습을 한다고 가정할 수 있다는 것이다. 20세기 후반부터 문화를 담고 있는 세상과 인간 간의 위험 해석을 둘러싼 대립은 현대사회의 기본적인 갈등을 나타내는 모습 가운데 하나이다. 울리히 벡은 위험사회라는 개념을 통하여 이것을 잘 드러내고 있다.[133]

인류학적인 위험 관점에서 나타나는 어려움은 세부적인 것을 무시하고, 합리적인 다원성을 가진다고 가정하였다는 것에 있다. 다시 말하면 심리 측정학적인 패러다임을 대변하는 객관적·주관적 위험 간의 차이에 대한 거부에 이용되는 상대주의는 새로운 문제점을 만들고 우리에게 즉각적으로 확실한 답을 주지 못한다. 전문가와 일반인의 위험 인식과 관련해서 제기된 전통적인 심리 측정학적 접근 방법에 대한 비판을 보면 이 같은 문제 제기는 객관·주관이라는 구분에서 사회적 상호작용의 조직적인 토대로 옮겨 가고 있는 것을 볼 수 있다.

이제는 사회관계와 합리성의 형태에 관심을 쏟는 것이 중요해졌다. 그러나 이것의 문제는 대부분 액면 그대로 나타나는 것을 받아들이지 않고, 이해를 거의 하지 않는 경향이 있기 때문에 새로운 문제를 제기한다. 위에서 제시한 네 가지 문화 형태에서 다루는 것 외에 어떤 공정한 방법으로 위험 문제를 다룰 수 있을까? 이제 우리에게 필요한 것은 이러한 선택들 사이에서 어떻게 선택하는 것이라 할 수 있을까? 대안적인 자세가 합리적이라면 쓰레기 처리나 소각장 설치와 같은 것들을 해결하기 위하여 문화론을 뒷받침하는 맹목적인 상대론을 우리는 어떻게 피할 수 있을까? 한 가지 대답은 정치학이나 기술학 분야에서 사회적 선택의 실패를 지적하는 글에서 찾을 수 있다.

　　……모든 변화가 경험하고 그 변화에 공헌하는, 그리고 그것으로부터 가장 최선을 끌어내는 문화적인 복수 시스템을 가능케 하는…….[134]

이 주장은 구조주의적인 기술평가를 위하여 두 가지 규칙을 이끌어 내도록 한다. 바로 1) 정치적 문화가 발달 과정에 접근 가능하면 할수록 이것이 실패하지 않을 기회는 더 커진다는 것과 2) 다양한 관점의 위험 평가는 문화 시스템에서 사회적으로 중요한 위상을 갖는 몇 가지에 제한되어 이루어질 수 있다는 것이다. 즉 사회적 형태로 나타나는 위험 평가는 역시 문화적 제한 속에서 사회적으로 실행 가능한 모습으로 제한되어야 한다는 것을 주장한다. 그러나 위험에 대한 이러한 다원적인 관점에 적법성을 인정하는 것은 문화이론의 도전이지만 역으로 유일한 약점이 되고 있다.

4. 공공 분야에서의 위험 평가—비판적 관점

다원적인 문화이론의 관점에 대한 대안은 하버마스(Habermas)가 제안한 비판이론에서 찾아볼 수 있다. 이론적인 담론과 실질적인 담론 간의 차이를 통한 합리적인 토론 과정에 대한 분석에서 하버마스는 위험 평가에 대한 관련 전문가들과 일반 사람 사이의 의견 차이를 훨씬 더 공정하게 해결할 수 있는 몇 가지 흥미로운 기준들을 제시하고 있다.

아래 표는 이러한 두 관점, 이론과 실제 사이의 기본적인 차이

	경험적 – 이론적	실질적
위험의 차원	양적 위험	견디는 정도의 질적 위험
결론	주장	평가/행동 지침
논쟁적 유효성의 주장	진실	적절성
반대자의 요구	설명	공정성
데이터/분야	사건의 관점에서 원인	행동의 관점에서 동기
보증	경험적 일관된 원칙, 가설 등	규범적 가치, 원칙
뒷받침 자료	관찰, 조사 결과, 사실 등	필요성, 추론, 종속적 암시의 해석

담론에서 드러난 위험과 담론의 수준

를 설명하고 있다. 하버마스에 따르면, 우리가 기술 과학 전문가들의 위험 평가와 공중의 위험 평가라고 칭하는 두 가지 관점 사이에서 발생하는 차이점을 해결하는 유일한 방법은 의사 결정 과정에서 한 단계 높은 과정으로 심화되어지는 커뮤니케이션의 형태를 만들어 내는 것이다.[135] 다시 말해, 개인적인 위험이나 환경오염 문제에 대한 고려, 그것에 대한 기술적인 평가와 정당성을 뒷받침하기 위해 제시되어진 증거에 기초한 해결안에서부터(1단계라 칭함), 대체할 수 있는 관점이나 의견, 해결안에 대한 논의까지(2단계라 칭함) 그리고 심지어 그러한 해결안을 야기하는 데 필요한 기본적인 정치적 합의까지(3단계라 칭함) 심층적으로 논의되어야 한다는 것이다. 이러한 관점의 실질적인 적용 사례는 소위 님비(NIMBY)[136]라고 불리는 위험 폐기물 처리 장소 설정에 대한 연구에서 찾아볼 수 있다.

이러한 연구는 늘어나는 범죄자로 인한 교도소, 마약 퇴치 센터, 산업폐기물·핵폐기물을 수용 또는 처리할 방사능 폐기물 처리장 같은 시설의 필요성은 인정하면서도 이들이 우리 뒷마당이 아니라 '남의 뒷마당'에서 이루어지기를 바라는 데에서 비롯하였다. 우리의 관심을 끌어내는 것은 왜 쟁점이 되는 프로젝트에 산업 발전을 찬성하는 사람들이 역으로 자기중심적이고 편협한 반대 세력이 되고 있는가 하는 것이다. 이에 대한 대답은 공적인 거부를 통하여 프로젝트의 적법성 자체를 위태롭게 하면서 이득을 취하는 지역주의라는 것이다.

노무현 정부에서 발생한 부안 핵폐기물 처리장 반대 시위는 우리나라의 위험 인지 연구에서 다양한 논쟁을 불러일으켰다.[137] 이 부안 시위는 "위험한 활동에 대한 공중의 반작용은 위험과 동시에 권력에 대한 관심을 반영하는 것으로, 사회에서 권력 분산에 대한 보다 폭넓은 인지 작용의 한 부분"[138]이라는 주장을 뒷받침하고 있다. 즉, 우리 관심의 초점을 위험 인식의 한 요소인 통제에 대한 문제로 전면적으로 바꿀 필요가 있다. 의사 결정 단계에 대한 평가는 과학적 전문 지식과 함께 공공의 의견을 모으는 것뿐 아니라 환경적으로 과학기술과 갈등 해결을 위해 필요한 상황을 만들어 내는 것을 최고의 목표로 삼아야 한다.[139]

레이크와 디쉬(Lake and Disch)는 국가 정책의 문제로서 유해 물질 처리지 선정의 위험 논란에 대해 전문가와 공중 사이에 야기되었던 논쟁을 정의하면서 공중의 위험 이슈에 대한 다원적인 해석을 다음과 같이 비판했다.

처리 시설의 건설 지역 선정에 대한 갈등은 단순히 연기된 갈등이다. 유해 폐기물 처리 문제는 명백한 위치 선정의 문제일 뿐이다. 그리고 정책 수행 과정은 정치적 갈등의 표현을 단순히 위치 선정이라는 주제를 논하는 토론장으로 옮겨 놓았을 뿐이다.[140]

그러므로 레이크와 동료 연구자들은 유해 처리 시설 지역 선정 문제와 연관 위험에 대한 상이한 인지 작용의 근원을 정통성(합법성)의 문제로 보고 있다. 그리고 관련 전문가와 그 분야에 무지한 일반 사람 간에 발생한 위험 평가에 대한 대립을 풀어 나갈 유일한 방법은 이러한 환경적 논쟁이 정당하게 이뤄질 수 있는 합법적인 의사 결정 구조를 만들어 내는 것이라고 주장한다. 이것은 또한 공정성과 통제에 초점을 둔 보다 나은 형태의 위험 커뮤니케이션을 주장토록 한다. 이를 위하여 몇 가지 조건들이 요구된다.

1) 정책 결정 단계에 조기 참여의 보장
2) 정책 수행의 결과로 입는 손해와 그로 인해 증가된 위험에 대한 보상 문제의 고려
3) 정책 결정을 위한 관련 전문가들을 신중하게 선정
4) 지역사회 및 유해 시설 통제에 대한 고려. 지역의 긴급한 문제를 다루는 발전 위원회와 시민 자문 위원회와 같은 새로운 참여적인 협회의 지속적인 발전.

그러나 이러한 제안 조건들이 권력의 더 근본적인 논점을 언급하는 데는 큰 성공을 거두지 못하였다. 우리는 이런 일들을 다르게 추진할 수 있도록 하는 재활용의 확대, 쓰레기 감소, 환경보호 운동에 대한 보다 많은 홍보 등 다양한 기회들이 존재한다고 보는 하버마스의 규칙에 따라 이러한 조건들을 보안해야 한다. 만약 위험을

내포한 쓰레기 처리장이나 소각장과 같은 유해 활동에 대한 위치 설정 문제와 그 정책이 더 많은 공정성과 통제를 필요로 하는 보다 넓은 분야의 정책과 상호 연관되어 있고 하버마스의 관점에서 쓰레기 정책에 대한 성찰적인 논의 과정까지 허락된다면, 다원문화론과 상이한 위험 관점들은 아마도 더 좋은 결론에 도달하게 될 것이다.

바로 여기에 포인트가 있다. 비판적 관점은 우리에게 위험 커뮤니케이션 과정에서 야기되는 잠재적인 왜곡에 경고하고 있다. 왜곡된 커뮤니케이션은 정책 결정 단계에서 불평등과 불공정을 창출할 뿐 아니라 통제 결정이 불완전하거나 잘못된 정보 혹은 적절한 참여 없이 이루어졌기 때문에 인류와 그를 둘러싼 환경을 더 큰 위험에 처하도록 할 수 있다.

이와 같은 의견은 위험을 강화시키기 위하여 심리적·사회적·문화적·정치적인 요소들이 상호작용하는 과정을 개념화시키는 연구들에 의해 뒷받침되고 있다.[141] 전통적인 위험 평가는 사회에 대한 손실이 처음 충격의 범위를 넘어 보다 크게 파급되었던 쓰리마일 섬(Three Mile Island), 체르노빌(Chernobyl)과 같은 엄청난 유해 사건들에서 볼 수 있는 더 높은 차원의 충격을 무시하는 모습을 보였다. 슬로비치는(Slovic)는 '경악', '불명확한' 것으로 평가되는 위험의 파급효과가 더욱더 클 수 있다는 관점을 대변한다.[142] 이러한 위험은 미래에 이와 유사하거나 더 파괴적인 재난이 일어날 가능성에 대한 경고 신호의 의미를 갖는다. 위험 가설의 사회적 확대는 인위적인 관리 부실이나 무능력으로 인해 야기되었다는 점을 더욱더 강조한다. 그럼에도 사회 위험성의 희석화 문제는 아쉽게도 여전히 주목받지 못하고 있다. 여기서 사회 위험성의 희석화란 중요 사건들이 발생할 가능성이 제도상 또는 정치적인 요소에 의해 경시되어지는 것을 의미한다. 위험에 대한 보도의 왜곡은 1990년대 위험 처리의 우선순위에서 매우 중요한 문제였다.[143]

이제 작은 결론을 내리면, 비판적 관점은 기초 단계에서 문화이론이 주장했던 것처럼 위험에 대한 다양한 해석들을 우리의 생활에서 필연적인 요소로 수동적으로 받아들이지 않고 능동적으로 해결 방안을 만들어 내는 데 있다. 문화이론은 또한 전문가와 일반 사람의 위험 평가 사이에 객관적인 혹은 주관적인 차이를 확인하여 준심리 측정학적 패러다임을 넘어서고 있다. 이것은 미래의 기술과 환경문제 해결을 위한 위험 커뮤니케이션 그리고 위험 관리 전략의 수립에 새로운 관점을 제시한다. 우리의 위험 커뮤니케이션 연구는 이제 시작하는 단계에 놓여 있기 때문에 한국 사회에서 위험에 대한 사회적 반응을 다양한 방법으로 논하고 연구하는 학문적인 성찰이 필요하다. 단 하나의 관점을 통해서는 종합적인 해결 방안을 제시하지 못한다. 우리는 일반 사람, 공중과 전문가들의 위험 인지력에 대한 다양성과 합법성에 대해 알아야 할 필요가 있다. 동시에 우리는 비판의 필요성을 인지해야만 하며 열린 접근 방법으로 적절하면서도 다양한 접근 방식으로 환경, 기술, 에너지, 기후변화와 관련

한 위험 커뮤니케이션의 전략을 확대하는 학술적인 접근 방법을 시
도해야만 한다.

8장

위험 커뮤니케이션에서
공적인 전문가로서 과학자

과학적 지식은 근본적으로 원인과 결과의 관계, 즉 인과관계를 이해하는 것과 관련된다. …… 전문가의 지식은 이와 반대로 특정한 상황에서 구체적인 조언의 제시와 관련된다.

호를릭 존스와 드 마르시(Horlick-Jones and De Marchi)

---

1. 서언

신문이나 잡지를 읽을 때 또는 TV 뉴스나 다큐멘터리 프로그램을 볼 때, 미디어 수용자들은 전문가들의 분석, 평가, 예측 및 의견을 자주 접하게 된다. 전부는 아니더라도 이러한 전문가들의 상당수는 연구원들이다. 이들은 대학교수일 수도 있고, 정부 연구 기관 또는 싱크탱크에서 온 과학자일 수도 있다.

이러한 '과학 전문가'('과학'이라는 단어를 광의로 사용하는)들은 의학, 환경 연구, 엔지니어링, 사회과학, 철학 등 다양한 학계 출신들로 구성되며, 대중 보건, 원전 사고 등 핵 관련 재난이 건강에 미치는 영향, 쓰나미 및 지진 발생 가능성 등 다양한 문제에 관한 자신들의 의견을 말한다. 그러나 과학 전문가들의 영역은 '자연과학' 관련 지식에 한정되어 있지 않다. 정치적인 과학자들은 남북 관계에 대한 의견을 표하고, 경제학자들은 향후 경제 발전을 예측할 수도 있다. 그리고 교육학자들은 학교에서 학생들의 성적에 영향을 미치는 요소를 분석 제공할 수 있다.

미디어는 위험 및 이성적인 개인 행위 또는 위험에 대한 정치적 의사 결정에 관해 이러한 전문가들의 말을 인용하거나 이들을 인터뷰한다. 미디어에 등장하는 학자들은 아이들에게 백신을 접종한 후에 발생할 수 있는 유해 영향을 걱정하는 부모들에게 조언을 하고, 기후변화의 결과와 이에 따른 영향을 완화시키기 위해 어떠한 정책을 수립해야 하는지에 대해 정책 결정자와 투표자를 포함한 사회 구성원들에게 충고를 한다. 전문가들은 문제를 인식하는 데 도움을 주고, 문제를 해석해 주며, 이에 대한 경고를 하거나 문제를 들은 사람들을 안심시킨다. 또한 이들은 개인과 사회에 이러한 문제를 이성적으로 어떻게 처리해야 하는지 전반적으로 자문해 준다. 전문가들을 매스미디어에서 정보를 제공하는 정보원에 포함시킴으로써, 미디어는 대중에게 관련 전문 지식을 광범위하게 제공하는 데 기여한다.

2. 사회에서 전문가들

'전문가'라는 단어를 규정짓는 정의에는 여러 가지가 있다. 그 모든 정의의 공통점은 전문가들이 특별한 지식의 집합체를 소유하고 있고, 특별한 기술을 지니고 있다는 점이다. 즉, 그들은 모든 사람이 소유하고 있을 것으로 예상되지 않는 지식과 기술을 지닌다. 이러한 지식과 기술은 실제 작업이나, 실습에 바탕을 둔 연구, 조사, 경험으로부터 나오는 것이다. '과학 분야 전문가'의 경우, 전문 지식의 중요한 역할은 대학 교육, 문헌 검토, 그리고 자신의 연구를 통해 획득한 과학 지식에 근거한 것이다. 그러나 우리는 모든 과학자들을 전문가로 분류하는 것은 아니다. 오히려 그러한 분류는 그들의 지식을 실제 문제를 분석하는 데 적용하여, 그러한 문제에 직면해 있거나, 해결에 책임이 있는 사람을 위해 아껴 두고 있는 편이다. 이러한 이해의 주안점은 전문가의 자문 기능이다. 전문가들은 조언자로서의 역할을 하고, 의뢰인을 위해 봉사하는 지식을 갖춘 사람들이다. '공공 전문가'들의 경우에, 가망 고객은 대중인 것이다. 마지막으로, 전문가들은 도덕적으로 그리고 법적으로 '객관성'과 '공명정대함'을 약속해 줄 것으로 기대된다. 그러한 표준들은 흔히 전문가의 직업에서 길러지는 것이거나, 법적 요구 조건을 따른 것이다(예를 들어 법원이 인정한 전문가). 위에 기술된 대로, '전문가'의 역할은 의뢰인인 대중이 가지고 있는 여러 가지 표준 기대치라는 개념을 전달한다. 바로 (a) 문제에 관련된 지식과 기술, (b) 고객에게 이를 유용한 조언의 형태로 전달해 주는 준비성과 능력, (c) 그들의 관심사와 상황을 예상하는 고객에 대한 충성도, (d) 사실 지향의 기풍이다.

전문가와 고객과의 관계에 대한 수많은 문헌들은 과학 지식과 과학 전문 지식에 차이가 있다는 점을 보여 준다. 예를 들어, 윈(Wynne 1989)은 순수 과학 지식, 즉 과학적 연구와 이론의 결과로써 생성된 지식은 구체적이기보다는 '일반적인' 경향을 띠는데, 이는 문제를 해결하는 데 있어서 효과적인 행동 지침으로 쓰이기에는 불충분하다고 말했다. 일반 과학 지식은 '지역에 관한 지식', 즉 당면 지역 과제를 즉각적으로 대응함으로써 획득되고, 흔히 오랜 기간 문제를 처리하면서 축적된 지식에 의해 보충된다. 노보트니, 스콧, 기번스(Nowotny, Scott & Gibbons 2001)는 '사회적으로 원기 왕성한 지식', 즉 각 실천 상황에 맞게 설명되고, 그러한 상황에 관련된 모든 이들의 관련 경험을 포함하는 지식을 요구한다. 그리고 독일 철학자 스피너(Spinner 1987)는 사회 문제 해결에서, (과학적인) 원칙 기반 추론은 상황 기반 추론으로 보완된다고 주장했고, 언론이 후자의 추론 방식을 옹호하고 지지하기를 기대했다.

더욱이 전문가들은 그들 각자의 고유 영역에서 역량을 발휘할 필요가 있을 뿐 아니라, 조언자로서의 역량 즉 의뢰인—대중의 일부로서 개인, 정치인, 행정인—이 의사 결정을 내릴 때, 지원하는 역량을 갖출 필요가 있다. 이것은 의뢰인의 결정 상황, 즉 행동 제약과 기회를 이해하는 것과 함께 그들 의뢰인의 관심사와 목표를 예상하는 능력과 같은 결정 분석 기술을 요구한다. 또한 의뢰인이 고려되고 통합되어야 할 많은 관련 지식을 소유하고 있을지도 모른다. 조언자로서 전문가들은 의사소통 기술, 즉 그들의 의뢰인의 말을 귀 기울여 듣는 능력과 그들의 분석 결과와 추천하는 바를 의뢰인에게 효과적으로 전달해야 한다.

요약하자면, 소위 '과학 지식'과 비교하여 '과학적 전문 지식'은 (a) 당면 과제와 관련된 다른 분야에 대한 개관 지식, (b) 그 문제와 관련된 구체적 상황에 대한 지식, (c) 의뢰인과 성공적으로 교류하는 데 요구되는 기술에 의해 보완된 영역을 포함하는 구체적인 특수 지식이다. 모든 뛰어난 연구원이 이러한 기술을 가진 것은 아니며, 많은 연구원들은 언론과 인터뷰를 할 때에 '연구원'보다는 '전문가'로 요청받는다는 점을 충분히 인지하지 못할 수 있다. 언론 보도의 상황에서, '전문가 역할'은 공식 임명이 이루어지는 것이 아니며, 오히려 은연중에 풍겨져 나오는 것이다.

전문 지식의 또 다른 특징은 그것이 흔히 불확실성을 포함하고, 전문가들 사이에 또는 전문가와 이해 당사자 간에 많은 논란의 여지가 있다는 것이다. 예를 들어, 푼토비치와 라베츠(Funtowicz and Ravetz 1993)는 '탈정상 과학' 영역에서는 특정 지식 조항보다는 불확실성 관리가 전문가들에게 더 중요하다고 주장한다. 불확실성이 (보통의) 과학계 내부에서는 아무런 문제가 없고, 오히려 더 많은 그리고 더 나은 연구를 위한 동기와 정당성을 부여하는 반면, 제한된 지식만으로 긴급하게 결정을 내려야 하는 상황에 직면하거나, 과학적 지식이 실제로 사용되어야 할 때에는 문제가 될 수 있다고 주장한다. 그리고 결정을 내려야 할 필요가 있을 때에도 불확실성이 존재하는 상황은 예외라기보다는 규칙일 것이다. 상당한 양의 저술물들이 전문적 논쟁과 그 논쟁에서의 전문가의 역할을 다룬다(Mazur 1985; Nelkin 1992; Nowotny 1982). 불확실성과 관련된 논쟁은 특히 기후변화에 대한 정책 분야에서 중요한 역할을 한다. 한편으로는 기후체계에 대한 불확실성이 만연하지만, 대중과의 소통에서 설득력을 잃지 않기 위해서 주류 기후 공동체는 그러한 불확실성을 대단찮은 것으로 다룰 수 있다. 반면에 기후변화를 완화시키는 것을 목표로 하는 정책 법안을 해제하기 위해 주류 기후 공동체에서 중요한 역할을 하는 과학 전문가들이 전략적으로 이용되기도 한다(Jacques, Dunlap & Freeman 2008). 지식의 불확실성은 전문가들에게 딜레마를 제기하는데, 그들이 한편으로는 분명한 진술이나 조언을 그리고 다른 한편으로는 증명될 수 있는 선에서의 과학적 진술 기풍을 기대하는 저널리스트나 대중의 일원에게 응답해야 하기 때문이다.

2012년에 이탈리아 법정은 여섯 명의 지진 전문 과학자들에게 살인이라는 판결을 내렸는데, 법원의 견해로는 그들이 라퀼라(L'Aquila) 지진에 앞서 대중에게 적절히 경고하지 않았다는 것이다(Nosengo, 2012). 피해자는 그 전문가들에 대해 다음과 같이 말하였다. "그들이 특정한 점들을 몰랐다는 것도 문제가 되고, 그들이 아는 것을 효과적으로 전달하는 방법을 몰랐다는 것도 문제가 된다." (Hall 2011). 이 인용문에서 기술했듯이 전문가들에게 요구된 두 가지 역량이 문제에 대한 폭넓은 지식과 의뢰인으로서 대중과 소통하는 기술이라는 점은 상당히 흥미로운 일이다. 전문가들이 이 상황을 통해서 배울 필요가 있는 한 가지 교훈은 그들이 불확실성을 과소평가해서, 성급하게 안심시키는 말을 해서는 안 된다는 것이다. 이 법정의 결정이 적절한지 그렇지 않은지와는 별도로, 이 사건은 전문가들에게 기대되는 도덕적 그리고 법적 요구 사항과 그들에게 귀속된 책임을 입증한다.

전문가들이 실패한 사례("후쿠시마는 안전하다"), 그들이 불일치한 사례 또는 그들에게 신뢰를 두는 대중의 이익보다는 정부나 기업의 이익만을 추구한 사례 그리고 그들의 조언이 문제가 없지 않은 많은 경우에서 대중은 교훈을 얻을 수 있다. 전문가들의 실패 사례 혹은 다수의 대중이 지니고 있는 굳은 믿음과 상충되는 전문가들의 의견 때문에, 대중은 전문가들의 역량에 의문을 제기할지 모른다. 정치와 경제 분야에서 인지되는 상호 의존성에 근거해서, 사람들은 (그리고 저널리스트들은) 그들의 독립성과 공익 지향성에 대해 의문을 제기할지 모른다. 그러한 과학은 일반적으로 정치나 경제에 대한 신뢰보다는 대중의 신뢰를 더 많이 즐긴다(Peters, Lang, Sawicka & Hallman 2007). 그러나 대중이 과학이 정치·경제 이해관계의 영향력 하에 놓여 있다는 것을 혹은 공익보다는 개인의 이익을 추구한다는 점을 인지하게 되면 신뢰에 위기가 찾아올 수 있다. 전염병 연구에 대한 언론 보도 분석에서, 융(Jung 2012)은 비록 곤란한 질문에 대한 답을 분명히 제시하지 못하는 경우에도 전염병학은 긍정적으로 또는 부정적으로도 보도될 수 있다는 점을 발견했다. 이것은 지속적 추구가 허용된다면, 과학이 결국 정답을 찾아낼 것이라는 기대를 내포하고 있다. 전염병학이 언론에서 부정적으로 보도되었다면, 이것은 주로 연구 과정 혹은 연구 결과의 보급에 대한 정치 및 산업계의 외부 영향력에 대한 보도이다.

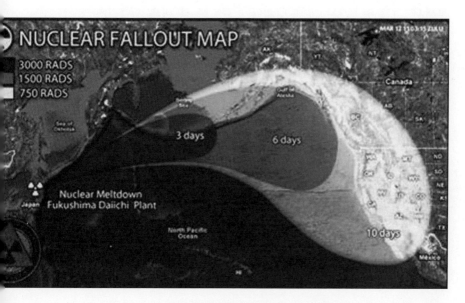

후쿠시마 원전에서 발생한 방사능 오염의 확산

3. 미디어에서 과학자들의 '전문가 역할'

미국, 일본, 독일, 영국과 같은 주요 지식 생산 국가들에서, 대부분의 과학자들은 최소한 가끔씩이라도 저널리스트들과 접촉을 한다. 위에 언급된 국가의 생의학 연구자들의 한 표본 중 2/3는 과거 3년간 최소 한 번은 저널리스트와 접촉하였고, 그들 중 약 15%는 10회 이상 미디어와 접촉이 있었다고 말했다(Peters et al. 2008). 다른 연구는 그러한 접촉이 이탈리아(Bucchi & Saracino 2012), 타이완(Lo & Peters 2012), 아르헨티나에서도(Kreimer, Levin & Jensen 2011) 흔하다는 것을 보여 준다. 기후 변화를 연구하는 연구자들에 대한 독일의 설문에서, 그들 중 2/3는 과거 12개월간 최소한 한 번은 저널리스트들과 전문적인 접촉을 가졌다고 말한다(Schäfer, Ivanova, Schlichting & Schmidt 2012). 그리고 또 다른 연구에서는 기후 변화를 연구하는 거의 모든 독일 교수들이 '때때로' 저널리스트들과 이야기한다고 제시하였다(Post 2008). 그래서 우리는 현대사회에서 많은, 심지어 대부분의 과학자들이 언론을 통해 대중과 소통하고 있으며, 그 빈도는 국가에 따라 달라지고, 연구 분야에 따라 강하게 달라진다고 가정할수 있다. 연구자와 언론과의 교류는 그 용어의 앵글로·색슨적 의미에서 즉 '자연과학'계 연구자들인 '과학자'들에 국한되지 않는다. 독일의 한 연구는 사실 인문학과 사회과학계의 학술 연구자들이 자연과학, 생명과학, 그리고 공학 분야에서 보다 더 빈번하게 언론과 교류를 하는 경향이 있다는 점을 보여 준다. 그러나 이것이 인문학과 사회과학이 언론에 대해 더 큰 관심을 가진다는 것을 의미하지는 않는다. 자연과학과 공학에서의 학술 연구원들의 수는 인문학과 사회과학 연구자들의 수보다 더 많은 경향이 있기 때문에, 그들과 언

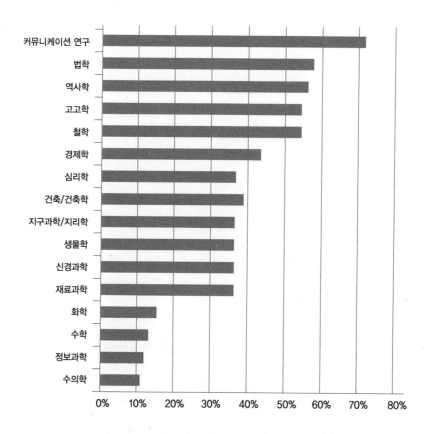

독일에서 학문 영역에 따라 연구자들이 미디어에 접촉하는 비율
(3년 동안 6번 이상의 접촉)

출처: Peters, Spangenberg, & Lo, 2012

론의 교류 빈도 형태는 자연과학과 공학계의 정보에 대한 언론의 수요가 인문학과 사회과학에 대한 수요보다 훨씬 더 크다는 사실을 반영한다.

언론에 언급된 과학자들은 항상 위에 정의된 전문가 역할, 예를 들자면 정책 문제에 대해 논평하거나 건강에 대해 시청자들에게 조언하는 과학 자문으로 비쳐지는 것은 아니다. 흔히 과학자들은 일반적 관심이 있는 어떤 것을 발견하고 발명하고 개발하는 연구자들로 비쳐진다. 몇 가지 예를 언급하면, 새로운 천체 물리학 현상, 새로운 의학 치료법, 새로운 물질 등이다. 과학자들이 유명 인사가 되거나, 노벨상을 받는다면 혹은 복제 실험 결과의 일부가 거짓임이 드러난 황우석 박사의 경우처럼 연구 윤리와 관련된 스캔들에서 논란의 중심에 서기도 한다. 그들은 연구 관리자나 이해 당사자로 언론에 출현하여 자금, 프로젝트, 프로그램, 연구 기반 사업, 연구 정책에 대해서 이야기한다. 그들이 맡은 역할에 대한 이러한 목록은 철저히 다루어진 것은 아니며, 가장 흔한 역할은 아마도 '연구자' 그리고 '전문가'일 것이다.

누군가 언론 보도를 본다면, 언급된 유형 중 한 가지 역할을 발견할 것이다. 그러나 연구자와 전문가의 역할을 결합한 혼합 유형이 있다. 즉, 정치 문제와 건강 문제를 보도할 때 새로운 연구 결과가 언급되거나, 이 새로운 연구 결과에 대한 설명이 일반적으로 관심을 받고 있는 어떠한 문제를 이해하고 해결하는 것과 관계되는(예를 들어, 기후변화 혹은 돼지 독감 유행) 경우이다. 사실 연구의 전문적 적용 외에도, 시청자와 그 연구가 어떠한 관련이 있는지는 실제 문제를 이해하고 해결하기 위한 연구의 유용성을 지적하는 언론 보도에 의해 매우 자주 다루어진다.

위에 언급된 학문에 대한 독일의 연구에서, 연구자와 전문가가 각각 언론과 얼마나 자주 접촉하는지 그 상대적 빈도를 결정하려는 시도가 이루어졌다. 언론과의 가장 최근 교류에서 다루어진 주요 주제를 묻는 문항에서, 응답자들은 네 가지 범주에서 응답을 선택할 수 있었다. 바로 '실제 연구와 연구의 결과', '특정 주제에 대한 연구 상태', '특정 주제, 행사, 문제에 대한 일반적 전문 지식', '다른 주제'라는 범주였다. 응답자들에 의해 선택된 첫 번째 범주는 '연구자'로서의 역할을 가리키는 것으로 상정되고, 세 번째 대안을 선택하는 것은 '전문가'로서의 역할을 가리키는 것으로 상정되며, 두 번째나 네 번째를 선택하는 것은 혼합 역할 또는 연구자나 전문가 이외의 다른 역할을 가리키는 것으로 상정되었다.

여러 연구 분야에서, 과학자들은 연구자(32%)보다는 전문가(44%)로서의 역할을 기대받는 것 같다. 흥미롭게도, 상대적 역할 배정은 연구 분야마다 다양하다. 생명과학, 자연과학 그리고 공학 분야의 연구자들에게는 전문가와 연구자의 역할이 동등하게 요구되는 반면, 인문학과 사회·행동 과학계의 학술 연구자들은 훨씬 더 자주 연구자보다는 전문가로서 요구된다. 인문학과 사회·행동 과

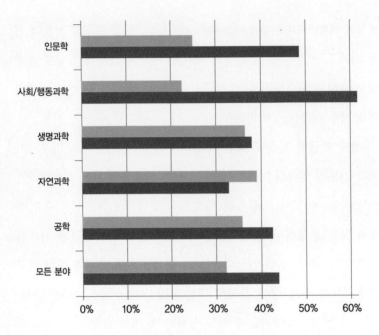

저널리스트와의 대화에서 가장 중요한 화제가 되는
전문적 연구와 일반적 전문 지식에 관한 내용

출처: Peters et al., 2012

학의 연구자들이 언론에서 언급되는 경우, 그들의 진술은 흔히 실제
연구에 대한 것은 아니다. 이것은 학술 공동체와 일반 대중 사이의
간격을 과학과 공학 분야 사이의 간격보다 덜 넓어 보이게 만들 수
있다. 그러나 그것은 또한 이들 사회과학에 대한 대중적 이미지에
문제를 야기할 수 있다.

블로그, 페이스북이나 트위터 같은 소셜 네트워크 서비스는 과
학과 대중의 소통을 위한 '새로운 언론 매체'로 많은 주목을 받는다

(Brossard 2013). 예를 들어, 여러 기후 과학자들은 블로그를 운영하거나, 광범위한 시청자를 직접 상대하는 수단으로 블로그에 기고를 한다. 언론 매체를 사용하는 것보다 블로그나 소셜 네트워크 서비스를 사용하는 동기 중의 하나는 아마도 이들에서는 언론 검열이나 변경이 없어 내용에 대한 통제권을 더 갖게 되기 때문인 것으로 보인다. 이들 새로운 매체가 다루는 또 다른 분야는 건강 정보 전달이다. 특정 질병과 관련된 온라인 커뮤니티가 존재하여 그 질병과 관련된 전문 지식을 제시하고 논하며, 환자는 그것을 자신의 경험과 혼합한다. 이들 온라인 커뮤니티는 의학 연구 분야에 대한 정보를 제공할 뿐만 아니라 관심도의 근거가 될 수도 있다(Chafe, Born, Slutsky & Laupacis 2011). 그러나 소통 연구 관련 분야로서 과학적 전문 지식의 창출과 보급을 담당하는 이 새로운 매체의 내용과 기능에 대해서는 거의 알려진 바가 없다. 비록 특정한 잠재력을 인정받고 있기는 하지만, 현재로서는 대다수의 과학자들은 이 새로운 매체와 강한 관련을 맺고 있지는 않는 것 같다(Allgaier, Dunwoody, Brossard, Lo & Peters 2013).

4. 과학 전문가와 저널리스트

언론에서 전문가로 등장하는 과학자들은 관련 전문 지식을 생산하는 과학 커뮤니티와 소통 연구자들과 같은 분야에 관심을 가져왔다. 언론이 그 문제에 가장 정통한 전문가를 선택하지 않을 것이고 (Shepherd 1981), 언론이 과학 공동체의 대다수의 의견과 그 공동체 내에서 보급된 의견을 대표하는 전문가를 선택하지 않을 것이라는 점 때문에 전문가의 정보를 언론이 선별하는 것에 문제가 제기되고 있다(Boykoff & Boykoff 2004; Rothman 1990).

일반적으로 언론은 두 가지 원칙으로 전문가 자문을 포함한 정보 선별을 지도하는 것 같다. 저널리스트들의 눈에 띄는가? 대중의 관심을 적법하게 창출해 내는 데 적합한가? 저널리스트의 눈에 띄는지의 여부는 이전 언론 보도 또는 과학계 외부 활동 참여(예: 자문위원회)에 의해서 결정된다. 전문가들이 대학이나 다른 조직의 언론 보도, 저널리스트 회견에 의한 대중적 정보에 의해 '옹호'된다면, 그리고 과학자들이 세계 통신망에서 활동적이라면, 즉 자신의 웹사이트를 갖거나 블로그, 소셜 네트워크에 기고를 한다면, 그 가시성은 더욱 증가할 것이다. 전문가들의 이야기를 독자에게 더 호소력 있게 만드는 요인은 전문가의 지위, 즉 리더십 기능 또는 그들의 과학적 명성 또는 탁월함이 포함된다고 믿어지고, 그러한 요인에 따라 전문가 발언의 중요도—물론 시청자의 관점에서 본 중요도—는 증가하게 된다. 더욱이 저널리스트에게 중요한 것은 전문가의 소통 기술, 즉 그들이 분명하게 전달할 준비가 되어 있는지, 시원시원하게 진술하는지, 추상적이기보다는 이해가 잘되며 구체적인지, 그리고 매체의 요구에 잘 응하는지, 가령 복잡하지 않고 그들이 예상하는 방식으로 인터뷰가 가능한지 등이다. 이들 중 마지막 요인은 논란이 되는 문제에서 그들이 사전에 구성한 바에 따라 적합한 위치를 차지해야 한다는 것이다. 저널리스트가 인터뷰 요청을 하기 위해 과학자에게 접근할 때에는 흔히 머릿속에 구상하는 바가 있고, 과학자들이 비평가 또는 지지자의 역할을 함으로써 그 구상하는 바를 발전시켜 주거나, 과학의 높은 대중적 명성에 근거하여 그 구상안에 신뢰도를 부여해 줄 정보를 찾는 것이다.

과학자와 저널리스트의 관계는 '간격', '긴장', '거리' 혹은 '역할 충돌'의 관점에서 오래도록 논의되어 왔다(Hartz & Chappell 1997; Markl 1994). 그리고 실제로도 두 직업군의 구성원 사이에서는 수많은 충돌의 사례들이 있다. 그러나 체계적인 연구에 따르면, 긴장된 관계가 예상될 만한 여러 가지 이유들에도 불구하고 과학자와 저널리스트 사이의 대부분의 교류는 그럭저럭 매끄럽게 진행되는 것 같다(Peters et al. 2008). 더욱이 보도 내용에 대한 과학자들의 많은 항의에도 불구하고, 기후변화를 연구하는 독일 연구원들에 대한 설문에서, 그들 중 86%는 대화하는 동안 저널리스트들에게 주어진 정보의 재생산에 "매우 만족" 또는 "상당히 만족"했다고 말하였다(Peters & Heinrichs 2005).

비록 그것이 과학과 정치의 경계를 넘어서는 것을 의미한다 하더라도, 많은 과학자들은 언론에 의해 주어진 전문가 역할을 수용

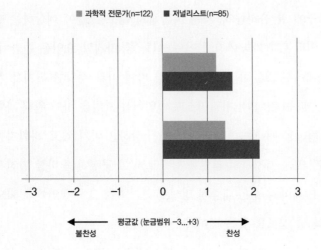

기후 변화 분야 연구자들이 정치적 조언자 역할을 한다는 진술에 동의함

출처: Peters et al., 2005

할 준비가 되어 있는 것 같다. 기후변화 상황에서의 과학자와 언론에 대한 독일의 한 설문은 언론이 기후 연구원들에게 기대하는 것과 기후 연구원들이 언론과 접촉 시 대응할 준비를 갖추는 방법에 대한 (부)조화에 대해 물었다. 전문 지식의 한 가지 특징은, 이 논문의 앞부분에서 설명되었듯이, 편협한 연구 분야에 대한 지식으로는 충분하지 않으며, 이 지식은 반드시 의뢰인의 문제, 의사 결정을 다룸으로써 사회적 상황에 따라 이루어져야 한다는 것이다. 이 설문에 따르면, 언론은 사실 기후 과학자들로부터 그러한 자문 역할을 기대하고, 과학자들은 그들이 "전문가적 질문에 대한 의견을 표명하는

것뿐만 아니라, 내려진 결정을 비판하고 대안 행동을 제안하는 데 동의한다"고 말한다. 즉 그들은 자문 역할을 수용한다.

기후변화에 대한 독일의 보도 분석은 우선 과학적 정보가 가장 빈번히 언급되는 것이고, 둘째 그것들이 사실에 대한 가장 중요한 정보원일 뿐 아니라, 정치적 정보원, 판단과 수요의 주요 정보원이 되기도 한다는 점을 드러낸다(Peters, Heinrichs & Song 2006). 그러므로 과학자들이 기후변화 보도에서 지니게 되는 전문가 역할은 전문가에게 거는 전형적 기대와 언론 보도에서 정보 출처로서 실제 역할에 그들이 동의함으로써 확정된다.

위에서 언급되었듯이, 과학자와 언론의 관계는 긴장 관계로 오랫동안 간주되어 왔다. 반면에 바인가르트(Weingart)와 다른 학자들은 과학이 점차 미디어화되어 가고 있음을, 즉 대중 가시성을 증가시키기 위해 언론의 기대에 적응하고 심지어 그 내부 운영에서 언론 표준을 사용하고 있다는 이론을 옹호한다(Peters 2012; Weingart 2012). 이와 똑같이 어떤 이는 과학 언론이 과학화되어 가기를, 즉 과학적 보고를 하고 연구원들과 교류할 때 과학적 표준에 부응하기를 기대한다. 두 집단의 연구를 대조한 결과에 근거해서, 서로에 대한 그리고 그들의 교류에 대한 과학 전문가와 저널리스트의 기대에 대한 비교는 실제로 대부분의 부면에서 합의가 이루어졌고, 일부 부면에서 작은 차이점이 있으며, 단지 몇 가지 부면에서만 분명한 불일치를 보이고 있다(Peters 1995; Peters & Heinrichs 2005). 다음 그림을 통해 기후 변화 상황에서 독일 과학자들과 언론에 대한 설문을 잠시 엿볼 수 있다.

전문가와 언론은 모두 언론이 인터뷰에 앞서 각 분야에 대한 특별한 지식을 가져야 한다는 점에 대해 강하게 동의하고, 저널리스트들이 인터뷰할 때 전문가에게 비판적인 질문을 던질 권리가 있다는 점에 동의한다. 두 집단은 전문가들이 저널리스트들에게 대답할 의무가 있음에 모두 동의한다. '저널리스트들이 과학자들에게 이해하기 쉬운 방법으로 표현해 줄 것을 기대할 수 있는가?'라는 항목

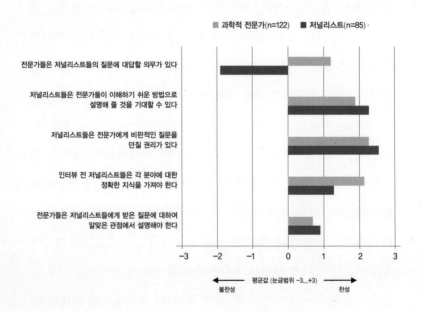

상호작용 원칙에 관한 과학 전문가들과 기자들의 기대치 비교

출처: Peters & Heinrichs, 2005

에 대한 응답은 놀라운 형태를 보이는데, 저널리스트들보다는 과학자들이 이에 더 많이 동의하였다. 이에 대한 가장 타당한 설명은 '전문가들이 언론과 인터뷰를 할 때, 그 산물을 언론에 적합하게 만드는 과정에서 발언을 할' 권리가 있다는 주장과 관련하여, 과학자들과 언론 사이에 존재하는 강한 적의적(敵意的) 관점에서 이것이 해석되어야 한다는 것이다. 분명히 과학 전문가들은 그들이 나누는 정보가 언론을 통해 보도될 때 이를 통제하고, 출판된 메시지에 대한 언론의 개입을 최소화하기를 강하게 요구한다. 그들은 언론의 메시지 해설자 역할보다는 전달자의 역할을 선호하는 듯하다. 그래서 그들은 언론의 해석에 의존하기보다는 시청자에게 이해하기 쉬운 방식으로 직접 표현하고자 한다.

언론은 단지 그것을 출판하고 해석하는 것 이상으로 '대중을 위한 전문 지식' 이용 가능성에 영향을 미친다. 언론은 그것의 창출에서 하나의 역할을 담당한다. 위에서 언급되었듯이, 과학적 전문 지식은 문맥에 따른 과학 지식으로 이해될 수 있다. 이 문맥은 구체적인 문제에 지식을 결합하고, '의뢰인'인 대중의 정보 요구에 답하는 형태로 만드는 것과 함께 다양한 형태의 지식을 통합하는 것을 포함한다. 스피너(Spinner 1987)에 의해 기대되었던 것처럼, 언론은 '문제'에 대한 그들만의 요구에 의해 사례에 대한 특별한 지식과 제안할 점을 만들어 내고, 이에 기여한다. 그러나 인터뷰를 하는 동안 그들은 전문 지식을 특별히 요구하는 과학적 정보에 맞부딪히게 되고,

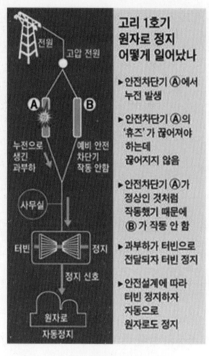

**고리 1호기
원자로 정지
어떻게 일어났나**

▶ 안전차단기 Ⓐ에서
  누전 발생

▶ 안전차단기 Ⓐ의
  '휴즈'가 끊어져야
  하는데
  끊어지지 않음

▶ 안전차단기 Ⓐ가
  정상인 것처럼
  작동했기 때문에
  Ⓑ가 작동 안 함

▶ 과부하가 터빈으로
  전달되자 터빈 정지

▶ 안전설계에 따라
  터빈 정지하자
  자동으로
  원자로도 정지

고리 원자력발전소 고장 보도
출처: 중앙일보(2011.4.14)

질문을 하거나, 당면 과제와 관련된 특정 해답을 강하게 요구함으로, 과학자들에게 전문가의 역할을 하도록 '동기를 부여'하거나 심지어는 속임수를 쓰거나 억지를 부리기도 한다. 많은 경우 과학자들은 그들이 전문가로서 인터뷰를 하고 있음을 잘 인지하고 있지 못하며, '망친' 질문에 대해 궁금해한다. 그러나 연구원들이 그처럼 순진한 것은 점점 드문 일이 되어 가고 있다. 언론은 과학자들에게 시청자에게 봉사하는 전문가 역할을 부여할지 모르지만, '문제'에 대해 그들이 구상한 이야기에 과학적 권위의 신뢰성을 부여하기 위해 그렇게 하는 것일 수도 있다. 언론의 동기가 무엇이건, 언론 시스템은 사회에서 하나의 '지위'를 차지하고 있으며, 이곳에서 전문 지식이 나누어질 뿐만 아니라 창조되기도 하다. 언론은—어떤 경우에는 다른 분야보다 더 분명하게—전문 지식의 공동 생산자로 비쳐질 수 있다.

이탈리아 지진 전문가들의 사례에서 보듯이, 불확실성을 묘사하고 설명하는 것은 전문가들이 대중에게 전달하는 메시지의 일부가 되어야 한다. 그러나 과학자들은 특히 유효한 지식을 소유하고 있을 것으로 기대되기 때문에 '모른다'는 말을 쉽게 하지 않을지 모른다. 그러한 기대를 저버리는 것은 '체면을 구기는 것'으로 비쳐질 수도 있다. 더욱이 과학자들은 때때로 주된 메시지가 무엇인지에 대해 대중에게 혼선이 초래되지 않도록, 불확실성에 대해 상세히 이야기하는 것을 피한다. 이것은 기후 소통의 분야에서도 적용되는데, 일부 연구원들은 지구온난화의 심각성에 대한 대중의 이해를 교란시키지 않기 위해서 기후 체계에 대한 그들의 이해를 과장하지 않는다. 언론 역시 과학적 발견이나 전문가 의견에 습관적으로 초점을 맞추지 않는다. 그러나 일단 논란이 제기되면, 그 논란 자체는 언론 보도의 초점이 될 수도 있다.

5. 논의점

공적인 전문가로서 과학자들은 일반 시민으로서 그들의 개인 생활에서 직면하는 문제에 대한 이해와 해결책을 언론을 통해 대중에게 알리고 조언한다. 그러나 대중의 전문 지식 이용 가능성은 정치적 절차에 영향을 미치기도 한다. 이것은 단지 의사 결정자들이 일반 시민과 마찬가지로 언론을 통해 관련 지식에 접근하기 때문만이아니라, 이러한 지식이 언론의 여과를 거친 후 사회·정치적 관련성을 지니게 되기 때문이기도 하다. 그러므로 의사 결정자들은 그러한 지식에 의해 창출된 관심사(예: 새로운 위험)가 다루어져야 할 필요를 이해하고, 또는 그러한 전문 지식을 진지하게 받아들이고, 이에 따라 행동함으로 권력 게임에서 그들의 위상을 높일 기회를 보게 된다. 특히 매스미디어화된 전문 지식을 정치적 이용에 적합하게 만드는 또 다른 요인은 언론이 이러한 과학적 전문 지식을 정치적 상황에 맞춰 조절하는 것이다(Petersen, Heinrichs & Peters 2010).

심각한 문제들에 대한 개인적·정치적 결정에 대해 매스미디어화된 전문 지식의 파장 효과는 과학자와 저널리스트가 상당한 도덕적 책임을 갖도록 이끈다. 둘 모두는 여러 함정을 피해야 한다. 하나의 함정은 가능한 한 최상의 자문을 제공하는 책무를 충분히 심각하게 받아들이지 않는 것이고, 또 다른 함정은 예상되는 이러한 결정 때문에, 불확실한 상황에서 결정을 내릴 필요와 대중의 걱정을 덜기 위해 온정주의적 역할을 하는 것이다. 그러나 이것은 민주 사회에서는 적합한 관점이 아니다. 헤럴드 라스키(Laski 1930)의 용어를 빌어 표현하자면 "전문가는 가치 있는 봉사자이고, 곤란한 주인이다."

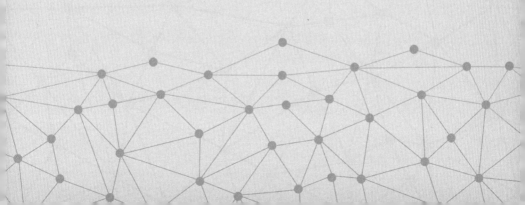

|주|

1) Jungermann and Slovic, Die Psychologie der Kongnition und Evaluation von Risiko, in; Bechmann, G.(eds), *Risiko und Gesellschaft – Grundlagen und Ergebnisse interdisziplinärer Risikoforschung*, Opladen, 1993, p. 197

2) 역사적인 서술 방법과 관련해서 다양한 논의가 이루어지고 있다. 이와 관련해서 허승일 지음, 『다시 역사란 무엇인가?』, 서울대 출판문화원, 2009 참조.

3) 김석우, 『자연재해와 유교국가 : 漢代의 災害와 荒政研究』, 서울, 2006 참조. 이 책에서는 자연재해의 특성에 대한 국가 이해가 어떻게 발전했는지를 설명하고 있다.

4) Schütz, A., *Gesammelte Aufsätze. Da Problem der sozialen Wirklichkeit*. Vol. 1, Den Haag, 1971. 그는 주제적·해석적 그리고 논의의 동기적 차원을 제기하고 있다.

5) 이와 같은 논의는 위험 연구의 초기에 다양한 형태로 논의되었다. 이 같은 논의의 과정은 Bateson, G., *Okologie des Geistes. Anthropologische, psychologische und epistemologische Perspektiven*. Frankfurt/M, 1981 참조.

6) Luhmann, N., "Gefahr und Risiko", in ; N. Luhmann, Soziologische Aufklärung. Vol.5, Opladen, 1990 참조; Renn, O, Schweizer, P-J, Dreyer, M., Klinke, A., *Risiko : Über den gesellschaftlichen Umgang mit Unsichetrheit*. München, 2007 참조.

7) Nowotny, H. & Evers, A., *Über den Umgang mit Unsicherheit*. Frankfurt/M, 1986 참조.

8) 김민기, 『한국의 符籍』, 서울 보림사, 1987; 손진태, 『역사민속학연구』, 서울, 민속원, 2003; 김영자 『한국의 벽사부적』, 서울, 대원사, 2008; 이두현·장주근·이광규 공저, 『한국민속학개설』, 서울, 일조각, 1974; 인권환, 『한국민속학사』, 서울, 열화당, 1978; 민속학회 편, 『무속신앙』, 서울, 교문사, 1989 참조.

9) 독일의 율리히(Jülich)의 위험 커뮤니케이션 연구소는 위험을 이 세 가지의 관점에서 연구하고 있다.

10) 예를 들어, 삼신은 깨끗한 신으로 상정되어 비린 음식을 좋아하지 않는다 하여 제사상에는 어류를 올리지 않는다. 아이가 태어났을 때에는 삼칠일 동안 기름을 사용한 음식을 만들지 않는다. 기름을 사용한 음식을 만들면 아이의 얼굴에 해를 입히는 등 삼신이 표시를 낸다고 믿기 때문이다. 영등할매에게 올린 음식은 함부로 버리거나 먹지 않는다. 터주는 집터를 관장하는 가신(家神)으로 그 가정의 재수, 특히 재물의 운수를 관장한다고 믿는다. 따라서 가신에게 굿이나 고사를 지낼 때 반드시 터주를 모신다. 터주에게 올리는 의례로는 터주굿과 터주고사가 있다. 부녀자들은 평소에도 일이 있을 때마다 정화수나 메를 지어 올리고 간단한 치성을 드리기도 한다. 개인적으로 터주고사를 지낼 때는 무속인, 승려 또는 식자층의 마을 어른에게 택일을 의뢰하여 치른다. 고사 당일에는 금줄을 치고 황토를 깔아서 집 안으로 부정이 들지 않도록 금기를 지킨다.

11) 이 관점은 종교적인 관점이 매우 강하다. 기독교의 성경에 나오는 아담과 이브 그리고 뱀의 관계에서 이와 같은 관점은 밀접히 연결되어 있다. 한국민속신앙사전에 따르면 금기는 종교적 기능과 정치적 효과를 함께 지닌 채 인간의 행동 일부를 지배하는 심리적 요소로 정의가 된다. 금기의 종교적 기능은 민간신앙과 관련되고, 정치적 효과는 체제와 질서를 유지하려는 수단과 관련된다. 정치적 효과를 의도한 금기는 법과 제도, 억압 등을 통해 나타난다. 인간이 할 수 있는 일, 해서는 안 되는 일, 해야 할 일 등이 법이나 제도를 통해 금기된다.

12) 삶의 필수적 요소인 금기가 때론 원래의 목적과 다르게 이용되기도 한다. 금기가 지배자의 권위를 부당하게 유지하려는 억압에 이용되기 때문이다. 신앙적 금기에 익숙한 인간 삶, 종속을 통해 행복감을 느끼는 인간의 본능을 이용한 정치적 장치가 금기인 것이다. 종교적 기능의 금기도 정치적 효과를 의도한 금기와 결합될 때 그 의미가 살아난다. 금기가 인간의 삶 전반과 연관됨을 알 수 있다.

13) Schuetz, M., "Werte und Wertewandel in der Risikobeurteilung", In : M. Schütz (ed.) *Risiko und Wagnis*. Vol. 2, Pfullingen, 1980 참조.

14) Renn, O, Schweizer, P-J, Dreyer, M., Klinke, A., *Risiko : Über den gesellschaftlichen Umgang mit Unsichetrheit*. München 2007 참조.

15) Douglas, M., *Reinheit und Gegährdung*. Frankfurt/M, 1988 참조.

16) 부적은 위험을 예방하는 표식이 되었다. 고대부터 현대에 이르기까지 역사적, 시

대적 상황의 변화에도 지속적으로 사용되고 다양화된 이유는 의미가 있는 가상적 조작물을 몸에 지니면 그 염원이 현실이 되어 다시 돌아온다는 부적의 근원적 의의에서 찾을 수 있다. 사람들이 부적에 기대어 얻는 것은 치유, 즉 카타르시스(catharsis)적 효과가 있기 때문이다.

17) Waldendfels, H.(ed.), *Lexikon der Religionen*. Freiburg/Breisgau, 1987,

18) Klix, F, *Erwachendes Denken*. Berlin, 1980.

19) 토테미즘이란 말은 북아메리카 인디언인 오지브와 족이 어떤 종류의 동물이나 식물을 신성시하여 자신이 속해 있는 집단과 특수한 관계가 있다고 믿고 그 동식물류를 토템이라 하고 집단의 상징으로 삼은 데서 유래한다. 토템과 인간 집단과의 여러 가지 관계를 둘러싼 신념, 의례, 풍습 등의 제도화된 체계를 가리킨다.

20) Freud, S, Toten und Tabu, *Einige Übereinstimmungen im Seelenleben der Wilden und der Neurotiker*. Frankfurt/M, 1990 참조.

21) 우리나라에서 이 금기는 여러 행위와 연결되어 있다. 혼인 날짜를 잡는 것에서부터 이사 가는 날 그리고 정치인들의 출마 날짜에까지 영향을 주고 있다.

22) Frazer, J. G., *Der goldene Zweig. Das Geheimnis von Glauben und Sitten der Völker*. Hamburg, 1989 참조.

23) 우리는 일상생활에서 '사(四)' 자가 '사(死)' 자와 발음이 같아 사(四)를 '죽음'과 연계 지어 생각하는 경우가 많다. 병원, 숙박업소, 선실, 빌딩 등에서는 '4'나 '四'를 쓰지 않는 경우가 있다. 입학시험 합격을 위해서는 시험 전에 엿을 먹는다. 최근에는 시험 결과가 좋기를 바라는 마음에서 답안을 잘 찍으라고 도끼를 선물하기도 한다. 유명 대학인 S 대학에 합격하고 싶은 바람으로 자동차에 붙어 있는 영문자 S자를 떼어 내어 선물하는 경우도 있다고 한다. 시험에 합격하기를 바라는 마음으로 하지 않는 일에는 '미역국 먹지 않기'가 있다. 미역의 특성이 시험에도 반영된다는 금기인 셈이다. 시험을 치르기 전이나 시합 전에 이발이나 목욕을 꺼리는 경우도 있다. 이것은 개인이 행하는 자기규제의 한 형태를 나타낸다.

24) Von Führer-Haimendorf, C., "The Sense of Sin in Cross-Cultural Perspective", in: *Man*, 74(1974), pp. 539-556 참조.

25) 한신대 신학연구소가 2003년에 현대리서치연구소에 용역을 의뢰, 전국 성인남녀 1천 명(개신교인 20.2%)을 상대로 설문 조사를 한 결과 "개신교가 포교를 위해 한국인에게 무리하게 죄의식을 주입하고 있다"고 답한 비율이 41.3%에 달했다.

26) Delumeau,J., Angst im Abendland. Die Geschichte kollektiver *Ängste im Europa*

des 14bis 18Jahrhunderts. Reinbek/Hamburg, 1989 참조.

27) Huisinga, J., *Herbst des Mittelalters. Studien über Lebens-und Geistesformen*, Stuttgart, 1975 참조.

28) 사회적 관습이나 교회, 성경의 율법에 비추어 도덕 문제를 해결하려는 중세 스콜라철학의 윤리학 이론이다. 보통 옳은 행위를 엄밀하게 정의된 법체계에 대한 순응으로 간주하는 윤리 개념과 관계가 있다. 로마 스토아 철학자, 중국 유학자, 유대교『탈무드』편찬자, 이슬람『코란』주석자, 중세 유럽 스콜라 철학자와 로마 가톨릭 신학자들이 결의론을 이용했다. 예수회 결의론자들 일부가 이를 지나칠 정도로 세밀하게 구별하는 경향을 띠면서 반대자들로부터 허울 좋은 궤변이라는 비난을 받게 되었다.

29) Pagels, E., *Adam, Eva und die Schlange*. Reinbeck, 1991 참조.

30) Le Goff, J., *Die Geburt des Fegefeuers*. München, 1990 참조.

31) 한스 페터 페터스 · 송해룡,『위험 커뮤니케이션 : 우리가 위험사회에 살고 있다는 것은 무엇을 의미하는가?』, 서울, 2001 참조.

32) 그 당시만 해도 성직자들은 천둥 번개를 하느님의 소리, 하느님이 형벌을 내리는 상징으로 보는 경향이 강했다. 하느님이 내리는 형벌의 칼에 감히 방패를 들이대는 일은 상상하기 어려웠던 것이다. 성 마르코 성당의 종탑은 1761년과 1762년에 연이어 두 번씩이나 벼락에 맞은 뒤, 1766년에야 피뢰침이 설치될 수 있었다. 벤저민 프랭클린이 피뢰침을 발명하여 벼락을 막을 수 있는 길이 열렸으나 성직자들은 종탑에 피뢰침을 설치하는 것을 용납하지 않았던 것을 볼 수 있다.

33) Geigerenzer, G., Swijtink, Z., Porter, T., Daston, L., Beautty, J. & Krueger, L., *The Empire of Chance*. Cambridge, 1989 참조.

34) 어떤 행동의 합법성에 대한 견해 차이가 있을 때 그리고 이 견해 차이에 대한 논거가 성립되고 단지 그 합법성만이 문제가 될 때 사람은 두 견해 가운데 보다 확실한 편을 따를 의무가 부여되지 않고, 어느 편을 자유롭게 취할 수 있다는 것이다. 아무도 자기가 분명히 옳다고 확신할 수 없는 행동을 해서는 안 된다는 교훈을 주는 신학적인 도덕 체계를 이것은 의미한다. 삶의 행위에서는 주어진 행동이 금지되었는지 아닌지가 불분명한 상황에 끊임없이 빠지게 된다.

35) Luhmann, N., *Soziologische Aufklärung*. Vol. 3, Opladen, 1981 참조.

36) 네덜란드의 수리물리학자인 호이겐스가 1657년에 처음으로 확률론을 썼다.

37) 비데만 · 송해룡,『휴대전화 전자파의 위험』, 서울 2006; 한스 페터 페터스 · 송해

룽 · 김원제, 『위험 인지와 위험 커뮤니케이션』, 서울, 2009 참조.

38) 정진성 · 이재열 · 조병희 외, 『위험사회, 위험정치』(서울대학교 사회발전 연구 총서 27), 서울, 2010 참조.

39) 김명자, 『원자력 딜레마』, 서울, 2011 참조; 다카기 진자부로 저, 김원식 옮김, 『원자력 신화로부터의 해방』, 서울, 2011 참조.

40) 다수의 전문가는 체르노빌 같은 핵 발전소 사고가 1백만 년에 한 번 일어날 수 있다는 수치를 제시하면서 원자력발전의 안전성을 주장하였다. 그러나 우리가 살고 있는 이 시기에 벌써 두 번의 대재앙이 발생하였다. 이는 바로 객관적인 수치나 예견은 아무런 의미가 없다는 것을 말한다.

41) Van den Daele, W., "Risiko-Kommunikation; Gentechnologie", in : H.Jungermann, B. Rohrmann & P. M. Wiedemann(eds.): *Risikokontroversen: Konzepte Konflikte Kommunikation*. Berlin, 1991 참조.

42) Holzheu, F., etal, Gesellschaft und Unsicherheit, München,1987; Schütz, H.,(eds), *Technik kontorvers*. Frankfurt/a. M, 1993; Friedman, S., Dunwoody, S., and Rogers, C., *Communicating Uncertainty*, Mahwah, New Jersey, 1999 참조.

43) 도표의 y축은 비전문가의 위험 인식을 등급에 따라(1=고위험, 21=저위험) 나타낸다. x축은 각 위험 요소에 대한 전문가들의 평가를 제시한다(6=고위험, 1=저위험).

44) Fault Tree Analysis(FTA)는 시스템 고장을 발생시키는 원인들과의 관계를 논리적으로 사용하여 나뭇가지 모양의 그림으로 나타낸 결함수(Fault Tree)를 만들고 이에 의거하여 시스템의 고장 확률을 구함으로써 취약 부분을 찾아내어 시스템의 신뢰도를 개선하는 정량적 고장 해석 및 신뢰성 평가 방법이다. FTA의 가장 큰 특징은 AND와 OR로 이루어진 두 종류의 논리게이트 조합에 의해 대상 설비 또는 공정의 위험성을 나뭇가지 구조로 표현하므로 시각적으로 파악하는 우수한 수단이다. 여러 전문 기술 분야와 관련된 정보를 망라하는 유연성이 풍부한 방법이다. 항공우주산업과 원자력 산업 분야에서 활용되고 있다.

45) 의사 결정의 목표를 총만족도로 설정하고, 이를 구성하고 있는 속성과 속성을 달성하기 위한 목표와 측정 수단을 찾아서 의사 결정의 목표와 평가 기준을 찾는 방법이다. 가치, 총만족도, 속성, 목표, 세분화, 문제 진단 등이 그 분석의 핵심이다.

46) ALLBUS(Allgemeine Bevölkerungsumfrage der Sozialwissenschaften=German General Social Survey)는 만하임 소재 설문 · 방법 · 분석 센터(Zentrum für Umfragen, Methoden und Analysen, Mannheim)와 쾰른 소재 경험적 사회연구 중앙

기록 보관소(Zentralarchiv für Empirische Sozialforschung, Köln)가 공동으로 구성한 ALLBUS 위원회에 의해 실시되는 설문 조사다. 이 설문 조사를 통해 수집된 데이터는 경험적 사회연구 중앙 기록 보관소에 보관되어 있다. 본 연구에서 주목하는 다양한 기관에 대한 일반 대중의 신뢰도에 관하여는 ALLBUS 2000을 통해 조사되었다.

47) 지금까지 언론학은 심리학적인 연구 방법론을 원용하여 커뮤니케이션 현상을 설명하는 데 매우 소극적이었다. 따라서 본 논문은 위험이라는 주제의 연구 폭을 넓히고 타 학문의 연구 성과를 접목시키기 위하여 심리학적인 연구의 결과를 논의 대상으로 삼았다.

48) '추단적 접근 방법(heuristic approach)'이라고 번역된다. 휴리스틱(heuristic)은 '찾아내다', '발견하다'는 뜻의 그리스 말에 뿌리를 두고 있는 말로, 불확실하고 복잡한 상황에서 부딪히는 문제를 가능한 한 빨리 풀기 위해 쓰는 주먹구구식 셈법이나 직관적 판단, 경험과 상식에 바탕을 둔 단순하고 즉흥적인 추론을 뜻한다. 심리학에서는 인간이 어떻게 의사 결정을 내리고 문제를 풀어내는지 설명하는 진화 혹은 학습에 의해 심어진다는 논리를 세우고 있다. 이러한 방법은 대부분의 경우에는 잘 작동하지만 인지 편향이나 시스템적 오류를 일으키기도 한다. 아모스 트베르스키(Amos Tversky)와 대니얼 카너먼(Daniel Kahneman)에 의해 많은 연구가 이루어졌지만 원래는 노벨상 수상자인 허버트 사이먼(Herbert Simon)에 의해 처음 소개되었다. 2002년 카너먼과 셰인 프리드릭(Shane Frederik)은 처리하기 힘든 복잡한 목표 속성을 곧바로 마음에 떠오른 발견법적 속성으로 바꿔서 판단하는 속성 바꾸기(attribute substition)가 인지 없이 작용한다는 이론을 펼쳤다. 이는 또한 사람들이 평균회귀에 반하는 결정을 왜 내리는가에 대해 설명하고 있다. 이것은 행동경제학자들의 화두가 되었다. 심리학자 아모스 트버스키(Amos Tversky)와 대니얼 카네만(Daniel Kahneman)의 연구로 널리 알려진 휴리스틱은 불확실성 하의 의사결정 과정을 이해하는 데 핵심적인 개념으로 떠올랐다.

49) DDT는 dichloro diphenyl trichloroethane의 약자로서 1873년에 실험실에서 최초로 만들어진 세상에서 가장 유명한 살충제 중 하나이다. 맛이나 냄새가 없으며 물에는 녹지 않고 지질에 잘 녹는 흰색의 가루이며, 빛이나 산화에 강하므로 살포되면 땅이나 물, 공기 중에 오랜 기간 존재한다. 자연계에서 잘 분해되지 않으므로, 조류에서 대형 동물에 이르기까지 먹이연쇄를 거쳐 농축되는 대표적 위험 물질의 하나이다. 1970년대부터 DDT가 환경과 건강에 미치는 악영향이 우려되면서, 미

국 EPA는 1972년 6월에 곡식에 DDT를 살포하는 것을 전면적으로 중단시켰다.

50) 영어로 personal risk로 표현함.

51) 영어로 individual risk로 표현함.

52) 구두 응답에 의지한 연구는 멘탈 프로세스를 밝혀내기 어렵다는 비판을 받고 있다. 누군가의 위험 판단을 밝혀내는 과정에서 행동과 관련해서 언급된 말이 있다고 해도 위험 특성과의 연관성을 입증하기는 어렵기 때문이다.

53) 이 연구에서는 특히 위험을 감수하는 정도를 측정하는 데 초점을 두었음.

54) 멘탈 모델과 관련해서는 M. Granger Morgan, Baruch Fischhoff, Ann Bostrom, Cynthia J. Atman, *Risk Communication - A Mental Models Approach*, 2002를 참조하기 바람.

55) 영어로 이것을 Availability라 부른다.

56) 위험을 지칭하는 용어가 너무나 다양하다. 영어로 표기되는 hazard는 risk와 동의어가 되기도 하지만, 다른 의미로 사용하기도 한다. hazard는 우리말로 위해에 더 가깝다고 생각하여 이 논문에서는 위해로 썼다.

57) 〈중앙일보〉 2012년 10월 4일 라돈 위험 수위 기사 참조. 2013년 12월 28일 KBS 2TV 추적 60분 '침묵의 살인자', 2014년 3월 22일 KBS 2TV 추적 60분 '라돈의 공포' 참조.

58) 2014년 3월 12일 한국소비자원 집계를 보면, 성형수술 부작용으로 인한 피해 상담 건수는 2009년 71건에서 2013년 110건으로 크게 늘었다. 급증하는 성형외과 광고도 문제점으로 꼽힌다. 〈한겨레〉가 복지부에 정보 공개 청구를 해 받은 결과를 보면, 대한의사협회가 심의한 성형외과 광고는 2011년 602건에서 지난해에는 4211건으로 대폭 늘었다. 같은 기간 전체 의료 광고에서 차지하는 비중도 12%에서 26.6%로 전체 네 건 가운데 하나에 달했다. 2012년 의료법을 고쳐 옥외 의료 광고를 대폭 허용한 탓이다. 최근에 광고를 규제해야 한다는 목소리가 늘어나고 있다.

59) Sandman, P.M., "Risk Communication : Facing public outrage", in : *Environmental Protection Journal*, 1987 November, pp. 21-22.

60) Overmeier, O-P., *Die Kunst der Risikokommunikation*. München, 1999; 한스 페터 페터스 · 송해룡 · 김원제, 『위험 인지와 위험 커뮤니케이션』, 서울, 2009 참조.

61) Slovic, P. , *The Perception of Risk*. London and Sterling, 2004; 이영애 옮김, 『위험 판단 심리학』 서울, 2008; 이영애 · 이나경 · 이현주 지음, 『한국인의 위험지각』, 서울, 2013; 송해룡 · 김원제, 『위험 커뮤니케이션과 위험 수용』, 서울, 2005 참조.

62) Kahneman, D., Slovic, P., Tversky, A.(eds.), *Judgement under uncertainty: heuristics and biases*. Cambridge, 1982 참조.

63) 최근에 의료 분쟁에서 이 고지 의무는 점점 더 중요한 판단의 근거가 되고 있다.

64) Tversky, A. & Kahneman, D., "The framing of decisions and the psychology of choice", in : *Science*, 211, pp. 453-458, 1981 참조.

65) Marks, G.& von Winterfeldt, D., "Not in my backyard : Influence of motivational concerns on judgements about risky technologies", in : *Journal of Applied Psychology*, 69, pp. 408-415, 1984.

66) Renn, O., *Risikowahrnehmung der Kernenergie*. Frankfurt/M, 1984 참조.

67) Luhman, N., Die Moral des Risikos und das Risiko der Moral, in : Bechmann, G.(eds.), *Risiko und Gesellschaft*. Opladen, 1993.

68) Jungermann, H. & Bender, R., Information ueber Risiken am Arbeitsplatz : 'Unrealistischer Optimismus' am Arbeitsplatz?, in : Graf Hoyos, C.(eds) : *Psychology der Arbeitssicherheit*. Heidelberg, 1990.

69) Vleck, Ch. & Stallen, P.J., Judging risks and benefits in the small and in the large, in : *Organizational Behavior and Human Performance*, 28, pp. 235-271, 1981 참조.

70) Douglas, M. & Wildavsky, A., *Risk and Culture*. Berkeley, 1982.

71) Ritov, I. & Baron, J., Reluctance to vaccinate: Omission bias and ambiguity, in : *Journal of Behavioral Decision Making*, 3, pp. 263-277, 1990 참조.

72) Nowotony, H., Kernenergie : *Gefahr oder Notwendigkeit*. Frankfurt/a.M, 1979 참조.

73) 송해룡 · 김원제 · 조항민 역, 『위험보도론』, 서울, 2006 참조.

74) 한스 페터 페터스 · 송해룡, 『위험 커뮤니케이션: 우리가 위험사회에 살고 있다는 것은 무엇을 의미하는 것인가?』, 서울, 2001. p. 236 이하 참조.

75) Peters, H. P., *Chemie und Offentlichkeit – ein schwieriges Verhältnis*. Jülich, 1994.

76) Evers, A. & Nowotny, H., *Über den Umgang mit Unsicherheit*. Frankfurt/M, 1987 참조.

77) Kueppers, G., Lundgreen, P., Weingart, P., *Umweltforschung – die gesteuerte Wissenschaft?*, Frankfurt/a.M, 1978 참조.

78) Jungermann, H., Rohrmann, B. & Wiedemann, P. M.(eds), *Risiko-Kontroversen*, Berlin, 1991 참조.

79) Meier, W. A., Schanne, M.(eds), *Gesellschaftliche Risiken in den Medien*, Zürich, 1996 참조.

80) Wildavsky, A., "Frames of Reference Come From Cultures: A Predictive Theory," in : Morris Freilich, ed., *The Relevance of Culture*, New York: Bergin and Garvey, 1989, pp. 58-74.

81) 윤종석 옮김, 『위험사회와 새로운 자본주의』, 서울, 2006 참조.

82) Wiedemann, P. M., Schütz, H., *The Role of Evidence in Risk Characterization*, Weinheim, 2007 참조.

83) Flynn, J., Slovic, P., and Kunreuther, H., *Risk, Media, and Stigma : Understanding Public Challenges to Moderne Science and Technology*, London and Sterling, 2001 참조.

84) MacCrimen, K. R. and Wehrung, D. A., *Taking Risks: The Management of Uncertainty*, New York: Free Press, 1986.

85) Slovic, P., Fischhoff, B. and Lichtenstein, S., "Rating the Risks", Environment, 1979, Vol. 21, No. 3, pp. 14-20, 36-39; "Facts and Fears: Understanding Perceived Risks," in : R. Schwing and W. A. Albers, Jr., *Societal Risk Assessment: How Safe Is Safe Enough?*, New York, 1980.

86) Karl Dake and Aaron Wildavsky, "Theories of Risk Perception: Who Fears What and Why?", in : *Daedalus*, Bd. 119, No. 4 (Fall 1990), pp. 41-60.

87) 최근 원자력발전에 대한 지역민의 조직적인 반대의 결과, 제주 해군기지 건설, 밀양 송전탑 공사와 관련해서 우리는 진지하게 이 문제를 논해야 할 것이다.

88) 한스 페터 페터스 · 송해룡, 『위험보도와 매스커뮤니케이션』, 서울, 2005 참조.

89) Douglas, M and Wildavsky, A., *Risk and Culture*, Berkeley, London, 1983 참조.

90) Dake and Wildavsky, *Theories of Risk Perception*, London, 1986.

91) Rohrmann, *Perception and evaluation of risks*, Heidelberg, Berlin, 1988, pp. 15-16.

92) Kahneman, D., Slovic, P., and Tversky, A., *Judgement under Uncertainty: heuristics and biases*, Cambridge, 1982.

93) Holzheu, F. et al., *Gesellschaft und Unsicherheit*, München, 1987; Kahneman, D.,

Slovic, P. and Tversky, 위의 책 참조.

94) Mary Douglas, *How Institutions Think*, Syracuse University Press, 1986.

95) S. Robert Lichter and Linda S. Lichter, "Preserving the Planet:Media Coverage of the Environment During 1989", *Media Monitor*, Vol. 4, No. 4 (April 1990), pp. 1-6 참조.

96) 2003년 9월 22일 스피겔(Spiegel)지 참조.

97) A 채널의 '이영돈의 먹거리 X파일' 참조. http://tv.ichannela.com/culture/xfile/.

98) Wiedemann, P., Gray, P., Schuetz, H., Kongnitive und interaktive Konstruktion von Risiko-und Nutzenbeurteilungen bei genetisch hergestellten Produktion, Teil II : Interaktive Konstruktion, Arbeiten zur Risiko-Kommunikation Heft 77, 1999.

99) Nicholas P. Lovrich, Jr., Takematsu Abe, John C. Pierce and Taketsugu Tsurutani, "Knowledge and Action in Environmental Politics: Effects of Knowledgeability Upon Public Policy Attitudes in Post-Industrial Japan and the U. S.", the 1984 Annual Meeting of the Western Political Science Association, Sacramento, April 12-14, 1984, pp. 18-20 재인용.

100) Cotgrove, S., *Catastrophe or cornucopia: The environment, politics and the future*, New York, 1982.

101) Remedios A. Savellano, Cristina A. Bulaon and Teofilio V. Leonin Jr., Public Attitudes Toward Nuclear Power and Alternative Energy Systems, a survey conducted by the Philippine Atomic Energy Commission under contract with the International Atomic Energy Agency, Technical Document IAEA-TECDOC-313, 1984.

102) Renn, O. and E. Swaton, "Attitude Studies", by the International Atomic Energy Association and the International Institute for Applied Systems Analysis, Risk Assessment Group, 1990.

103) Randall R. Kleinhesselink and Eugene A. Rosa, "Cognitive Representations of Risk Perceptions: A Comparison of Japan and the United States", *Journal of Cross-Cultural Psychology, Special Issue on Risk and Culture*, Vol. 22, No. 11 (1991), pp. 11-28.

104) Teigen K. H., Brun W. and Slovic P., "Societal Risks As Seen By a Norwegian

Public", *Journal of Behavioral Decision Making*, Vol. 1(1988), pp. 111-130; Tibor Englander, Klara Forago, Paul Slovic and Baruch Fischhoff, "A Comparative analysis of risk perception in Hungary and the United States", *Social Behavior*, Vol. 1(1988), pp. 55-66; C. F. Keown, "Risk Perceptions of Hong Kongese versus Americans", *Risk Analysis*, Vol. 9(1989), pp. 401-405; S. Bastide, J. Moatii, 1. Pages, and F. Fagnani, "Risk Perception and Social Acceptability of Technologies: The French Case", *Risk Analysis*, Vol. 9(1989), pp. 215-223.

105) George T. Cvetkovich and Timothy C. Earle, "Risk, Culture and Psychology", *Cross-Cultural Psychology*, Bulletin 24, No. 4, pp. 3-10.

106) 위의 책, p. 8.

107) Englander, Farago, Slovic and Fischhoff, *Comparative analysis of risk perception*. Berlin, Heidelberg and Wien, 1993.

108) Jan Tan Liu and Kerry Smith, V, "Risk Communication and Attitude Change: Taiwan's Experience", *Resources*, No. 102(Winter 1991), p. 17.

109) Hank C. Jenkins-Smith, Jennifer L. Espey, Amelia A. Rouse, and Douglas H. Molund, "Perceptions of Risk in the Management of Nuclear Wastes: Mapping Elite and Mass Beliefs and Attitudes" Report for Sandia National Laboratories, SAND90-7002, December 1990, p. 5.

110) 위의 책, p. 16.

111) 약을 복용한 후에 나타나는 반응의 관계를 논하는 것이다.

112) Elaine Vaughan and Brendon Nordenstam, "The Perception of Environmental Risks Among Ethnically Diverse Groups in the United States", in: George Svetkovich and Tim Earl, Special Issue on Risk and Culture, *Journal of Cross-Cultural Psychology*, Vol. 22, No. 1 (1991), pp. 29-60.

113) 위의 책 참조.

114) D. E. Taylor, "Blacks and the Environment: Toward An Explanation of the Concern and Action Gap Between Blacks and Whites", *Environment and Behavior*, Vol. 21, No. 2, pp. 175-205; F. P. Noe and Art Snow, "Hispanic Cultural Influence and Environmental Concerns", *Journal of Environmental Education*, Vol. 18(1990), pp. 27-34.

115) 2014년 6·4 지방선거에서 탈핵 등 에너지 정책이 이슈가 되고 있다. 핵발전소

가 가동 중이거나 신규 건설 대상 지역은 탈핵이 쟁점으로 떠올랐다. 더불어 환경 단체와 시민 단체, 생활협동조합 등이 초록연대 '그린 매니페스토 네트워크'를 꾸려 '초록에 투표'라는 기치를 내걸고 지방선거 대응에 나서고 있다. 경남은 부산 고리 원전과 가까워 핵 사고로부터 안전지대가 아니라는 것이다. 경남 도지사 선거에서 쟁점이 되는 의제는 ①원전 추가 건설 중단을 통한 탈핵 ②고리 1호기 즉각 폐쇄 ③방사선 비상계획구역 30km로 확대 ④탈핵·에너지 전환 도시 선언 ⑤ 방사능 없는 안전 급식 조례 제정 ⑥밀양 송전탑 사태 해결 등 6가지이다. http://www.idomin.com/news/articleView.html?idxno=441631. 〈한겨레〉 1면, '부산·울산·삼척 지방선거 탈원전 쟁점으로'(2014년 3월 12일).

116) Robert, L.E. and Hayns, M., Limitation on the usefulness of Risk Assesssment, in; *Risk Analysis*, 9(1989), pp. 483-494.

117) Slovic, P., Perception of Risk : reflections on the psychometric paradigm, in : Golding, D. and Krimsk, S.(eds), *Theories of Risk*, 1992.

118) Slovic, P., Fischhoff, B. and Lichtenstein,S., Regulation of risk. A psychological perspective, in; R. G. Noll(eds), *Regulatory Policy in the Social Science*, Berkeley, 1985.

119) Lindel, M. K. and Earle, T. C., How close is close enough; public perception of the risks of industrial facilities, in; *Risk Analysis*, 4(1983), pp. 245-253

120) 일명 러브운하 사건이라고 불리는 매립된 산업폐기물로 인하여 만들어진 개념이다. 유독성 화학물질에 의하여 심하게 오염되어 있는 지역을 주로 슈퍼펀드(Superfund) 지역이라 부른다. 미 연방정부는 1980년 12월 슈퍼펀드라는 법을 제정하여 유해 지역의 문제를 해결하기 위한 기금을 조성하고 유해 지역에 대한 조사·처리·보상을 시작하였다.

121) MaClelland, G. H., Schutz, W. D. and Hurd, B., The effects of risk beliefs on property values ; a case study of a hazardous waste site, in; *Risk Analysis*, 10(1990), pp. 485-497.

122) Slovic, P., Perception of Risk, in; *Science*, 236(1987), pp. 280-285.

123) Rip, A., Experts in public arenas, in; Otway, H. and Peltu, M.(eds), *Regulating Industrial Risks. Science, hazards and public protection*, London, 1985.

124) Holger. H, Markus. L., Holger. W., Franco, Z.(eds), Wissenswelten. Wissenschaftjournalismus in Theorie und Praxis, Güetersloh, 2008.

125) Otway, H. and Peltu, M.(eds), *Regulating Industrial Risks. Science, hazards and public protection*, London, 1985, p.110

126) Slovic, P., Perception of Risk : reflections on the psychometric paradigm, in : Golding, D. and Krimsk, S.(eds), *Theories of Risk*, 1992.

127) Slovic, P., 위의 책, p. 39

128) Douglas, M. and Wildavsky, A., Risk and Culture : an essay on the selection of technical and enviromental dangers, Berkeley, 1982; Douglas, M., Risk acceptability aaccording to the social science, New York, 1985; Thompson, M. and Schwarz, M., *Divided We Stand*, London, 1990 참조.

129) Wynne, B., Perception of risk, in; Surrey J.(eds), *The Urban Transportation of Irradiated Fuel*, Lodon, 1984.

130) Svenson, O. and Fiscohhoff, B., Active response to environmental decision making, Stockholm, Swedish Research Council for Humanities and Social Science, 1983.

131) MaClelland, G. H., Schutz, W. D. and Hurd, B., The effects of risk beliefs on property values ; a case study of a hazardous waste site, in; *Risk Analysis*, 10(1990), pp. 485-497.

132) 계층주의자는 우리가 직면한 위험들을 찾아내야 하는 책임을 가지며 양질의 정보와 건전한 규칙을 확보하기 위하여 대중의 저항이 필요하다고 주장한다. 평등주의자는 정부와 기업은 그들만의 이익을 위해 존재하기 때문에 결코 믿을 수 없다는 인식을 갖고 있다. 운명론자는 과학은 결코 신뢰할 수 없고 지식 또한 결코 믿을 만한 것이 못 된다는 주장을 한다. 사회로부터 벗어나 문제 해결을 회피하는 경향이 크다. 개인주의자는 개인적 위험을 깨우치기 위하여 사람은 자신을 믿어야 한다고 생각한다.

133) 홍성태 역, 『위험사회-새로운 근대(성)을 향하여』, 서울, 1997.

134) Thompson, M. and Schwarz, M., Divided We Stand, London, 1990.

135) Habermas, J., Wahrheitstheorien, in; Fahrenbach, H.(Hg.), *Wirklichkeit und Reflexion : Walter Schulz 60, Geburtstag*, Pfullingen, 1973.

136) NIMBY(Not In My Back Yard): 미국인들의 자기중심적 공공성 결핍 증상을 가리키는 말이다.

137) 정정화, 환경갈등과 언론 -부안 방폐장에 대한 이해 집단과 미디어 프레임 비교

분석, 한국정책학회보 제16권 3호(2007. 9) 참조.

138) Hadden, S. G., Public perception of hazardous waste, in; *Risk Analysis*, 1991, p. 56

139) 이러한 논의는 미국에서 독성 폐기물 처리 및 유해 폐기물 처리장 선정의 문제를 다루었던 Lake & Johns(1990)와 Lake & Disch(1991)의 연구에서 시작되었다.

140) Lake, R. W., and Disch, L., Structural constraints and pluralist contradictions in hazardous waste regulation, *Environment and Planning*, 38(1991).

141) Kasperson, R. E., Renn, O., Slovic, P. et al., The social amplification of risk : a conceptional framework, in; *Risk Analysis*, pp. 177-187.

142) Slovic, P., Perception of Risk : reflections on the psychometric paradigm, in : Golding, D., and Krimsk, S.(eds), *Theories of Risk*, 1990.

143) Kemp, R., and Gerrad, S., A nation divided : intolerance and tolerance in planning for environmental risks, in; McDougal, G., etal.(eds), *Planning Theory :Prospects for the 1990s*, Avebury, 1991.

1장

Bechmann, G.(ed.), *Risiko und Gesellschaft*. Opladen, 1991.

Begemann, C., *Furcht und Angst im Prozess der Aufklärung. Zu Literatur und Bewusstseinsgeschichte des 18. Jahrhunderts*. Frankfurt/M, 1987.

Delumeau, J., *Angst im Abendland. Die Geschichte kollektiver Angste im Europa des 14. bis 18. Jahrhunderts*. Reinneck/Hamburg, 1989.

Douglas, M., *Reinheit und Gefährdung*. Frankfurt/M, 1989.

Dux, G., *Die Logik der Weltbilder. Sinnstrukturen im Wandel der Geschichte*. Frankfurt/M, 1982.

Frazer, J. G., *Der goldene Zweig. Das Gehiemnis von Glauben und Sitten der Volker*. Hamburg, 1989.

Freud, S., *Totem und Tabu. Einige Übereinstimmungen im Seelenleben der Wilden und der Neurotiker*. Frankfurt/M, 1990.

Hafele, W., Renn, O. & Erdmann, G., Risiko, Undeutlichkeit und Sicherheit, in: W. Hafele(ed.), *Energiesysteme im Übergang*. Landsberg/Lech, 1990.

Jungermann, H., Rohrmann, B. & Wiedemann, P. M.(eds.), *Risikokontoversen*. Berlin, 1991.

Krucken, G., *Gesellschaft, Technik, Risiko*. Bielefeld, 1990.

Le Goff J., *Die Geburt des Fegefeuers*. München. 1990.

Luhmann, N., *Soziologische Aufklärung*. Vol.3, Opladen. 1981.

Nowotony, H. & Evers, A., *Über den Umgang mit Unsicherheit*.

Frankfurt/M, 1986.

Pagels, E., *Adam, Eva und die Schlange*. Reinbeck, 1991.

Pieper, J., *Über den Begriff der Sunde*. München, 1977.

Schutz, A., *Gesammelte Aufsatze. Das Problem der sozialen Wirklichkeit*. Vol.1, Den
    Haag, 1971.

Schutz, M.(ed.), *Risiko und Wagnis*. Vol.2, Pfullingen, 1980.

Sieferle, R. P., *Fortschritte der Naturzerstörung*. Frankfurt/M, 1988.

Waldenfelds, H.(ed.), *Lexikon der Religionen*. Freiburg/Breisgau, 1987.

김명자, 『원자력 딜레마』, 서울, 2011.

김민기, 『한국의 符籍』, 서울, 1987.

김석우, 『자연재해와 유교국가 : 漢代의 災害와 荒政研究』, 서울, 2006.

김영자, 『한국의 벽사부적』, 서울, 2008.

김원식 옮김, 『원자력 신화로부터의 해방』, 서울, 2011.

노진철, 『불확실성 시대의 위험사회학』, 서울, 2009.

민속학회 편, 『무속 신앙』, 서울, 1974.

손진태, 『역사 민속학 연구』, 서울, 2003.

이두현 · 장주근 · 이광규 공저, 『한국민속학 개설』, 서울, 1989.

한스 페터 페터스 · 송해룡, 『위험커뮤니케이션: 우리가 위험사회에 살고 있
    다는 것은 무엇을 의미하는가?』, 서울, 2001.

허승일, 『다시 역사란 무엇인가?』, 서울, 2009.

2장

Allen, F. W., Differing Views of Risk: The Challenge for Decisionmakers in a
    Democracy. Paper presented at the Only One Earth Forum on Managing
    Hazardous Materials, New York City, May 25-26, 1988.

Beck, U., *Risikogesellschaft-Auf dem Weg in eine andere Moderne*, Frankfurt:
    Suhrkamp, 1987.

Fritzsche, A. F., *Wie sicher leben wir? Risikobeurteilung und -bewältigung in unserer*

Gesellschaft, Köln, 1986.

Institut für Demoskopie Allensbach (Hg.), *Kernenergie und Öffentlichkeit. Eine Befragung von Politikern, Journalisten, Experten und der Bevölkerung*, Allensbach, 1984.

Kepplinger, H. M., Die Kernenergie in der Presse. Eine Analyse zum Einfluß subjektiver Faktoren auf die Konstruktion von Realität, in, *Kölner Zeitschrift für Soziologie und Sozialpsychologie*, 40. Jahrg., Heft 4, pp. 640-658. 1988.

Mazur, A., "Disputes Between Experts," *Minerva 11, Social Reactor Safety Study*, 1973.

Peters, H. P./Albrecht, G./Hennen, L./Stegelmann, H. U., *Die Reaktionen der Bevölkerung auf Tschernobyl, Ergebnisse einer Befragung*, KFA Jülich, 1987.

Peters, H. P. und Krüger, J., *Der Transfer wissenschaftlichen Wissens in die Öffentlichkeit aus der Sicht von Wissenschaftlern. Ergebnisse einer Befragung der wissenschaftlichen Mitarbeiter der KFA Jülich*, KFA Jülich, 1985.

Rassow, J., *Risiken der Kernenergie, Fakten und Zusammenhänge im Lichte des TschernobylUnfalls*, Weinheim: VCH, 1988.

Renn, O.; Albrecht, G.; Kotte, U.; Peters, H. P. und Stegelmann, H. U., *Sozialverträgliche Energiepolitik. Ein Gutachten für die die Bundesregierung*, München: High Technology Verlag, 1985.

Slovic, P.; Fischhoff, B. und Lichtenstein, S., Facts and Fears: Understanding Perceived Risk, in: Schwing, R.C., and Albers, W.A. jr. (eds.), *Societal Risk Assessment: How Safe is Safe Enough?* New York: Plenum Press, 1980.

U. S. Environmental Protection Agency, *Unfinished Business: A Comparative Assessment of Environmental Problems*, 1987.

Wilson, R. und Crouch, E. A. C., Risk Assessment and Comparisons: An Introduction, In: *Science*, 236, pp. 267-236, 1987.

Winterfeldt, D. V. und Edwards, W., Patterns of Conflict about Risky Technologies, *Risk Analysis*, 4 (1), pp. 55-68, 1984.

Baerns, Barbara, Wissenschaftsjournalismus und Öffentlichkeitsarbeit: Zur Informationsleistung der Pressedienste und Agenturen. *Wissenschaftsjournalismus tmd Öffentlichkeitsarbeit*. Tagungsbericht zum 3. Colloquium Wissenschaftsjournalismus vom 4. f5. November 1988 in Berlin. Hrsg. Stephan Ruß-Mohl. Gerlingen, pp. 37-53, 1990.

Boltanski, Luc and Pascale Maldidier, Carriere scientifique, morale scientifique et vulgarisation. *Informations sur les sciences sociales* (9) 3, pp. 99-118, 1970.

Claessens, Michel (Hrsg.), *Communicating European Research 2005*, Dordrecht, 2007.

Friedman, Sharon M., Sharon Dunwoody and Carol L. Rogers (Hrsg.). *Scientists and Journalists: Reporting Science As News, New York*, 1986.

Gläser, Jochen, *Wissenschaftliche Produktionsgemeinschaften. Die soziale Ordnung der Forschung*, Frankfurt am Main, 2006.

Goodell, Rae, *The visible scientists*, Boston, 1977.

Göpfert, Winfried and Hans Peter Peters, Konzept einer Sommerschule Wissenschaftsjournalismus und Erfahrungen ber der Realisierung, *Publizistik* (37) 1 1992, pp. 118-120.

Göpfert, Winfried, Starke Wissenschafts-PR-armer *Wissenschaftsjournalismus*. *SclencePop. Wissenschaftsjournalismus zwischen PR und Forschungskritik*, Hrsg. Christian Müller, Graz, 2004.

Görke, Alexander, *Risikojournalismus und Risikogesellschaft. Sondierung und Theorieentwurf*. Opladen, 1999.

Haller, Michael. Wie Wissenschaftlich ist der Wissenschaftsjournalismus?, *Publizistik* (32) 3, 1987, pp. 305-319.

Haller, Michael, Mit großer Pose die tumbe Welt erwecken? Wissenschaft und Journalismus-vom Gegensatz zur Partnerschaft. Die Mittlerrolle des Journalisten. *Die Medien zwischen Wissenschaft und Öffentlichkeit*, Hrsg. Robert Gerwin, Stuttgart, 1992, pp.39-48.

Hansen, Klaus (Hrsg.), *Verständliche Wissenschaft. Probleme der journalistischen*

Popularisierung wissenschaftlicher Aussagen. Dokumentation. Bd 5 der Theodor-Heuss-Akademie der Friedrich- Naumann-Stiftung, Gummersbach, 1981.

Jerome, Fred, Media Resource Services: getting scientists and the media together. *Impact of Science on Society* (36) 4 1986, pp. 373-378.

Kepplinger, Hans Mathias, *Künstliche Horizonte. Folge, Darstellung und Akzeptanz von Technik in der Bundesrepublik*, Frankfurt am Main, 1989.

Kepplinger, Hans Mathias, Hans-Bernd Brosius und Joachim Friedrich Staab. Instrumental actualization: a theory of mediated conflicts. *European Journal of Communication* (6) 3 1991, pp. 263-290.

Koch, Klaus und Volker Stollorz, PR-Arbeiter und Journalist: Geht beides? *Wissenschaftsjournalismus heute. Ein Blick auf 20 Jahre WPK*. Hrsg. Christiane Götz-Sobel und Wolfgang Mock, Düsseldorf, 2006, pp. 103-110.

Kohring, Matthias, *Wissenschaftsjournalismus: Forschungsüberblick und Theorieentwurf*, Konstanz, 2005.

Krüger, Jens, Wissenschaftsberichterstattung in aktuellen Massenmedien aus der Sicht der Wissenschaftler. Ergebnisse einer Befragung der Professoren der Johannes Gutenberg-Universität. Unveröffentlichte Magisterarbeit, Fachbereich Sozialwissenschaften, Johannes Gutenberg-Universität, Mainz, 1985.

Krüger, Jens, Wissenschaftsberichterstattung in aktuellen Massenmedien aus der Sicht der Wissenschaftler. *Moral und Verantwortung in der Wissenschaftsvermittlung. Die Aufgaben von Wissenschaftler und Journalist*. Hrsg. Rainer Flöhl and Jürgen Fricke, Mainz, 1987, pp. 39-51.

Lempart, Ryszard, Über das schwierige Verhältnis von Forschung und Öffentlichkeit. *Wissenschaft erfolgreich kommunizieren*. Hrsg. Kerstin von Aretin und Günther Wess, Weinheim, 2005, pp. 111-124.

Luhmann, Niklas, Die Realität der Massenmedien, Opladen, 1996.

Markl, Hubert, Das verständliche Mißverständnis. Der Rollenkonflikt zwischen Wissenschaft und Journalismus. *Frankfurter Allgemeine Zeitung* 30.12.1992.

McCall, Robert B. Science and the press. Like oil and water?, *American Psychologist* (43) 2 1988, pp. 87-94.

Meier, Klaus, *Experten im Netz. Maklersysteme als Recherchehilfe für Journalisten im Wissenschaftsbereich*, Konstanz, 1997.

Merton, Robert K, The normative structure of science, *The sociology of science*, Hrsg. Robert K. Merton, Chicago, 1973, pp. 267-278.

Peters, Hans Peter, Entstehung, Verarbeitung und Verbreitung von Wissenschaftsnachrichten am Beispiel von 20 Forschungseinrichtungen, Jülich, 1984.

Peters, Hans Peter, The interaction of journalists and scientific experts: co-operation and conflict between two professional cultures, Media, *Culture & Society* (17) 1 1995. pp. 31-48.

Peters, Hans Peter und Harald Heinrichs, *Öffentliche Kommunikation über Klimawandel und Sturmflutrisiken. Bedeutungskonstruktion durch Experten, Journalisten und Bürger*, Jülich, 2005.(Auch online unter http://nbn-resolving.de/ urn/resolver.pl?urn=urn:nbn:de:0001-00303, Download 8.2.2007.)

Peters, Hans Peter and Jens Krüger, Der Transfer wissenschaftlichen Wissens in die Öffentlichkeit aus der Sicht von Wissenschaftlern. Ergebnisse einer Befragung der wissenschaftlichen Mitarbeiter der Kernforschungsanlage, Jülich. *Jülich-Spezial* 323, 1985.

Peters, Hans Peter and Winfried Göpfert, Medientraining für Wissenschaftler. Zu einem im Forschungszentrum Jülich erprobten Konzept. *Publizistik* (40) 2 1995, pp. 208-211.

Projektgruppe Risikokommunikation. Kontakte zwischen Experten und Journalisten bei der Risikoberichterstattung. Ergebnisse einer empirischen Studie. Unveröffentlichter Bericht. Institut für Publizistik, Westfalische Wilhelms-Universität, Münster, 1994.

Reus, Gunter, Distanz mit Zusammenarbeit. Journalisten und Forscher brauchen einander. Populäre Wissenschaft als gesellschaftspolitisches Erfordernis. *Futura* 2 1988. pp. 21-25.

Rothman, Stanley, Journalists, broadcasters, scientific experts and public opinion. *Minerva* (28) 2 1990, pp. 117-133.

Salomone, Kandice L., Micheal R. Greenberg, Peter M. Sandman und David B. Sachsman. A question of quality. How journalists and news sources evaluate coverage of environmental risk. *Journal of Communication* (40) 4 1990, pp. 117-133.

Schanne, Michael und Winfried Göpfert, *Förderprogramm Wissenschaftsjournalismus: Evaluation*. Robert Bosch Stiftung, Bern, 1998.

Schavan, Annette, Forscher müssen sich stärker in den Mittelpunkt der Gesellschaft stellen. Interview mit Margarete Heckel und Joachim Peter. *Die Welt*, 2.10.2006.

Schmidt, Helmut. Das vornehme Schweigen. Die Niederungen der Politik und die Wissenschaft. *WZB-Mitteilungen* 107 2005, pp. 11-12.(Auch online unter www.wz-berlin.de/publi kation/pdf/wm107/wm-107.pdf, Download 8.2.2007.)

Schröter, Jens, *Journalisten im Labor. Evaluation der European Initiative for Communicators of Science (Eicos)*, Konstanz, 2000.

Shepherd, R. Gordon, Selectivity of sources: Reporting the marijuana controversy. *Journal of Communication* (31) 2 1981, pp. 129-137.

Strömer, Arnold. Wissenschaft und Journalismus 1984-1997. Ergebnisse einer Befragung von Berliner Professoren sowie wissenschaftlichen Mitarbeitern des Forschungszentrums Jülich und Vergleiche mit einer früheren Studie aus Mainz und Jülich. Unveröffentlichte Magisterarbeit, Fachbereich Politik-und Sozialwissenschaften, Freie Universität Berlin, 1999.

Sutter, Tilmann. Sozialisation und Inklusion durch Medien. Zur Ausdifferenzierung sozialwissenschaftlicher Medienforschung. *Forschungsberichte des Psychologischen Instituts der Albert-Ludwigs-Universität Freiburg* 161 2003.(Auch online unter http://psydok.sulb.unisaarland.de/volltexte/2004/429 /pdf/161.pdf, Download 8.2.2007.)

Weingart, Peter. *Die Stunde der Wahrheit? Zum Verhältnis der Wissenschaft zu Politik,Wirtschaft und Medien in der Wissensgesellschaft.* Weilerswist, 2001.

Willems, Jaap T. *Wetenschapsjournalistik: Klachten en Communicatiebarrieres.* Nijmegen, 1976.

Alhakami, A. S., A psychological study of the inverse relationship between perceived risk and perceived benefit of technological hazards. *Dissertion Abstracts*, Vol. 52/09-B, 1991.

Alhakami, A. S. & Slovic, P., A psychological study of the inverse relationship between perceived risk and perceived benefit. *Risk Analysis*, 14, pp. 1085-1096, 1994.

Atman, C. J., Bostrom, A., Fischoff, B. & Morgan, M. G., Designing risk communications: Completing and correcting mental models of hazardous precesses, Part I. *Risk Analysis*, 14, pp. 779-788, 1994.

Baird, B. N. R., Tolrance for environmental health risks: The influence of knowledge, benefits, volutariness and environmental attitudes. *Risk Analysis*, 6 (4), pp. 425-436, 1986.

Baird, B. N. R., Earle, T. C. & Cvetkovich, G., Public judgement of an environmental hazard: Two studies of the ASARCO smelter. In: L. B. Lave (ed.), *Risk assessment and management*. New York: Plenum Press, pp. 383-398, 1987.

Bastide, S., Moatti, J.-P., Pages, J.-P. & Fagani, F., Risk perception and social acceptability of technologies: The French case. *Risk Analysis*, 9, pp. 215-223, 1989.

Bauer, R. A., Consumer behavior as risk tasking. In: R. S. Hancock (ed.), *Dynamic marketing for a changing world. Chicago: American Marketing Association*, pp. 389-398, 1960.

Benthin, A., Slovic, P. & Severson, H., A psychometric study of adolescent risk perception. *Journal of Adolescence*, 16, pp. 153-168, 1993.

Borcherding, K., Rohmann, B. & Eppel, T., A psychological study on the cognitive structure of risk evaluation. In: B. Brehmer, H. Jungermanj, P. Lourens and G. Sevon (eds.), *New directions in research on deceision making*. Amsterdam: North-Holland, 1986.

Bord, R. J. & O'Connor, R. E., Risk communication, knowledge, and attitudes. *Risk Analysis*, 10, pp. 499-506, 1990.

Bostrom, A., Atman, C. J., Fischhoff, B. & Morgan, M. G., Designing risk communications: Completing and correcting mental models of hazardous processes, Part II. *Risk Analysis*, 14, pp. 789-798, 1994.

Bostrom, A., Fischhoff, B. & Morgan. M. G., Eliciting mental models of hazardous processes: A methodology and an application to radon. *Journal of Social Isseues*, 48(4), pp. 85-100, 1992.

Bostrom, A., Morgan, M. G., Fischhoff, B. & Read, D., What do people know about global climate change? 1. Mental models. *Risk Analysis*, 14, pp. 959-970, 1994.

Brun, W., Cognitive components in risk perception: Natural versus manmade risks. *Journal of Behavioral Decision Making*, 5, pp. 117-132, 1992.

Brun, W., Reason for risk and danger. Draft. University of Bergen. Norway, 1995.

Chase, W. H, *Issue management. Origins of the future*. Stanford, CT: Issue Action Publication, 1984.

Coates, J. F., Coates, V. T., Jarrat, J. & Heinz, L., *Issue management*. Mt. Airy, MD: Lomong Publications, 1986.

Colbry. S. L. & Boutsen, F. R., Knowledge and self-perceived risk for toxic shock syndrome. *Health Values*, 17 (6), pp. 26-30, 1993.

Combs, B. & Slovic, P., Causes of death: Biased newspaper coverage and biased judgements. *Journalism Quarterly*, 56, pp. 837-843, 1979.

Cosmides, L. & Tooby, J., Are humans good intuitive statisticians after all? Rethinking some conclusions from the literature on judgment under uncertainty. *Cognition*, 58, pp. 1-73, 1996.

Earle, T. C. & Lindell, M. K., Public perceptions of industrial risks: A free-response approach. IIn: R. A. Waller and V. T. Covello (eds.), *Low probability / high consequence risk analysis: Issues, methods and case studies*. New York: Plenum Press, pp. 531-550, 1984.

Englander, T., Farago, K., Slovic, P. & Fischhoff, B., A comparative analysis of risk perception in Hungary and the United States. *Social Behaviour*, 1, pp. 55-56, 1986.

Ferguson, M. A. & Valenti, J. M., Communicating with environmental and health risk takers: An individual differences perspective. *Health Education Quarterly*, 18, pp.

303-318, 1991.

Festinger, L., *A theory of cognitive dissonance*. Evanstone, Ⅲ.: Row & Peterson, 1957.

Fischhoff, B., Bostrom, A. & Quadrel, M. J., Risk perception and communication. *Annual Review of Public Health*, 14, pp. 183-203, 1993.

Fischhoff, B., Slovic, P., Lichtenstein, S., Read, S. & Combs, B., How safe is safe enough? A psychometric study of attitudes toward technological risks and benefits. *Policy Science*, 9, pp. 127-152, 1978.

Gardner, G. T. & Gould, L. C., Public perceptions of the risks and benefits of technology. *Risk Analysis*, 9, pp. 225-242, 1989.

Gigerenzer, G., On narrow norms and vague heuristics: A reply to Kahneman and Tversky(1996). *Psychological Review*, 103, pp. 592-596, 1996.

Golding, D., Krimsky, S. & Plough, A., Evaluating risk communication: Narrative vs. technical presentations of information about radon. *Risk Analysis*, 12(1), pp. 27-35, 1992.

Goszczynska, M., Tyszka, T. & Slovic, P., Risk perception in Poland: *A comparison with three other countries. Journal of Behavioral Decision Making*, 4, pp. 179-193, 1991.

Gould, L. C., Gardner, G. T., DeLuca, D. R., Tieman, A. R., Doob, L. W. & Stolwijk, J. A. J., *Perceptions of technological risks and benefits*. New York: Russell Sage Foundation, 1988.

Graham, J. D., Public misperceptions of hazard and risk. Abstract of lunchtime paper. The 1996 Annual Meeting of the Society for Risk Analysis - Europe, 1996

Greening. L., Dollinger, S. J. & Pitz, G., Adolecents' perceived risk and personal experience with natural disasters: An evaluation of cognitive heuristics. *Acta psychological*, 91, pp. 27-38, 1996.

Gregory, R. & Mendelsohn, R., Perceived risks, dread and benefits. *Risk Analysis*, 13, pp. 259-264, 1993.

Harding, C. M. & Eiser, J. R., Characterizing the perceived risk of some health issues, *Risk Analysis*, 4, pp. 131-141, 1984.

Heider, F., *The psychology of interpersonal relations*. New York: Willey, 1958.

Hogarth, R. M., Judgment and choice: *The psychology of decision* (2nd ed.). Chichester, England: Wiley, 1987.

Jianguang, Z., Enviornmental hazards in the Chinese public's eyes. *Risk Analysis*, 13, pp. 509-513, 1993.

Johnson-Laird, P. N., *Mental Models*. Cambridge: Cambridge University Press, 1983

Jungermann, H., Rohrmann, B., Wiedemann, P. M., *Risikokontroversen : Konzepte . Konflikte. Kommunikation*, Berlin/Heidelberg/New York/London, 1991.

Judd, C. M. & Kronsick, J. A., The structural bases of consistency among political attitudes. Im: A. R. Pratkanis, S. J. Breckler and A. G. Greenwald (eds.), *Attitude structure and function*. Hillsdale, NJ: Erlbaum, pp. 99-128, 1989.

Kahneman, D. & Tversky, A., Prospect theory: An analysis of decision under risk. *Econometrica*, 47, pp. 263-292, 1979.

Kahneman, D. & Tversky, A., The simulation heuristic. In: D. Kahneman, P. Slovic and A. Tversky (eds.), *Judgment under uncertainty: Heuristics and biases*. Combridge, MA: Cambridge University Pr., pp. 201-208, 1982.

Kahneman, D. & Tversky, A., On the reality of cognitive illusions. *Psychological Review*, 103, pp. 582-591, 1996.

Kahneman, D., Slovic, P & Tversky, A. (eds.), *Judgment under uncertainty: Heuristics and biases*. Cambridge, MA: Cambridge University Press, 1982.

Kaplan, S. & Garrick, B. J., On the quantitative definition of risk. *Risk Analysis*, 1, pp. 11-27, 1981.

Karger, C. R. & Wiedemann, P. M., Wahnehmung und Bewertung von Umweltrisiken. Arbeiten zur Risikokommunikation, Heft 59. Jülich: Forschungszentrum Jülich GmbH, 1996.

Kasperson, R. E., Renn, O., Slivic, P., Brown, H. S., Emel, J., Goble, R., Kasperson, J. S. & Ratrick, S., The social amplification of risk: A conceptual framework. *Risk Analysis*, 8, pp. 177-187, 1988.

Kennedy, C. J., Probart, C. K. & Dorman, S. M., The relationship between radon knowledge, concern, and behavior, and health, and health values, health locus of control and preventive health behaviors. *Health Education Quarterly*, 18, pp. 319-329, 1991.

Keown, C. F., Risk perception of Hong Kongese vs. Americans. *Risk Analysis*, 9, pp. 401-405, 1989.

Kleinhesselink, R. R. & Rosa, E. A., Cognitive representations of risk perceptions: A comparison of Japan and the United States. *Journal of Cross-Cultural Psychology*, 22, pp. 11-28, 1991.

Kraus, N. N. & Slovic, P., Taxonomic analysis of perceived risk: Modeling individual and group perceptions within homogenous hazard domains. *Risk Analysis*, 8 (3), pp. 435-455, 1988.

Kraus, N., Malmfors, T. & Slovic, P., Intuitive toxicology: Expert and lay judgments of chemical risks. *Risk Analysis*, 12, pp.215-232, 1982.

Kühberger, A., The framing of decisions: A new look at old problems. *Organizational Behavior and Human Decision Processes*, 62, pp. 230-240, 1995.

Kunreuther, H. & Slovic, P. (eds.), *Challenges in risk assessment and risk management*. (The Annals of the American Academy of Political and Social Science). Thousand Oaks: Sage, 1996.

Lave, T. R. & Lave, L. B., Public perception of risk of floods: Implications for communication. *Risk analysis*, 11 (2), pp. 255-267, 1991.

Lehto, M. R., James, D. S., Foley, J. P., Exploratory factor analysis of adolescent attitudes toward alcohol and risk. *Journal of Safety Research*, 25, pp. 197-213, 1994

Lichtenstein, S., Slovic, P. Fischhoff, B., Layman, M. & Combs, B., Judged frequency of lethal events. *Journal of Experimental Psychology: Human Learning and Memory*, 4, pp. 551-578, 1978.

Li, S. & Adams, A. S., Is there something more important behind framing? *Organizational Behaviour and Human Decision Processes*, 62, pp. 216-219, 1995.

Lowrance, W. W., *Of acceptable risk*. Los Altos, CA: William Kaufmann, Inc., 1976.

MacGregor, D. G., Slovic, P. & Morgan, M. G., Perception of risk from electromagnetic fields: A psychometric evaluation of a risk-communication approach. *Risk Analysis*, 14, pp. 815-828, 1994.

Maharik, M. & Fischhoff, B., The risk of using nuclear energy sources in space: Some lay activists' perceptions. *Risk Analysis*. 12, pp. 383-392, 1992.

Marris, C., Langford, I. & O'Riorden, T., Integrating sociological and psychological approaches to public perceptions of environmental risks. CSERGE Working Paper GEC 96-07. University of East Anglia, Norwich, 1996.

Mitchell, R. C., Rationally and irrationality in the public's perception of nuclear power. In: W.R. Freudenburg and E.A. Rosa (eds.), *Public reactions to nuclear power: Are the critical masses?* Boulder, CO: Praeger, pp. 137-179, 1984.

Margan, M. G., Slovic, P., Nair, I., Geisler, D., MacGregor, D., Fischhoff, B., Lincoln, D. & Florig, K., Powerline frequency electric and magnetic fields: A pilot study of risk perception. *Risk Analysis*, 5(2), pp. 139-149, 1985.

National Research Council, *Improving risk communication. Washington*, DC: National Academy Press, 1989.

Neil, N., Slovic, P, & Hakkinen, P. J., *Mapping consumer perceptions of risk*. Washington, DC: Chem. Manifactures Assoc, 1993.

Nisbett, R. E. & Willson, T. D., Telling more than we can know: Verbal reports on mental processes. *Psychological Review*, 84, pp. 231-259, 1977.

Peters, H. P., From information to attitudes? Thoughts on the relationship between knowledge about science and technology and attitudes toward technology. In: M. Dierkes and C. von Grote (eds.); *Between understanding and trust: The public, science and technology*. Reading, MA: Harwood Academic Publishers, 1999.

Puy, A. & Aragones, J. I., Risk perception and the management of emergencies. Paper presented at the 23rd International Congress of Applied Psychology, Madrid, 1994.

Read, D., Bostrom, A., Margan, M. G., Fishhoff, B. & Smuts, T., What do people know about global climate change? 2. Survey studies of educated laypeople. *Risk Analysis*, 14, pp. 971-982, 1994

Renn, O. & Levine, D., Credibility and trust in risk communication. In: R. E. Kasperson and P. J. M. Stallen (eds.), *Communicating risks to the public. International perspectives*. Dordrecht: Kluwer, pp. 175-218, 1991.

Rhomann, B., Risk perception of different societal groups - a corss-national comparison. *Australian Journal of Psychology*, 46, pp. 150-163, 1994.

Rothman, AJ. & Salovey, P., Shaping perceptions to motivate healthy behaviour: The role of message framing. *Psychological Bulletin*, 212, pp. 3-19, 1997.

Rowe, W.D., *An anatomy of risk*. New York: Wiley, 1977.

Sandman, P., Miller, P. M., Johnson, B. B. & Weinstein, N. D., Agency communication, community outrage, and perception of risk: Three simulation experiments. *Risk Analysis*, 13, pp. 585-598, 1993.

Schütz, H., Structural modeling of risk perception. Paper presented at the 15th Conference on Subjective Probability, Utility and Decision Making (SPUDM), 20-24 August, Jerusalem, Israel, 1995.

Schütz, H., Wiedemann, P. & Gray, P., Risk perception of consumer products in Germany. Paper presented at the 1995 Annual Meeting of the Society for Risk Analysis (SRA-Europe), 21-24 May 1995, Stuttgart, Germany.

Schütz, H., Wiedemann, P. M. & Gary, P. C. R., Die intuitive Beurteilung gentechnischer Produkte - kognitive and intaktive Aspekte. In: J. Hampel und O. Renn (Hrsg.); *Gentechnik in der Öffentlichkeit. Wahnehmung und Bewertung einer umstrittenen Technoloie*. Frankfurt/ a.M.: Campus, pp. 133-169, 1999.

Schuman, H. & Presser, S., *Questions and answers in attitude surveys*. New York: Academic Press, 1981.

Sherman, S. J., Cialdini, R. B., Schwartzman, D. F. & Reynolds, K. D., Imagining can highten or lower the perceived likelihood of contracting a disease: The mediating effect of ease of imagery. *Personality and Social Psychology Bulletin*, 11, pp. 118-127, 1985.

Simon, H. A., A behavioural model of rational choice. *Quarterly Journal of Economics*. 69, pp. 99-118, 1955.

Sjöberg, L. & Drottz-Sjöberg, B.-M., Knowledge and risk perception among nuclear power plant employees. *Risk Analysis*, 11, pp. 607-618, 1991.

Slovic, P., Convergent validation of risk-taking measures. *Journal of Abnormal and Social Psychology*, 65, pp. 68-71, 1982.

Slovic, P., Perception of risk: Reflection on the psychometric paradigm. In: S. Kimsky and D. Golding (Eds.), *Social theories of risk*. Westport, Connecticut: Praeger, pp. 117-152, 1992.

Slovic, P., Fischhoff, B. & Lichtenstein, S., Cognitive processes and societa risk taking. In: H. Jungermann and G. de Zeeuw (eds.), *Dicision making and change in human affairs*. Dordrecht: Riedel, pp. 7-36, 1977.

Slovic, P., Fischhoff, B. & Lichtenstein, S., Accident probabilities and seat belt usage: A psychological perspective. *Accident Analysis and Prevention*, 10, pp. 281-285, 1978.

Slovic, P., Fischhoff, B. & Lichtenstein, S., Facts and fears: Understanding perceived risk. In: R.C. Schwing and W.A. Albers (eds.), *Societal risk assessment: How safe is safe enough?* New York: Plenum Press, pp. 191-214, 1980.

Slovic, P., Fischhoff, B. & Lichtenstein, S. Characterizing perceived risk. In: R.W. Kates, C. Hohenemser and J.X. Kasperson (eds.), *Perilous progress: Managing the hazards of technology*. Boulder, CO: Westview, pp. 91-125, 1985.

Slovic, P., Fischhoff, B. & Lichtenstein, S., The Psychometric study of risk perception. In: V.T. Covello, J. Mankes and J. Mumpower (eds.), *Risk evaluation and management*. Plenum Publishing Coporation, 1986.

Slovic, P., Kraus, N., Lappe, H. & Major, M., Risk Perception of prescription drugs: Report on a survey in Canada. *Canadian Journal of Public Health*, 82, pp. 15-20, 1991.

Slovic, P., Kraus, N., Lappe, H., Letzel, H. & Malmfors, T., Risk perception of prescription drugs: Report on a survey in Sweden. In: B. Horisberger and R. Dinkel (eds.), *The perception and management of dug safety risks*. Berlin: Springer, pp. 91-111, 1989.

Slovic, P., Kunteuther, H. & White, G. F., Decision processes, rationality and adjustment to natural hazards. In: G.F. White (ed.), *Natural hazards, local, national, and global*. New York: Oxford University Press, pp. 187-205, 1974.

Slovic, P., MacGregor, D. & Kraus, N. N., Perception of risk from automobile safety defects. *Accident Analysis and Prevention*, 19, pp. 359-373, 1987.

Slovic, P., Malmfors, T., Krewski, D., Mertz, C. K., Neil, N. & Bartlett, S., Intuitive toxicology. Ⅱ. Experts and lay judgement of chemical risks in Canada. *Risk Analysis*, 15, pp. 661-675, 1995.

Sparks, P. & Shepherd, R., Public perceptions of potential hazards associated with food production and food consumption: An empirical study. *Risk Analysis*, 14, pp. 799-806, 1994.

Stapel, D. A., Reicher, S. D. & Spears, R., Social identity, availability, and the perception of risk. *Social Cognition*, 12, pp. 1-17, 1994.

Starr, C., Social benefit versus technological risk. *Science*, 165, pp. 1232-1238, 1969.

Teigen, K. H., Brun, W. & Slovic, P., Societal risks as seen by the Norwegian public. *Journal of Behavioral Decision Making*, 1, pp. 111-130, 1988.

Trumbo, C. W., Examining psychometrics and plarization in a singe-risk case study. *Risk Analysis*, 16, pp. 429-438, 1996.

Tversky, A. & Kahneman, D., Availability: A heuristic for judging frequency and probability. *Cognitive Psychology*, 4, 1973.

Tversky, A. & Kahneman, D., Judgment under uncertainty: Heuristics and biases. *Science*, Vol. 185, pp. 1124-1131, 1974.

Tversky, A. & Kahneman, D., The framing of decisions and the psychology of choice. *Science*, Vol. 211, pp. 453-458, 1981.

Tyszka, T. & Goszczynska, M., What verbal reports sat about risk perception. *Acta psychologica*, 83, pp. 53-64, 1993.

Van Schie, E. C. M. & van der Pligt, J., Influencing risk preference in dicision making: The effects of framing and salience. *Organizational Behaviour and Human Decision Processes*. 63. pp. 264-275, 1995.

Viek, Ch. & Stallen, P. J., Judging risks and benefits in the small and in the large. *Organizational behaviour and Human Performance*, 28, pp. 235-271, 1981.

Weinstein, N. D., Sandman, P. M. & Roberts, N. E., Determinants of self-protective behaviour: Home radon testing. *Journal of Applied Social Psychology*, 20 (10), pp. 783-801, 1990.

Wiedemann, P. M. & Kresser, R. M., Intuitive Risikobewertung - Strategian der Bewertung von Umweltrisiken. Arbeiten zur Risikokommunikation, Heft 62. Jülich: Forschungszentrum Jülich GmbH, 1997.

Wiedemann, P. M., Bobis-Seidenschwanz, A. & Schütz, H., Elektrosmog-Ein Risiko? Bedeutungskonsititution von Risiken hochfrequenter elektromagneticscher Felder. Arbeiten zur Risikokommunikation, Heft 44. Programmgruppe Mensch, Umwelt, Technik. Jülich: Forschungszentrum Jülich GmbH, 1994.

5장

Akademie der Wissenschaften, *Umweltstandards*. Berlin 1992.

Albrecht, S., *Crisis Management for Corporate self-Defense ; How to protect your Organisation in a Crises ; How to stop a Crisis before it stars*, New York 1996.

Beckmann, J., Keck, G., *Beteiligungsverfahren in Theorie und Anwendung*. Stuttgart 1999.

Beroggi, G. E. G., Kröger, W., *Risikoanalyse technischer Systeme. Methoden und Modelle, Verfahren und Hilfsmittel*. Schweizer 1993.

Brennecke, V. M., Krug, S., Winkler, C.M., *Effektives Unweltmanagement. Arbeitsprogramm fuer den betrieblichen Entwicklungsprozess*. Heidelberg 1998.

Büllingen, F., *Technikfolgenabschaetzung, in : Schütz, H. & Wiedemann, P.M.(Hg.) Technik kontovers. Aktuelles Schlüsselbegriffe für die öffentliche Diskussion*. Frankfurt/M 1993.

Claus, F., Wiedemann, P. M., *Umweltkonflikte. Vermittlungsverfahren zu ihrer Lösung*. Taunusstein 1994.

Davis, C., *Comparing Environmental Risks*. Washington 1996.

Dombrowsky, W., Krisenkommunikation. Problemstand, Fallstudien, Empfehlungen. (Arbeiten zur Risikokommunikation 20). Jülich 1991.

Dougherty, D., Crisis Communications: *What every executive needs to know*. New York 1992.

Enquete-Kommission, "Schütz des Menschen und der Umwelt-Bewetungskriterien und Perspektiven für Umweltvertraegliche Stoffkreislauefe in der Industriegesellschaft" des 12. Deutschen Bundestages. Bonn 1994.

Fearn-Banks, K., *Crisis Communications : A Casebook Approach*. New Jersey 1996.

Fritsche, A.F., *Wie sicher leben wirr? Risikobeurteilung und Risikobeaeltigung in unserer Gesellschaft*. Koeln 1986.

Gray, P. C. R., Stern, R. M., Biocca, M., *Communicating about Risks to Environment and Health in Europe*. Dordrecht 1998.

Hauptmann, U., Herttrich, M., Werner, W., *Technische Risiken: Ermittlung und Beurteilung*. Berlin 1987.

Henschel, C., *Dialogorientierte Öffentlichekeitarbeit*. GAIA 6. 1997.

Henschel, C., Koehll, C., Standort-PR. *Handbuch PR. Beitrag1.410*, 1997.

Kaplan, S., Garrik, J. B., Die quantitative Bestimmung von Risiko, in : Bechmann, G.(Hg.) : *Risiko und Gesellschaft. Grundlagen und Ergebnisse interdisziplinaerer Risikoforschung*. Opladen 1993.

Kolluru, R.V., Risk Assesment and Management ; A unified Approach, in : Kolluru, R.V., Bartell, S., Pitblade, R., Stricoff, S.(Hg.): *Risk Assesment and Management Handbook. For Environmental, Health and Safety Professionals*. New York 1995.

Krohn, W., Kruecken, G., Risiko als Konstruktion und Wirklichkeit. Eine Einführung in die sozialwissenschaftliche Risikoforschung, in : Krohn, W., Kruecken, G.(Hg.): *Riskante Technologien : Reflexion und Einführung in die sozialwissenschaftliche Risikoforschung*. Frankfurt/M. 1993.

Lane, C., Bachmann, R., *Trust within and between organizations*. Oxford 1998.

Lerbinger, O., *The Crisis Manager : Dacing Risk and Responsibility*, New Jersey 1997.

Margolis, H., *Dealing with Risk. Why the Public and the Experts disagree on Environmental Issues*. Chicago 1996.

Mitroff, Ian. I., Pauchant, T., *The Environmental & Business Disasters Book. How Big Business Avoids Responsibility for its Catastrophes*, 1990.

Mitroff, Ian. I., Pearson, C. M., Harrington, L.K., *The Essential Guide to anaging Corporate Crises : A Step-by-Step Handbook for surviving major Catastrophes*. Oxford 1996.

National Research Council, Improving *Risk Communication*. Washington 1989.

National Research Council, *Understanding Risk. Informing Decisions in a Democratic Society*. Washington 1996.

Peters, H. P., Wiedemann, P. M., Risikokommunikation. Moeglichkeiten und die Grenzen des Risikosdialoges in der Chemie, in : *Chemie und Umwelt*, Berlin 1991.

Pinsdorf, M., *Communicating when your Company is under Siege*. Lexington 1987.

Renn, O., The Role of Risk Perception for Risk Management. *Reliability Engineering and System and System Safety* 59, 1998.

Renn, O., Kastenholz, H., Risikokommunikation in einem Klima allgemeinen Vertraunensverlustes in Institutionen, in : Preuss, V.(Hg.) : *Risikoanalysen*. Heidelberg 1998.

Renn, O., Webler, Th., Wiedemann, P.M.(Hg.), *Fairness and Competence in Citizen Participation. Evaluating Models for Environmental Discourse*. Dordrecht 1995.

Rohrmann, B., Risk Perception Research : Review and Documentation. Studies in Risk Communication 48. Jülich 1995.

Rublik, F., Teichert, V., *Ökologische Produktpolitik*. Schaeffer-Poeschel. 1997.

Ruff, F.M., Niese, S., Über Risiken sprechen-Kommunikationsmuster und Konflikte zwischen Unternehmen und Umfeld. *Organisationsentwicklung*, 13.Jg., Nr.4. 1994.

Schuetz, H., Wiedemann, P. M., Risikokommunikation als Aufklärung. *Zeitschrift für Gesundheitswisssnschaften*. 3. Beiheft 1997.

Schuetz, H., Wiedemann, P. M., *Technik Kontrovers. Aktuelle Schlüsselbegriffe für die öffentliche Diskussion. Ein Handbuch*. Frankfurt/M. 1993.

Schweer, M., *Interpersonales Vertrauens. Theorie und empirische Befunde*. Opladen 1998.

Slovic, P., Perception of Risk. *Science* 236(4799) 1987.

Wiedemann, P. M., *Krisenmanagement. Frankfurt/M*. 1993.

Wiedemann, P. M., *Krisenkommunikation-Ein Leitfaden für das Management bei Problemfaellen*. Eschborn 1993.

Wiedemann, P. M., *Krisenmanagement & Krisenkommunikation, in : H.J.Uth (Hg.): Krisenmanagement bei Störfalen in Chemieanlagen*. Berlin 1994.

Wiedemann, P. M., Karger, C. R., Mediationsverfahren und ihre Nutzungsmoeglichkeiten für Unternehmen, in : *Praxis der betrieblichen Umweltpolitik. Foschungsergebnisse und Perspektiven*. Wiesbaden 1995.

Wiedemann, P. M., Risikokommunikation, in : G. Wenninger & C. G. Hoyos (Hg.), *Arbeits-Gesundheits-und Umweltschutz. Handwörterbuch verhaltenswissenschaftlicher Grundbegriffe*. Heidelberg 1996.

Wiedemann, P. M., Kessen, S., Mediation-Wenn Reden nicht nur Reden ist. *Organsationsentwicklung*, 16. Jg. Nr.4/97. 1997.

Wiedemann, P. M., Schütz, H., Risikoperzeption und Risikokommunikation in der Umweltmedizin. *Zeitschrift für ärztliche Fortbildung*, Heft 1. 1997.

Wiedemann, P. M., Risikokommunikation : Ansätze, Probleme und Verbesserungsmöglichkeiten. Arbeiten zur Risikokommunikation, Heft 70. Jülich 1999.

6장

Alhakami, A. S. & Slovic, P., A psychological study of the inverse relationship between perceived risk and perceived benefit. *Risk Analysis*, 14(6), pp. 1085-1096, 1994.

Bouyer, M., Bagdasarian, S., Chabanne, S. & Mullet, E., Personality correlates of risk perception. *Risk Analysis*, 21(3), pp. 457-465, 2001.

Brenot, J., Bonnefous, S. & Marris, C., Testing the cultural theory of risk in France. *Risk Analysis*, 18, pp. 729-740, 1998.

Dake, K., Orienting dispositions in the perception of risk-An Analysis of contemporary worldviews and cultural biases. *Journal of Cross-cultural Psychology*, 22, pp. 61-82, 1991.

Denes-Raj, V. & Epstein, S., Conflict between intuitive and rational processing : when people behave against their better judgment. *Journal of Personality and Social Psychology*, 66(5), pp. 819-829, 1994.

DeSteno, D., Petty, R. E., Wegener, D. T. & Rucker, D. D., Beyond valence in the perception of likelihood : The role of emotion specificity. *Journal of Personality and Social Psychology*, 78(3), pp. 397-416, 2000.

Douglas, M. & Wildavsky, A., *Risk and Culture*, 1982.

Eurobarometer, European and Radioactive Waste. A Report of the results of the Eurobarometer public opinion survey on radioactive waste conducted in autumn 2001, 2002.

Finucane, M. L., Alhakami, A., Slovic, P. & Johnson, S. M.: The affect Making, 13(1), 1-1 heuristic in judgments of risk and benefits. *Journal of behavioral Decision 7,*

2000.

Fischhoff, B., Slovic, P., Lichtenstein, S., Read, S. & Combs, B., How safe is safe enough? A psychometric study of attitudes toward technological risks and benefits. *Policy Science*, 29(9), pp. 127-152, 1978.

Franken, R. E., Gibson, K. J. & Rowland, G. L., Sensation seeking and the tendency to view the world as threatening, *Personality and Individual Differences*. Jan, 13(1), pp. 31-38, 1992.

Harding, C. M. & Eiser, J. R., Charaterising the perceived risks and benefits of some health issues. *Risk Analysis*, 4, pp. 131-141, 1984.

Holtgave, D. R. & Weber, E. U., Diemensions of risk perception for financial and health risks. *Risk Analysis*, 13(5), pp. 553-558, 1993.

Jungermann, H. & Slovic, P., Charakteristika individueller Risikowahrnehmung. In, Bayerische Rück(eds.), *Risiko ist ein Konstrukt*, 1993.

Kahnemann, D. & Tversky, A., The psychology of prefernces. *Scientific American*, 246(1), pp. 160-173, 1982.

Kasperson, R. E., Jhaveri, N. & Kasperson, J. X., Stigma and the social amplification of risk. in, J. Flynn, P. Slovic & H. Kunreuther(eds.), *Risk, Media and Stigma*, pp. 9-27, 2001.

Kunreuther, H. & Slovic, P., The affect heuristic : Implications for understanding and managing risk-induced stigma. in, R. Growda & J.C. Fox(eds.), *Judgements, decisions, and public policy*. pp. 303-321, 2002.

Langford, I. H., Georgiou, S., Bateman, I. J., Day, R. J. & Turner, R. K., Public perceptions of health risks from polluted coastal bathing waters : A mixed methodological analysis using cultural theory. *Risk Analysis*, 20(5), pp. 691-704, 2000.

Lerner, J. S. & Keltner, D., Beyond valence : Toward a model of emotion-specific influences on judgement and choice. *Cognition and Emotion*, 14(4), pp. 473-493, 2000.

Löwenstein, G. F., Weber, E. U., Hsee, C. K. & Welch, N., Risk as feelings. *Psychological Bulletin*, 127(2), pp. 267-286, 2001.

Lowrance, W. W.: *Of acceptable risk*, 1976.

MacGregor, D. G., Flynn, J., Mertz, C. K. & Slovic, P., *Perception of radiation exposure : Part I. Perception of risk and judgement of harm* (Report No. 02-01), 2002.

Marris, C., Langford, I. H. & O'Riordan, T., A quantitative test of the cultural theory of risk perceptions: Comparison with the psychometric paradigm. *Risk Analysis*, 18(5), pp. 635-647, 1998.

National Research Council, *Improving risk communication*, 1989.

Peters, E. M., Burraston, B. & Mertz, C. K., An Emotion-Based Model of Risk Perception and Stigma Subceptibility : Congnitive Appraisals of Emotion, Affective Reactivity, Worldviews, and Risk Perceptions in the Generation of Technological Stigma. *Risk Analysis*, 24(5), pp. 1349-1367, 2004.

Rayner, S., Cultural theory and risk analysis. in, S. Krimsky & D. Golding(eds.), *Social theories of risk*. pp. 83-116, 1992.

Roberti, J. W., A Review of behavioral and biological correlates of sensation seeking. *Journal of Research in Personality*, 38(3), pp. 256-279, 2004.

Rohrmann,B., *Risk perception research. Review and documentation* (Arbeiten zur Risiko-Kommuikation, Heft 69), 1999.

Rothenstreich, Y. & Hasee, C. K. : Money, kisses, and electric shocks : On the affective *psychology of risk. Psychological Science*, 12(3), 2001.

Rowe, W.D., *An anatomy of risk*, New York 1977.

Schütz, H., Wiedemann, P. M. & Gray, P. C. R., *Risk perception-Beyond the psychometric paradigm* (Arbeiten zur Risikokommunikation, Heft 78), Jülich 2000.

Shefrin, H., *Beyond greed and fear. Understanding Behavioral Finance and the Psychology of Investing*, Boston 2000.

Sjöberg, L., Factors in risk perception. *Risk Analysis*, 20(1), pp. 1-11, 2000.

Sjöberg, L., Specifying factors in radiation risk perception. *Scandinavian Journal of Psychology*, 41(2), pp. 169-174, 2000.

Sjöberg, L., Are received risk perception alive and well? *Risk Analysis*, 22(4), pp. 665-669, 2002.

Slovic, P., Convergent validation of risk-taking measures. *Journal of Abnormal and Social Psychology*, 65, pp. 68-71, 1962.

Slovic, P., Perception of risk. *Science*, 236, pp. 280-285, 1987.

Slovic, P., Perception of Risk: Reflections on the psychometric paradigm, in : S. Krimsky & D. Golding(eds.), *Social theories of risk*, pp. 117-152. Westport, Connecticut 1992.

Slovic, P., Trust, emotion, sex, politics, and science : surveying the risk-assessment battlefield. *Risk Analysis*, 19(4), pp. 689-701, 1999.

Slovic, P., Kunreuther, H. C. & White, G. F., Decision processes, rationality and adjustment to natural hazards. in, G. F. White(eds.): *Natural hazards, local, national, and global*. pp. 187-205, New York 1974.

Slovic, P., Fischhoff, B. & Lichtstein, S., Cognitive processes and societal risk taking. in, H. Jungermann & G. D. Zeeuw (eds.), *Decision making and change in human affairs*, pp. 7-36, Dordrecht 1977.

Slovic, P., Fischhoff, B. & Lichtstein, S., Facts and fears : Understanding perceived risk, in, R. C. Schwing & W. A. Albers(eds.), *Societal risk assessment : How safe is safe enough?* pp. 181-214, New York 1980.

Slovic, P., Fischhoff, B. & Lichtstein, S., The psychometric study of risk perception, in, V. T. Covello, J. Menkes & J. Mumpower(eds.), *Risk evaluation and management*, New York 1986.

Slovic, P., Layman, M., Kraus, N., Flynn, J., Chalmers, J. & Gesell, G., Perceived risk, stigma, and potential economic impacts of a high-level nuclear waste report. *Risk Analysis*, 11, pp. 683-696, 1991.

Slovic, P., Finucane, M. L., Peters, E. & MacGregor, D. G., Risk as Analysis and Risk as Feelings : Some Thoughts about Affect, Reason, Risk, and Rationality. *Risk Analysis*, 24(2), pp. 311-322, 2004.

Starr, C., Social benefit versus technological risk. *Science*, 165, pp. 1232-1238, 1969.

Thompson, M., Ellis, R. & Wildavsky, A., *Cultural theory*. Boulder, Co, 1990.

Tversky, A. & Kahneman, D., Judgement under uncertainty : Heuristics and biases. *Science*, 185, pp. 1124-131, 1974.

van der Pligt, J. & de Boer, J., Contaminated soil : Public reactions, policy decisions and risk communication. in, R. E. Kasperson & P. J. M. Stallen(eds.), *Communicating risks to the public. International perspectives*, Dordrecht 1991.

Wiedemann, P. M. & Kresser, R. M. : *Intuitive Risikobewertung- Strategien der Bewertung von Umweltrisiken* (Arbeiten zurr Risikokommunikation, Heft 62), Jülich 1997.

Wiedemann, P. M. & Karger, C. R. : Kongnitive und affecktive Komponenten der Bewertung von Umweltrisiken. *Zeitschriften für Experimentelle Psychologie*, 45(4), pp. 334-344, 1998.

Wiedemann, P. M. & Clauberg, M. & Schütz, H. : Undertanding amplication of complex risk issues : The risk story model applied to the EMF case. in, N. Pidgeon, R. Kasperson & P. Slovic(eds.), *The social amplification of risk*, pp. 286-301, New York 2003.

7장

Allen, F. W., Differing Views of Risk: The Challenge for Decisionmakers in a Democracy. Paper presented at the Only One Earth Forum on Managing Hazardous Materials, New York City, May 25-26, 1988.

Beck, U., *Risikogesellschaft-Auf dem Weg in eine andere Moderne*, Frankfurt: Suhrkamp 1987.

Fritzsche, A. F., *Wie sicher leben wir? Risikobeurteilung und -bewältigung in unserer Gesellschaft, Köln* 1986.

Institut für Demoskopie Allensbach (Hg.), *Kernenergie und Öffentlichkeit. Eine Befragung von Politikern, Journalisten, Experten und der Bevölkerung*, Allensbach 1984.

Kepplinger, H. M., Die Kernenergie in der Presse. Eine Analyse zum Einfluß subjektiver Faktoren auf die Konstruktion von Realität, in: *Kölner Zeitschrift für Soziologie und Sozialpsychologie*, 40. Jahrg., Heft 4, pp. 640-658, 1988.

Mazur, A., Disputes Between Experts, *Minerva* 11, Social Reactor Safety Study, 1973.

Peters, H. P./Albrecht, G./Hennen, L./Stegelmann, H. U., *Die Reaktionen der Bevölkerung auf Tschernobyl, Ergebnisse einer Befragung*. KFA Jülich, 1987.

Peters, H. P. und Krüger, J., *Der Transfer wissenschaftlichen Wissens in die Öffentlichkeit aus der Sicht von Wissenschaftlern. Ergebnisse einer Befragung der wissenschaftlichen Mitarbeiter der KFA Jülich*, KFA Jülich, 1985.

Rassow, J., *Risiken der Kernenergie, Fakten und Zusammenhänge im Lichte des TschernobylUnfalls*, Weinheim: VCH, 1988.

Renn, O.; Albrecht, G.; Kotte, U.; Peters, H. P. und Stegelmann, H. U., *Sozialverträgliche Energiepolitik. Ein Gutachten für die die Bundesregierung*, München: High Technology Verlag, 1985.

Slovic, P.; Fischhoff, B. und Lichtenstein, S., Facts and Fears: Understanding Perceived Risk, in: Schwing, R.C., and Albers, W.A. jr. (eds.), *Societal Risk Assessment: How Safe is Safe Enough?* New York: Plenum Press, 1980.

U. S. Environmental Protection Agency, *Unfinished Business: A Comparative Assessment of Environmental Problems*, 1987.

Wilson, R. und Crouch, E. A. C., Risk Assessment and Comparisons: An Introduction, In: *Science*, 236, pp. 267-236, 1987.

Winterfeldt, D. v. und Edwards, W., Patterns of Conflict about Risky Technologies, *Risk Analysis*, 4 (1), pp. 55-68, 1984.

8장

Allgaier, J., Dunwoody, S., Brossard, D., Lo, Y.-Y., & Peters, H. P., Journalism and social media as means of observing the contexts of science. *BioScience*, 63(4), pp. 284-287, 2013. doi: 10.1525/bio.2013.63.4.8

Boykoff, M. T., & Boykoff, J. M., Balance as bias: global warming and the US prestige press. *Global Environmental Change-Human and Policy Dimensions*, 14(2), pp. 125-136, 2004. doi: DOI 10.1016/j.gloenvcha.2003.10.001

Brossard, D., A Brave New World: Challenges and opportunities for communicating about biotechnology in new information environments. In M.-D. Weitze, A. Puehler, W. M. Heckl, B. Müller-Röber, O. Renn, P. Weingart & G. Wess (Eds.), *Biotechnologie-Kommunikation: Kontroversen, Analysen, Aktivitäten*, pp. 427-

445, Heidelberg: Springer, 2013.

Bucchi, M., & Saracino, B., Mapping variety in scientists' attitudes towards the media and the public: An exploratory study on Italian researchers. In M. Bucchi & B. Trench (Eds.), *Quality, Honesty and Beauty in Science and Technology Communication: PCST 2012 Book of Papers*, pp. 250-256, Vicenza: Observa Science in Society, 2012.

Chafe, R., Born, K. B., Slutsky, A. S., & Laupacis, A., The rise of people power. *Nature, 472*(7344), pp. 410-411, 2011. doi: 10.1038/472410a

Funtowicz, S. O., & Ravetz, J. R., Science for the Post-Normal Age. *Futures, 25*(7), pp. 739-755, 1993.

Hall, S. S., Scientists on trial: At fault? *Nature, 477*(7364), pp. 264-269, 2011. doi: doi:10.1038/477264a

Hartz, J., & Chappell, R., *Worlds Apart: How the Distance Between Science and Journalism Threatens America's Future*. Nashville, TN: First Amendment Center, 1997.

Jacques, P. J., Dunlap, R. E., & Freeman, M., The organisation of denial: Conservative think tanks and environmental scepticism. *Environmental Politics, 17*(3), pp. 349-385, 2008. doi: 10.1080/09644010802055576

Jung, A., Medialization and credibility: Paradoxical effect or (re)-stabilization of boundaries? Epidemiology and stem cell research in the press. In S. Rödder, M. Franzen & P. Weingart (Eds.), *The Sciences' Media Connection – Public Communication and its Repercussions*, pp. 107-130, Dordrecht, NL: Springer, 2012.

Kreimer, P., Levin, L., & Jensen, P., Popularization by Argentine researchers: The activities and motivations of CONICET scientists. *Public Understanding of Science*, 20(1), pp. 37-47, 2011. doi: Doi 10.1177/0963662510383924

Laski, H. J., The limitations of the expert. *Harper's Monthly Magazine, December*, pp. 101-110, 1930.

Lo, Y.-Y., & Peters, H. P., Scientists and journalists – the Taiwanese case: Results of a survey of biologists and neuroscientists regarding their experience with and their attitudes towards the mass media. In M. Bucchi & B. Trench (Eds.), *Quality,*

Honesty and Beauty in Science and Technology Communication: PCST 2012 Book of Papers, pp. 319-323, Vincenza: Observa Science in Society, 2012.

Markl, H., Das verständliche Missverständnis: Der Rollenkonflikt zwischen Wissenschaft und Journalismus. *Forschung & Lehre, 1*(11), pp. 495-498, 1994.

Mazur, A., *The Dynamics of Technical Controversy*. Washington, DC: Communications Press, 1985.

Nelkin, D. (Ed.), Controversy: *The Politics of Technical Decisions* (3rd ed.). Newbury Park, CA: Sage, 1992.

Nosengo, N., Italian court finds seismologists guilty of manslaughter: Six scientists and one official face six years in prison over L'Aquila earthquake. *Nature News, 22 October 2012.* doi: doi:10.1038/nature.2012.11640

Nowotny, H., Experten und ihre Expertise: Zum Verhältnis der Experten zur Öffentlichkeit. *Zeitschrift für Wissenschaftsforschung, 2*(3), pp. 611-617, 1982.

Nowotny, H., Scott, P., & Gibbons, M., *Re-Thinking Science: Knowledge and the Public in an Age of Uncertainty*. Cambridge, UK: Polity Press, 2001.

Peters, H. P., The interaction of journalists and scientific experts: Co-operation and conflict between two professional cultures. *Media, Culture & Society, 17*(1), pp. 31-48, 1995.

Peters, H. P., Scientific sources and the mass media: Forms and consequences of medialization. In S. Rödder, M. Franzen & P. Weingart (Eds.), *The Sciences' Media Connection – Public Communication and its Repercussions*, pp. 217-239, Dordrecht, NL: Springer, 2012.

Peters, H. P., Brossard, D., de Cheveigne, S., Dunwoody, S., Kallfass, M., Miller, S., & Tsuchida, S., Science communication: Interactions with the mass media. *Science, 321*(5886), pp. 204-205, 2008. doi: 10.1126/science.1157780

Peters, H. P., & Heinrichs, H., *Öffentliche Kommunikation über Klimawandel und Sturmflutrisiken: Bedeutungskonstruktion durch Experten, Journalisten und Bürger.* Jülich: Forschungszentrum Jülich, 2005.

Peters, H. P., Heinrichs, H., & Song, H.-R., Risk communication about global climate change in the German mass media [in Korean]. *Journal of ELSI Studies, 4*(1), pp. 1-23, 2006.

Peters, H. P., Lang, J. T., Sawicka, M., & Hallman, W. K., Culture and technological innovation: Impact of institutional trust and appreciation of nature on attitudes towards food biotechnology in the USA and Germany. *International Journal of Public Opinion Research, 19*(2), pp. 191-220, 2007. doi: Doi 10.1093/Ijpor/Edm004

Peters, H. P., Spangenberg, A., & Lo, Y.-Y., Variations of scientist-journalist interactions across academic fields: Results of a survey of 1600 German researchers from the humanities, social sciences and hard sciences. In M. Bucchi & B. Trench (Eds.), *Quality, Honesty and Beauty in Science and Technology Communication: PCST 2012 Book of Papers*, pp. 257-263, Vincenza: Observa Science in Society, 2012.

Petersen, I., Heinrichs, H., & Peters, H. P., Mass-mediated expertise as informal policy advice. *Science, Technology & Human Values, 35*(6), pp. 865-887, 2010. doi: 10.1177/0162243909357914

Post, S., *Klimakatastrophe oder Katastrophenklima? Die Berichterstattung über den Klimawandel aus Sicht der Klimaforscher*. München: Reinhard Fischer, 2008.

Rothman, S., Journalists, Broadcasters, Scientific Experts and Public Opinion. *Minerva, 28*(2), pp. 117-133, 1990.

Schäfer, M. S., Ivanova, A., Schlichting, I., & Schmidt, A., Mediatisierung: Medienerfahrungen und -orientierungen deutscher Klimawissenschaftler. In I. Neverla & M. S. Schäfer (Eds.), *Das Medien-Klima*, pp. 233-252, Wiesbaden: Springer, 2012.

Shepherd, R. G., Selectivity of Sources: Reporting the Marijuana Controversy. *Journal of Communication, 31*(2), pp. 129-137, 1981. doi: 10.1111/j.1460-2466.1981.tb01236.x

Spinner, H. F., Die alte Ethik der Wissenschaft und die neue Aufgabe des Journalismus. In R. Flöhl & J. Fricke (Eds.), *Moral und Verantwortung in der Wissenschaftsvermittlung: Die Aufgabe von Wissenschaftler und Journalist*, pp. 73-89, Mainz: v. Hase & Koehler, 1987.

Weingart, P., The lure of the mass media and its repercussions on science. In S. Rödder, M. Franzen & P. Weingart (Eds.), *The Sciences' Media Connection –*

Public Communication and its Repercussions, pp. 17-32, Dordrecht, NL: Springer, 2012.

Wynne, B., Sheepfarming after Chernobyl: A case study in communicating scientific information. *Environment, 31*(2), pp. 10-39, 1989.

위험 사회와 위험 인식
위험 커뮤니케이션의 갈등 구조

1판 1쇄 인쇄 2014년 6월 20일
1판 1쇄 발행 2014년 6월 25일

지은이 | 송해룡 · 한스 페터 페터스
펴낸곳 | 성균관대학교 출판부
110-745 서울특별시 종로구 성균관로 25-2
등록 | 1975년 5월 21일 제1975-9호
전화 | 02)760-1252~4 팩스 | 02)762-7452
홈페이지 | http://press.skku.edu

ISBN 979-11-5550-051-4 93070
값 22,000원
잘못된 책은 구입한 곳에서 교환해 드립니다.

이 저서는 2013년도 정부재원(교육과학기술부 사회과학연구지원사업비)으로
한국연구재단의 지원을 받아 저술되었음(NRF-330-2011-1-B00228).